BIBLIOTHÈQUE
DES MERVEILLES

PUBLIÉE SOUS LA DIRECTION

DE M. ÉDOUARD CHARTON

LES

HARMONIES PROVIDENTIELLES

OUVRAGES DE M. CHARLES LÉVÊQUE

La Science du beau. Principes, applications, histoire. Ouvrage couronné par l'Académie des sciences morales et politiques, par l'Académie française et par l'Académie des beaux-arts. Deux volumes in-8°. Deuxième édition. — Paris, 1872. Durand et Pedone.

Études de philosophie grecque et latine (Aristote, Plotin, Abélard). Un volume in-8°. — Paris, 1864. Durand et Pedone.

La Science de l'invisible, études de psychologie et de théodicée. Un volume in-12. Paris, 1865. Germer-Baillière.

Le Spiritualisme dans l'art. Un volume in-12. Paris, 1864. Germer-Baillière.

Le premier moteur et la nature dans le système d'Aristote. Paris, 1852. (Épuisé et réimprimé dans les *Études de philosophie grecque et latine*.).

Quid Phidiæ Plato Debuerit? Paris, 1852. Durand et Pedone.

Typographie Lahure, rue de Fleurus, 9, à Paris.

UNE NUIT ÉTOILÉE.

BIBLIOTHÈQUE DES MERVEILLES

LES HARMONIES PROVIDENTIELLES

PAR

CHARLES LÉVÊQUE

MEMBRE DE L'INSTITUT
PROFESSEUR DE PHILOSOPHIE AU COLLÉGE DE FRANCE

AVEC QUATRE EAUX-FORTES

TROISIÈME ÉDITION
REVUE ET AUGMENTÉE

PARIS
LIBRAIRIE HACHETTE ET CIE
79, BOULEVARD SAINT-GERMAIN, 79

1877

Droits de propriété et de traduction réservés

AVERTISSEMENT

POUR LA DEUXIÈME ÉDITION [1]

La première édition de ce petit livre a été épuisée en quelque mois. Je remercie la presse qui l'a si chaudement recommandé, et le public qui l'a accueilli avec un si bienveillant empressement. Peut-être cette faveur prouve-t-elle seulement que l'ouvrage venait à propos, et qu'il ne faut jamais désespérer de l'intelligence humaine, toujours prête à accepter la vérité pourvu qu'on ait le courage de la lui offrir.

Trop peu de temps s'est écoulé depuis la mise

[1] En présentant au public cette troisième édition des *Harmonies providentielles*, je dois avertir que j'ai encore amélioré, autant qu'il m'a été possible, ce petit livre qu'un grand nombre d'écoles et de familles m'ont fait l'honneur d'adopter.

au jour de la première édition pour qu'il se soit produit des observations scientifiques dignes, par leur importance spéciale, d'être intercalées dans le texte des *Harmonies providentielles*, ou substituées aux faits qui y étaient déjà invoqués. Je me suis du moins appliqué à fortifier certains chapitres par des additions utiles, et à écarter sévèrement tout ce qui ressemblait à une inexactitude ou à une incorrection.

Arcachon, 11 septembre 1873.

A

M. ÉDOUARD CHARTON

CORRESPONDANT DE L'INSTITUT DE FRANCE, DÉPUTÉ A L'ASSEMBLÉE NATIONALE

Mon cher ami,

Acceptez, je vous prie, la dédicace de ce livre. C'est vous qui m'avez engagé à l'entreprendre et décidé à le terminer. Quels qu'en soient la valeur et le succès, je vous devrai de m'avoir imposé, par votre insistance à la fois douce et irrésistible, l'accomplissement de l'un des devoirs les plus urgents du philosophe en ces jours de crise intellectuelle.

J'avais commencé cet ouvrage en 1867 ; je ne l'achève qu'en 1872. Pourquoi ce retard ? Vous en connaissez les causes. Je ne vous en rappellerai que deux, parce que celles-là, même à une époque de paix et de calme, auraient suffi pour me faire procéder avec lenteur.

J'étais résolu, en abordant ce sujet, à renouveler, autant qu'il était en moi, la démonstration de la Providence divine et, en même temps, à la rendre accessible à tous les esprits dont vous m'aviez vous-même proposé le type. Ce type, c'était un jeune ouvrier de seize ans, ayant reçu une bonne instruction primaire. Il n'était pas facile de remplir ces deux conditions. J'ai cru cependant que ce n'était pas impossible, pourvu que je ne fusse avare ni de mon temps, ni de mes soins.

On ne peut aujourd'hui répéter la démonstration de la Providence sans essayer de la mettre en rapport avec l'état présent des esprits. Quand une vérité aussi éclatante que celle de l'existence et de la bonté de Dieu ne frappe plus aussi fortement qu'autrefois toutes les intelligences, ce n'est nullement qu'elle ait cessé d'être vraie ; c'est que l'heure est venue de la présenter sous un jour quelque peu nouveau. Un de nos maîtres les plus chers l'a dit en termes pleins d'autorité et de vive éloquence :

« L'antique vérité doit être sans cesse redite, sans cesse accommodée aux nouveaux besoins, aux infirmités nouvelles de l'humanité, sans cesse retournée sous toutes ses faces, repourvue de toutes ses armes, justifiée par de nouvelles expériences, par de nouvelles découvertes [1]. »

[1] M. Ch. de Rémusat, *Philosophie religieuse*, p. 131. Germer-Baillière, 1861.

Je me suis pénétré de ces préceptes. En redisant l'antique vérité, j'ai tenté de l'accommoder aux nouveaux besoins de la raison humaine. De ces besoins intellectuels, le plus évident, le plus impérieux est de faire cadrer la croyance avec la science. Croire à l'encontre de ce que l'on sait, savoir à l'encontre de ce que l'on croit, c'est un supplice et une cause de perturbation morale. Quand on enseigne d'une part à des esprits à peine instruits que Dieu a créé le monde et qu'il l'a organisé avec une sagesse infinie, et que d'autre part certains savants leur crient chaque jour que Dieu n'est qu'une hypothèse surannée et inutile, quel embarras pour des âmes honnêtes, et comment en sortir?

Depuis douze ans, j'étudie les sciences en vue de les concilier avec la philosophie. Je me suis convaincu que, bien loin d'ébranler ou seulement d'obscurcir la notion du Dieu-Providence, la science moderne, la science la plus récente consolide et éclaircit cette notion. Partant de là, j'ai rassemblé et coordonné les faits les plus certains, les plus frappants, les plus nouveaux, et j'en ai formé la base de ce travail. J'en aurais produit bien davantage, s'il n'avait fallu se borner et choisir; car ceux que j'ai omis ne sont pas moins concluants que ceux que je cite.

Tous ces faits se rattachent les uns aux autres par des rapports tantôt prochains, tantôt lointains, toujours réguliers ou régulièrement variables. Ainsi liés, ils composent un fait général, immense, merveilleux : l'unité harmonieuse du monde. Cette harmonie, les savants la reconnaissent; ils la proclament même alors qu'ils ne vont pas au delà, ou même alors qu'ils en méconnaissent la cause. Mais la conclusion est forcée : elle s'impose à la raison. Il n'y a pas un seul être qui ne soit en relation avec le tout, qui ne se compose avec l'ensemble. Pour mettre chaque être en harmonie avec lui-même et avec le tout, il a fallu un esprit capable de tout concevoir, de tout embrasser, de tout créer, de tout ordonner. Ainsi nul être particulier n'est à lui-même sa cause, car, pour qu'il fût sa cause à lui-même, il serait nécessaire qu'il fût la cause de tout. L'unité harmonieuse du monde proclame une cause unique et supérieure au monde.

C'était là le premier point à rétablir, et, s'il se pouvait, à renouveler. Afin d'y réussir de mon mieux, j'ai mis au pillage la science de tous les pays. Disons mieux et davantage : c'est la science qui seule a la parole dans les cinq premiers chapitres de ce volume. Elle dicte, j'écris; elle démontre, je n'ai qu'à conclure.

Je cite beaucoup de noms illustres et de travaux considérables. Mais je n'ai pas pu toujours citer : les notes auraient étouffé le texte. Je veux du moins nommer ici ceux de mes confrères et collègues qui m'ont été le plus utiles. Ce sont MM. Faye, Delaunay, Puiseux; — MM. Chevreul, Würtz, Berthelot, Henri Sainte-Claire-Deville; — MM. Claude Bernard, Milne-Edwards, E. Blanchard, de Quatrefages, Ernest Faivre. J'ai aussi fait de larges emprunts aux savants étrangers, notamment à MM. Secchi, Carpenter, van Beneden, Henri Helmholtz, et surtout à M. Louis Agassiz. J'ajoute, afin de n'engager personne, que je ne leur ai demandé que des faits et des lois. Or c'est là une richesse qui appartient à tout le monde, même an philosophe. J'ai pris ce bien à pleines mains partout où je l'ai rencontré [1]. »

Les sciences morales, sociales, politiques, m'ont fourni leur concours nécessaire. Sans elles, et malgré l'appui des sciences physiques et naturelles, je serais resté à moitié chemin.

En effet, l'harmonie du monde embrasse à la fois l'univers physique et l'univers moral. On doit étudier ces deux univers, si l'on veut comprendre, selon la mesure des forces humaines, l'harmonie du tout.

D'ailleurs, si l'argument tiré de l'ordre et de l'harmonie de la création prouve une cause supérieure à l'univers et immensément plus puissante que la totalité même des êtres, cet argument ne démontre pas l'existence de la cause infinie en perfection.

C'est la présence dans notre raison de l'idée du parfait qui prouve la cause parfaite. L'argument cosmologique, comme on le nomme, prépare l'esprit à concevoir, puis à affirmer la cause parfaite. C'est l'idée du parfait et l'harmonie qui existe entre cette idée et son objet qui achève et couronne le travail religieux de la raison.

Ici encore, je me suis appliqué à rajeunir un peu l'antique vérité.

---

[1] Je me plais à dire que j'ai puisé dans la *Revue des cours scientifiques*, publiée par M. Germer-Baillière, les renseignements les plus abondants et les plus curieux.

Le second point était de se rendre très-accessible, facilement intelligible. J'ai donc écarté les arguments qui, dans un livre tel que celui-ci, eussent été en quelque sorte de luxe. Au surplus, je pense, comme le maître que je citais plus haut, que toutes les preuves de l'existence de Dieu se ramènent à deux, et qu'on peut les exprimer ainsi : « L'ordre du monde prouve une cause intelligente. L'idée de Dieu dans l'esprit humain prouve son objet. » C'est à ces deux preuves que je m'en suis tenu.

Afin de les rendre bien claires, j'ai fait ce que j'ai pu : j'ai pris pour moi presque toute la peine. Je dis presque toute, car enfin faut-il encore que le lecteur consente au moins à lire avec attention. Il est un niveau au-dessous duquel la science, même la plus élémentaire, ne saurait descendre. On ne fait grandir personne en l'abaissant. « La vérité, — a dit Bossuet, — est semblable aux eaux des fontaines publiques que l'on élève pour les mieux répandre. »

Il n'est pas permis non plus d'aplatir, encore moins d'estropier la langue, sous prétexte de vulgariser les connaissances et les idées. La règle est peut-être celle-ci : pas de technicité inutile ; l'honnête langage français, sans platitude ni enflure. Le style sans gêne, avec ses allures débraillées, humilie souvent ceux qu'il vise à flatter et qui sont blessés qu'on les traite comme une espèce inférieure. En outre, il fausse le goût, qui tient de si près à la conscience morale. Quant à l'emphase, elle fait pulluler les déclamateurs, dont on a assez. La vérité n'a que faire des haillons dont l'affublent les uns ni des costumes de théâtre dont la chargent certains autres. Son vêtement naturel lui suffit, et ce vêtement c'est la lumière.

Vous ne trouverez point ici de polémique. Notre cadre n'en admettait pas. Pour ceux auxquels nous parlons, il n'y a pas lieu de discuter les grandes erreurs de la métaphysique transcendante. Il en est une cependant qu'il fallait combattre parce qu'elle se fait populaire aujourd'hui. Elle est réfutée dans ces pages, mais beaucoup moins par des procédés de dialectique que par la démonstration directe de la vérité contraire. J'ai dû cependant consacrer un long chapitre aux difficultés que soulève le problème de la Providence, parce que ces difficultés sont de tous les jours et naissent tôt ou tard dans tous les esprits.

Je vous donne ces explications, mon cher ami, pour que vous sachiez à quel point j'ai pris à cœur la tâche que vous m'aviez confiée. Maintenant, je souhaite à mon livre de faire aux jeunes âmes françaises un peu de ce bien que vous n'avez cessé de leur faire vous-même pendant tout le cours de votre vie.

Je vous serre la main.

Cʜ. LÉVÊQUE.

Bellevue-sous-Meudon, 19 octobre 1872.

LES

HARMONIES PROVIDENTIELLES

CHAPITRE PREMIER

HARMONIES ASTRONOMIQUES

Le spectacle des corps célestes brillant dans un ciel pur est un objet d'admiration pour tous les hommes. Sans être ni astronome ni philosophe ni poëte, on sent, on juge qu'une nuit étoilée est une belle nuit, et l'on se plaît à contempler au sein des espaces immenses le calme rayonnement des astres lointains. Cette admiration que le scepticisme lui-même ne réussit pas à détruire, cette jouissance qu'un peu d'attention ramène et ravive, d'où viennent-elles? Le sens commun en soupçonne à peine les causes; une science imparfaite voit trop souvent ces causes où elles ne sont pas, et ne les aperçoit pas toujours où elles sont; une science plus avancée les met en évidence, même sans le vouloir, en décrivant ces mondes supérieurs dont elle n'aurait pas un mot à dire si l'ordre qui y règne ne les rendait jusqu'à un certain point intelligibles. L'unité, en effet, s'y marie à la diversité avec une merveilleuse harmonie. Cette harmonie est essentiellement ce qu'on appelle l'ordre. Pour saisir dans la réalité même et à leur place quelques-uns des grands traits qui dessinent l'unité d'où l'univers a tiré son nom, considérons d'abord la prodigieuse multiplicité des corps semés dans l'étendue.

Cette multiplicité accable l'intelligence ; elle déborde les nombres où l'on essaye de l'enfermer. Pour la compter il faudrait une arithmétique gigantesque qui n'est point à l'usage de notre entendement. La profondeur de la couche stellaire, selon le R. P. Secchi, est réellement insondable. Il est probable que la réunion des grandes étoiles qui environnent notre soleil, n'est qu'un des vastes amas qui forment la voie lactée et que, vu d'une certaine distance, ce groupe d'astres apparaîtrait seulement comme une tache plus blanche dans la voie lactée elle-même. En arrivant à cette limite, on sent que l'imagination est confondue. En vain tenterions-nous d'entasser comparaison sur comparaison et d'accumuler métaphore sur métaphore pour donner une idée « de cette sphère infinie dont le centre est partout et la circonférence nulle part. » Multipliez les chiffres, répétez indéfiniment les zéros, invoquez les signes puissamment abréviatifs de l'algèbre, l'abîme restera sans mesure comme sans rives et sans fond. D'ailleurs à la quantité numériquement inexprimable des astres se joint la bizarrerie des dispositions, l'étrangeté des groupements, les rapprochements fantastiques, les éloignements arbitraires qui semblent, au premier aspect, fournir un argument à l'appui de l'existence du hasard.

§ 1ᵉʳ.

Premier aspect de l'ordre sidéral; les constellations.

Et pourtant la science s'oriente dans ce dédale. Elle en suit les détours, en trace les méandres. Bien plus, elle en dresse la carte. Cette carte, je le sais, est chaque jours modifiée; jamais les géographes du ciel n'auront fini d'y apporter des changements et d'y marquer des régions nouvelles. Néanmoins tout n'y varie pas à la fois ni capricieusement. Le travail du lendemain, loin de toujours démentir celui de la veille, l'a souvent confirmé. Que dis-je? on a pu sans folie concevoir le dessein de dénombrer l'innombrable. Les deux Herschel ont entrepris d'énumérer les étoiles, ils ont sondé, ou pour parler leur langage, *jaugé* (*star gauges*) la profondeur des cieux. Et quoique le nombre d'étoiles compris dans chaque sonde soit très-variable, on a pu y surprendre et y déterminer une loi de continuité. D'où viennent donc ces possibilités que découvre le savant d'appliquer jusqu'à un certain point au ciel l'évaluation géométrique des surfaces et des volumes? Comment n'est-ce point de la déraison de prétendre arpenter l'étendue indéfinie? Si une main invisible déplaçait chaque nuit les bornes d'un champ, le mesurage en serait impraticable. De même, si chaque étoile sautait à chaque instant du nord au sud, de l'ouest à l'est, il n'y aurait que le chaos, plus de points de repère, partant plus d'astronomie. Malgré d'incontestables variations, tantôt visibles, tantôt invisibles mais démontrées, l'irrégularité a des règles. L'énorme vitesse de certains déplacements est saisissable au calcul. Beaucoup de mutations sont soumises à des lois. Malgré des déformations constatées, de vastes groupements d'astres conservent pendant d'immenses durées les lignes principales de leur forme visible. Tout se meut à travers ces plaines éthérées, nous le dirons plus bas; pourtant quelle que soit cette mutabilité universelle, ce n'est pas absolument une autre grande Ourse, un autre Orion, un autre Bélier, un autre Scorpion, un autre Soleil enfin, avec un autre cortége de planètes, que voyait il y a deux mille ans Hipparque et que nous voyons encore aujourd'hui. De là une première manifestation d'unité dans la multiplicité des mondes et un premier degré d'initiation de l'esprit à la connaissance d'un ordre sidéral.

Cependant, sans la lumière, ces constellations qui partagent le ciel en régions et en provinces seraient pour nous comme n'existant pas. La lumière est la magicienne incomparable qui, chaque soir, évoque ces scintillantes apparitions. Or cet agent mystérieux et puissant, cette lumière a, elle aussi, sa diversité soumise à l'unité, une harmonie, des lois, un ordre enfin.

Envisagés par rapport à leur puissance lumineuse, les astres ont entre eux de nombreuses différences. La différence d'éclat, qui est la plus facile à constater, est très-importante, car elle sert à classer les astres d'après leurs apparentes dimensions, qu'il ne faut pas confondre avec leur grandeur réelle. On peut se former une idée de cette diversité d'intensité lumineuse d'après les chiffres suivants. On a compté dans les deux hémisphères, 18 étoiles de première grandeur, 60 de la seconde, 200 environ de la troisième; il y en a 500 de la quatrième grandeur, 1,400 de la cinquième et 4,000 de la sixième. Au delà, notre vue est impuissante et il faut recourir au télescope. A mesure qu'on avance, la progression numérique s'accroît rapidement. D'après Arago, il faudrait compter 9,566,000 étoiles de la treizième grandeur; 28,697,000 de la quatorzième, et évaluer 47 millions le nombre total des étoiles de toute grandeur visibles jusqu'à la quatorzième. En admettant seize grandeurs, Lalande, Delambre et Francœur reconnaissaient un nombre total d'à peu près 75 millions d'étoiles visibles ; et d'autres astronomes ont élevé ce nombre jusqu'à 100 millions.

A la différence d'éclat s'en ajoute une autre. Les astres ne sont pas tous les foyers de leur propre lumière. Les soleils brillent par eux-mêmes ; les planètes et leurs satellites n'ont qu'une lumière empruntée. Les étoiles du ciel sont autant de soleils ayant leur éclat propre, et il y en a qui sont plus grands et plus radieux que l'astre principal de notre système. On voit par là que notre soleil est bien loin d'être, comme on le pensait autrefois, la source de la lumière universelle. Vu de la distance qui nous sépare de Sirius, il tomberait au rang d'une étoile de troisième grandeur. Quel flambeau cependant, et que de degrés entre le feu de cette masse incandescente et la faible clarté que répand le satellite de la Terre !

La coloration des astres a aussi sa diversité. Sirius est une étoile blanche ; il y en a qui sont orangées ou jaunes ou rouges, d'autres paraissent bleues ou vertes ou pourprées. L'un des soleils de Gamma du Lion est jaune d'or, l'autre vert rougeâtre. Bêta du Cygne se dédouble en deux compagnons dont l'un est jaune, l'autre bleu de saphir. Gamma d'Andromède se compose de trois astres, l'un d'un orangé splendide, les deux autres d'un magnifique vert d'émeraude.

Ce n'est pas tout : dans une même étoile, l'intensité de l'éclat et la couleur subissent soit insensiblement, soit tout à coup, des variations plus ou moins considérables qui multiplient encore leurs diversités déjà si nombreuses. L'astronomie a vu diminuer l'ancien éclat de certaines étoiles. Plus d'un siècle avant J.-C., Hipparque notait comme très-belle l'étoile du pied de devant du Bélier : cet astre est aujourd'hui descendu à la quatrième grandeur. L'Alpha de la grande Ourse, qui a été de première grandeur, n'est plus qu'au deuxième rang. Sans perdre de leur éclat, d'autres étoiles ont changé de couleur ; tel Sirius qui depuis l'antiquité a passé du rouge vif au blanc pur. D'autres se sont éteintes si complétement qu'il n'en reste aucun vestige : dans la constellation du Taureau, la neuvième et la dixième étoile ont disparu. Pendant l'année 1782, W. Herschel vit, en six mois, agoniser et mourir la cinquante-cinquième d'Hercule qui de rouge devint pâle et finit par s'évanouir. Inversement, il y a des astres dont la lumière croît en intensité, témoin la trente-huitième de Persée qui est montée de la seizième grandeur à la quatrième. L'éclat de certaines autres reçoit un accroissement et un décroissement alternatifs, mais contenus dans des limites fixes; ainsi le Chi (χ) du Col du Cygne oscille entre la cinquième et la onzième grandeur dans une période de treize mois et demi. La trentième étoile de l'Hydre d'Hévélius va, en cinq cents jours, de la quatrième grandeur à l'extinction. Quelques étoiles ont eu une apparition soudaine; puis, après avoir jeté un éclat resplendissant, elles sont tombées dans les ténèbres pour n'en plus sortir. Par exemple, en 1572, trois mois environ après la Saint-Barthélemy, un astre éblouissant s'ajouta à la constellation de Cassiopée. Il fit pâlir Jupiter, Véga et Sirius lui-même : pendant les premiers jours de sa présence, on put l'apercevoir en plein midi. Peu à peu cependant il atténua sa lumière et, s'effaçant de degré en degré, il disparut après avoir rempli le monde d'épouvantes superstitieuses. Plus intéressante encore fut l'étoile du Renard qui se montra inopinément en 1604 et disparut bientôt. Avant de s'évanouir, semblable à une lampe dont l'huile est consumée, elle affaiblit et ranima plusieurs fois ses mourantes flammes.

Ces singularités astronomiques échappent à l'ignorance ou l'effrayent. Une science timide s'en embarrasse, elle les dissimule parfois, souvent elle les néglige de peur de déranger d'anciennes idées. La science sérieuse les regarde en face, elle avoue sincèrement, quand il y a lieu, qu'elle n'a pas encore découvert toutes les lois qui imposent l'unité à ces diversités, la règle à ces exceptions, l'harmonie à ces apparentes dissonances. Mais elle se souvient et elle rappelle à qui l'aurait oublié qu'elle a déjà posé quelques-unes de ces lois, et que celles-ci sont si vastes, si belles, si constantes que l'existence des autres est assurée, comme la connaissance ultérieure en est certaine.

§ 2.

Lois de la lumière astronomique.

Si l'on regarde l'ensemble du ciel, la première pensée qui se présente naturellement à l'esprit, c'est que dans ces espaces sans bornes où roulent les astres, la nuit est l'accident, tandis que la lumière est la chose permanente et universelle. A travers l'immensité, elle tend ses fils d'or qui rattachent les astres les uns aux autres. Ainsi reliés entre eux, éclairant et éclairés, et, qui sait? peut-être voyant et vus, ils composent un tout qui a son unité lumineuse. Cependant, plus une encore, dans son essence et dans la constante identité de ses mouvements, est cette lumière qui jaillit du sein des soleils.

Quand on fait passer la lumière du soleil à travers un prisme de verre à section triangulaire, elle se décompose en sept espèces distinctes de rayons qui donnent sept couleurs différentes, rangées dans l'ordre suivant : violet, indigo, bleu, vert, jaune, orangé, rouge. La lumière solaire garde invariablement cette composition essentielle. Puisez, si vous voulez, un faisceau de rayons non plus à cette source, mais au foyer des planètes qui réfléchissent la lumière du soleil, vous n'y distinguerez que les mêmes éléments. Prenez maintenant au hasard dans les espaces célestes tels rayons qu'il vous plaira, et soumettez-les à l'analyse, ils ne fourniront jamais une huitième couleur autre que les sept couleurs fondamentales qui forment le spectre du soleil.

Mais comment donc Newton a-t-il pu diviser la lumière et la contraindre à se résoudre en ses éléments irréductibles? C'est grâce à une loi remarquable. Si la lumière solaire traverse un prisme à section triangulaire, les rayons de chaque couleur se réfractent selon des angles constants, d'abord au point où ils pénètrent dans le corps transparent, puis au point où ils en sortent. En vertu de cette loi, les couleurs du spectre conservent sans changement leurs positions respectives. Même constance, même régularité dans la loi de la réflexion. Quand, au lieu de rencontrer un corps qui l'absorbe ou qui se laisse traverser par lui, un rayon lumineux frappe une surface qui le repousse, l'angle sous lequel il atteint un plan est égal à celui qu'il fait avec ce même plan en revenant en arrière. Et cette dernière loi de la lumière en multiplie à l'infini la puissance et les effets.

La lumière marche ; donc elle se meut, et en dehors des cas de réfraction, elle se meut en ligne droite, soit à la façon d'une substance lancée en avant par le foyer lumineux, comme le pensait Newton, soit plutôt à la façon d'un ébranlement transmis rapidement, d'une ondulation promptement propagée de proche en proche, comme on le soutient depuis Fresnel. Ainsi la lumière a sa marche et sa vitesse, et cette vitesse n'est point tantôt lente, tantôt prompte, tantôt intermittente : elle demeure à chaque moment identique à elle-même et mathématiquement uniforme. Tout impalpable, tout mobile et subtil qu'il soit, cet agent obéit à l'ordre, il se maintient dans des voies inflexibles : aussi a-t-on pu compter le nombre des pas dont il avance en une même unité de temps. Struve avait calculé que la vitesse de la lumière était de 307,794 kilomètres, soit près de 77,000 lieues par seconde. Au moyen de miroirs rotatifs, M. Fizeau à réussi à mesurer cette vitesse à la surface même de la terre, il a obtenu le chiffre de 314,840 kilomètres, soit plus de 78,000 lieues par seconde. Enfin un expérimentateur éminent, récemment enlevé à la science et à l'Institut, M. Foucault, en employant un ensemble d'appareils rotatifs, a cru pouvoir affirmer que la lumière parcourt 298,000 kilomètres, soit 74,000 lieues et demie par seconde. Et telle était la délicatesse de ses instruments qu'il estimait ne s'être pas trompé de 500 kilomètres. Il avait raison de se fier à ses calculs. En effet, tout récemment, M. Cornu, après avoir perfectionné les instruments de M. Fizeau, et après avoir fait plus de trois mille expériences, est arrivé au chiffre de 298,500 kilomètres par seconde pour la vitesse de la lumière dans le vide. Résultat saisissant et coïncidence remarquable : ce nombre est précisément celui qu'avait donné M. Foucault, avec la faible augmentation de 500 kilomètres. La lumière céleste a donc sa chronométrie. D'où qu'elle vienne, que ce soit de Sirius, du Centaure ou de l'étoile Polaire, la lumière franchit la même distance dans le même temps. A raison de l'ancien chiffre, désormais reconnu trop bas, de 70,000 lieues par seconde, un rayon lumineux met trois ans et huit mois à venir de l'Alpha du Centaure jusqu'à nous. Pour nous arriver de Véga, il emploie douze ans et demi ; de l'étoile Polaire trente et un ans ; de la Chèvre, soixante-douze ans ; il est vrai que la Chèvre est à 170 trillions de lieues de la Terre. A travers les immensités du temps et de l'espace, la lumière suit sa course, garde son pas, reste dans l'ordre qui est le sien. Si l'éblouissant Sirius s'évanouissait à l'instant même, sa lumière lancée en avant poursuivrait son chemin, et, dans vingt-deux ans, les habitants de la Terre verraient encore briller dans le ciel, à sa place, l'astre depuis vingt-deux ans éteint.

§ 3.

Harmonies et similitudes des formes dans les corps célestes.

La forme des astres manifeste avec une évidence particulière l'unité du plan qui règle l'architecture de l'univers. La rondeur des principales planètes de notre système et celle du soleil, dont elles dépendent, est un fait constaté par l'observation directe. Pour les étoiles très-éloignées, les instruments les plus grossissants ne permettent jamais de les voir sous la forme d'un disque, mais seulement comme des points lumineux. En augmentant la puissance des télescopes, on n'obtient qu'un accroissement dans l'intensité de la lumière. La science n'en est pas moins certaine de la rondeur des corps célestes, de ceux du moins qui ne sont ni des comètes ni des amas flottants de matière cosmique. Elle est pareillement sûre que ces sphères, mues autour d'un axe, sont toutes aplaties à leurs pôles. Il est impossible de ne pas remarquer que cette forme sphérique, si une et si simple en elle-même, est aussi celle qui se prête au plus grand nombre de relations harmonieuses entre les différents astres. Un corps sphérique incandescent rayonne sa chaleur dans tous les sens à la fois; et s'il occupe le centre d'un système, il n'est pas un lieu, pas un astre de ce système qui ne reçoive une part de cette chaleur. Il épanche sa lumière avec la même égalité, mais en la lançant à des distances énormément plus grandes dans toutes les directions de l'étendue; en sorte que son existence est connue partout où ses rayons parviennent et trouvent des yeux pour les apercevoir. De leur côté, grâce à leur forme sphérique, les planètes et les lunes qui les accompagnent, tournant autour du centre brûlant et lumineux, présentent successivement les régions diverses de leurs surfaces à l'action du foyer qui les réchauffe et les éclaire à la fois. On comprend que ni des cylindres, ni des cônes tronqués ou non, ni des polyèdres réguliers à surfaces planes, fussent-ils semblables, ne pourraient soutenir entre eux un aussi grand nombre de rapports. L'harmonie se trahit ici non-seulement dans la similitude des formes astronomiques, mais encore et surtout dans la richesse et dans la beauté des conséquences qui en résultent.

§ 4.

Ressemblance dans la composition matérielle des astres.

Les similitudes extérieures des astres enveloppent des analogies intimes, comme chez les enfants d'une même famille, à la ressemblance fraternelle répondent de secrètes conformités physiologiques. Il s'en faut que la matière dont se composent les astres, quoique diverse, soit spécifiquement et absolument différente dans chacun d'entre eux. Au contraire, à mesure que la science connaît mieux la substance des sphères sidérales, elle voit s'allonger la liste des propriétés physiques et même celle des corps simples qui se rencontrent et dans ces globes et dans le nôtre. Le philosophe Anaxagore prétendait que le soleil était non un dieu, mais une pierre, et ce trait d'audace lui coûta cher. On enseigne aujourd'hui sans péril et sans contradictions que les astres sont choses volumineuses, pesantes, denses, tantôt solides, tantôt gazeuses, semblables en ces points à la matière d'ici-bas. Ce n'est pas tout ; on en sait un peu plus long. Des fragments de corps célestes brisés ont traversé l'étendue et sont tombés sur notre terre. Soumis à l'analyse chimique, ils ont fait voir qu'ils étaient formés de nickel, de fer, de manganèse, de cobalt, de cuivre et d'autres métaux et métalloïdes représentant à peu près le tiers des substances que la science a jusqu'ici distinguées dans la pâte du globe terrestre. Mais ces premières indications devaient recevoir de la science actuelle la confirmation la plus éclatante et la plus inattendue.

On eût bien étonné nos pères en leur prédisant, entre autres merveilles prochaines, qu'un jour viendrait où l'œil des savants lirait dans les rayons que projettent le soleil et les étoiles, le nom de plusieurs au moins des substances dont ils sont pétris. On en est pourtant arrivé là. Une méthode d'observation nouvelle et qui, depuis 1815, a été graduellement perfectionnée par MM. Wollaston, Fraunhofer, Foucault, Kirchhoff et autres, produit en ce moment d'admirables résultats. Ce n'est pas ici le lieu de décrire les procédés délicats et compliqués de l'analyse spectrale. Les maîtres seuls ont le droit de les exposer. Il est permis toutefois à la philosophie d'en indiquer les circonstances essentielles, et les voici.

On a étudié la lumière du soleil et des astres au moment où, après avoir traversé un prisme à section triangulaire, elle est décomposée en ses couleurs fondamentales. Sur ces images spectrales, on a remarqué des raies caractéristiques, tantôt brillantes, tantôt noires. Ensuite, par les comparaisons les plus minutieuses et les rapprochements les plus précis, on a pu reconnaître que ces raies dénotent constamment la présence, dans l'atmosphère de l'astre observé, de certains métaux à l'état de gaz ou de vapeur. M. Kirchhoff a établi avec certitude qu'il y a dans l'atmosphère solaire d'abord du fer à l'état gazeux, puis encore du calcium, du magnésium, du sodium, du chrome, du nickel et probablement, mais en moindre quantité, du baryum, du cuivre, du zinc. D'autres observations très-nombreuses ont été enregistrées. « Le résultat général de ces recherches, — a dit M. W.-H. Miller, — c'est que les étoiles sont des corps construits sur le même plan que notre soleil, possédant chacun une constitution différente de celle des corps voisins, mais tous formés, en apparence, d'une matière en partie identique avec celle qui compose notre globe. »

Gardons bonne mémoire de ces conclusions. Ce n'est pas la métaphysique cette fois, c'est l'astronomie, appuyée sur l'observation positive, qui reconnaît un seul et même plan jusque dans la matière constitutive des astres. Je prends acte de cet aveu : j'en déduirai ultérieurement les conséquences.

§ 5.

Mouvements harmonieux des astres. Gravitation.

Il nous reste à parler de la manifestation la plus imposante de l'unité dans le monde astronomique. Cette manifestation, c'est l'harmonie que réalisent les mouvements des sphères célestes.

Partons de ce point que les astres sont pesants : c'est de là que résulte toute l'organisation de la machine. Avec le nombre et la mesure, il y a dans le ciel des poids, des contre-poids, des balancements, un équilibre enfin qui naît, non d'une immobilité universelle, mais d'une perpétuelle mobilité dont le caractère est d'engendrer à chaque instant un ordre excellent, alors même qu'elle semble l'altérer ou le détruire.

Les astres sont donc autant de masses pesantes. S'il existait des balances assez grandes pour contenir dans leurs plateaux les globes célestes, s'il y avait quelque part un clou assez fort pour qu'on pût y suspendre cet appareil, voici quelques exemples des évaluations qu'on obtiendrait par le pesage des mondes. On trouverait que Saturne pèse 100 fois et Jupiter 338 fois autant que notre globe. Quand au soleil, son poids serait de deux nonillions de kilogrammes, ce qui s'exprime au moyen du chiffre 2 suivi de trente zéros : 2,000,000,000,000,000,000,000,000,000,000.

Or on doit savoir que le poids des astres, comme celui des corps quels qu'ils soient, consiste essentiellement en ce qu'ils tendent à tomber les uns sur les autres, et cela parce que, tous, ils s'attirent mutuellement. Newton a découvert et posé la double loi de l'attraction : Deux corps quelconques s'attirent en raison directe de leurs masses et en raison inverse du carré de leur distance. Ainsi, en termes ordinaires, plus un corps est gros, plus grande est la force avec laquelle il attire les autres corps. En conséquence, tous les astres de notre système, étant de masse moindre que le soleil, devraient se précipiter sur cet aimant qui les attire avec une puissance énorme. Il n'en est rien cependant. Pourquoi? Parce que le mouvement propre et initial de chaque planète, mouvement qui la pousse en ligne droite, contrebalance incessamment les attractions qui à chaque moment de sa course l'attirent vers le soleil. Ainsi, de la combinaison de ces deux mouvements produits par deux forces différentes, résulte un mouvement elliptique qui est l'orbite de la planète, et qui l'empêche de se précipiter sur la masse solaire. Grâce à cette mécanique merveilleuse, des milliards de masses colossales demeurent suspendues dans l'espace, sans que l'univers s'écroule et se brise sur ses propres ruines.

Et cependant l'équilibre des mondes n'est ni immobile, ni même uniformément mobile autour de certains points absolument fixes. En dépit de certaines apparences, tout dans le ciel est toujours en mouvement. La science ne reconnaît plus d'étoiles fixes ; un grand nombre de ces étoiles que l'on croyait uniques se sont résolues en groupes de deux, trois ou quatre astres formant des systèmes particuliers qui ont certainement leurs révolutions périodiques. A ne parler que du soleil et de son cortége, il est démontré que, malgré sa puissance et sa majesté, le roi de notre monde n'a point le privilége de mouvoir sans être mû. Il ne lui est point permis de se reposer dans une orgueilleuse inertie : sa loi, comme la nôtre, est de tourner. Lui-même, il roule autour du centre de gravité du système qui n'est pas en lui, mais seulement près de lui. Sa rotation autour de ce pivot invisible s'effectue en vingt-cinq jours. Il y a plus encore : le soleil, avec tous ses sujets, est emporté par un mouvement très-lent, mais continu, dans la direction de la constellation d'Hercule. Mais de même qu'en se maintenant il maintient, de même aussi en se mouvant il meut. Sans cesse il fait, défait, refait l'instable équilibre des masses sur lesquelles il règne. Gardant pour lui-même les jours sans nuits, il donne du moins à ses planètes les successions alternatives des ténèbres et de la lumière, et à la plupart d'entre elles la variété régulière des saisons. Mercure a son année qui dure 87 de nos jours, 23 heures et 24 minutes. Son mouvement diurne est de 24 heures, 5 minutes, 28 secondes. L'année de Vénus est de 224 jours, 16 heures, 41 minutes ; ses saisons ne sont que de deux mois chacune. On connaît assez l'année, les saisons, les journées de la Terre. Pour la planète Mars, l'année s'accomplit en 686 jours, 22 heures, 18 minutes ; son jour en 24 heures, 39 minutes, 21 secondes. Jupiter tourne autour du soleil en douze de nos années, et sur lui-même en 10 heures, de sorte qu'il n'a que 5 heures de jour; il jouit d'un printemps éternel. L'année de Saturne égale trente fois la nôtre; chacune de ses saisons se prolonge pendant 7 ans et 4 mois; sa journée s'achève en 10 heures, 16 minutes. L'année d'Uranus est de 84 ans et 3 mois. Enfin, Neptune, la dernière planète connue du système solaire, se meut autour du centre commun en 164 ans et a des saisons de 41 années chacune. J'ai reproduit ces chiffres non certes pour les faire connaître, car ils sont partout, mais afin de mettre en relief les similitudes que laissent apparaître les mouvements d'ailleurs si variés des planètes. Évidemment ces globes différents ont tous été conçus d'après un type unique. Soumis à une même force principale, régis par les mêmes lois, ils offrent dans leurs courses et leurs retours périodiques, de plus en plus vastes, mais toujours concentriques, le modèle idéal de l'harmonie dynamique. Aussi les anciens, frappés de cette eurhythmie que pourtant ils ne connaissaient qu'à demi, l'ont-ils appelée tantôt une danse, tantôt un concert, tant ils y sentaient et admiraient l'accord des parties opérant l'unité magnifique de l'ensemble.

§ 6.

Les désordres célestes ne sont qu'apparents. L'ordre est réel.

Contre la réalité de cette incomparable ordonnance, on ne saurait alléguer ni les phénomènes surprenants que l'ignorance a souvent pris pour les signes avant-coureurs de prochains cataclysmes, ni les anomalies moins visibles qui excitent vivement la curiosité des savants. Peu à peu, ces prétendus désordres se sont résolus ou se résolvent quotidiennement en faits astronomiques d'une régularité directement constatée par l'observation ou naturellement déduite des lois déjà connues.

D'abord les éclipses, longtemps redoutées, ont été de bonne heure expliquées et mises au nombre des constantes habitudes des astres qui les produisent et les subissent. Chacun le sait désormais : les occultations périodiques qu'on nomme éclipses de soleil ou de lune sont tellement normales que bien loin de craindre quand elles arrivent, il faudrait trembler si elles n'avaient pas lieu. En fixer le jour, l'heure, la minute, en déterminer la durée à une seconde près, n'est plus aujourd'hui qu'une des opérations élémentaires de la science.

Malgré leur nom de mauvais augure, les perturbations causées dans les mouvements de certains astres par leurs satellites obscurs, ne sont pas davantage des désordres. On inclinait à les regarder comme des phénomènes en tout semblables à nos éclipses. Les dernières découvertes, dit le P. Secchi, ont pleinement démontré la justesse de cette prédiction. Par exemple, les irrégularités observées dans le mouvement propre de Sirius ont fait soupçonner longtemps l'existence d'un satellite obscur circulant autour de cette étoile splendide. Bessel en avait annoncé la présence; Adam Clark a été assez heureux pour le découvrir vingt ans après : il est lumineux par lui-même, mais n'a que l'éclat d'une étoile de sixième grandeur. Ce qui efface pour nous sa lumière, c'est le rayonnement de l'étoile principale. D'autres faits que l'on pourrait citer prouvent que ces perturbations seraient plus justement appelées des variations mathématiquement normales.

Les comètes sont en quelque sorte les nomades du

ciel ; on dirait qu'elles ont l'humeur inconstante et l'instinct vagabond. Légères en leur masse, ou plutôt ténues à l'excès, elles se partagent quelquefois en deux ; quelquefois elles se dissipent et disparaissent. Il en est qui se sont permis de manquer au rendez-vous que leur avaient assigné les astronomes. Ainsi, en 1866, la comète de Biéla dont on attendait le retour, n'a pas reparu. La reverra-t-on ? Peut-être oui, peut-être non. De ce fait et d'autres semblables qu'on ne conclue pas trop vite que les choses vont là-haut à l'aventure. Les fantasques voyageuses ont aussi quelque régularité d'habitudes. La grande comète de 1811 met 3,000 ans à accomplir sa révolution. Celle de 1680 revient au point de départ après quatre-vingts siècles. De récentes observations ont signalé des éléments fixes dans les mouvements cométaires. Schiaparelli a découvert des rapports intimes entre la route de la troisième comète de 1862, et la marche des étoiles filantes d'août. La comète vue par Tempel à Marseille en 1866, répond aux météores de novembre. Au surplus, les comètes peuvent disparaître sans que le grand équilibre en éprouve la moindre secousse. Il nous arrive même de traverser d'outre en outre à notre insu ces nuages de poussière cosmique. Rien de dangereux et un ordre de plus en plus distinct, voilà ce que la science actuelle aperçoit dans la capricieuse mobilité des comètes.

Une objection tout autrement grave, du moins au premier aspect, est tirée de la déformation des orbites planétaires. Les planètes décrivent comme on sait autour du soleil, non pas un cercle, mais une ellipse dont le soleil occupe un des foyers. Cette ellipse qui est ce qu'on nomme l'orbite, tantôt s'allonge et tantôt se rétrécit. Ces perturbations seraient-elles autant de démentis donnés à la loi de l'attraction universelle? On se l'est demandé quelquefois. On a reconnu qu'il n'en est rien. Dans les mouvements planétaires, un seul élément reste absolument fixe : la longueur du grand axe. C'est bien peu, mais cela suffit. Grâce à cette permanence, l'ordre est assuré, car aussi longtemps qu'elle subsistera, toute conjonction fatale demeura impossible.

Enfin, il y a des astres qui tout à coup se brisent et volent en éclats dans l'espace; d'autres s'allument subitement, flambent comme une poignée de branches sèches et rentrent dans les ténèbres. N'est-ce pas un monde sans ordre que celui où se déploient tant d'énergies destructives ?

Ce qu'il y a de certain, répond la science, c'est que l'harmonie céleste n'a point à souffrir de ces sortes d'accidents. Quelques faits en fourniront la preuve. Il y a entre l'orbite de Mars et celle de Jupiter, une zone large de 80 millions de lieues où certains calculs faisaient pressentir la présence d'une planète que Kepler, au surplus, avait annoncée. Au lieu de cet astre, on a découvert, semés dans cet espace interplanétaire, un nombre assez considérable de fragments cosmiques. Sont-ce les épaves d'un globe brisé? Sont-ce les germes d'une sphère en voie de formation ? On ne sait. Mais quoi qu'il en soit, ces astéroïdes accomplissent correctement leur mouvement de rotation autour du soleil. Ou l'harmonie se fait à cet endroit, ou elle s'y refait : dans l'une comme dans l'autre hypothèse, l'harmonie est sauve. Elle persiste même après ces conflagrations qui, pareilles à de prodigieux incendies, semblent d'abord révéler puis consumer les sphères célestes. Une étoile brillante parut à l'improviste, en mai 1866, dans la constellation de la Couronne boréale. Après quelques jours d'incandescence, elle disparut, comme si l'aliment de ses flammes eût été entièrement dévoré. Que s'était-il passé? L'analyse spectrale, — disent d'une même voix MM. Huggins, Miller et Secchi, — nous apprend que par suite de quelque convulsion intérieure, d'énormes quantités d'hydrogène se sont enflammées; et ces masses de gaz une fois consommées, l'incendie stellaire a pris fin, sans laisser après lui nulle trace de désastre. On le voit : ce phénomène, loin de troubler les lois de la nature, les a seulement vérifiées une fois de plus ; et il a si peu altéré l'harmonie du ciel, que le gracieux contour de la constellation où il s'est accompli n'en a subi aucune altération apparente.

Il n'y a donc pas moyen de méconnaître l'harmonieuse unité de l'univers astronomique, pas moyen de la révoquer en doute. La ressemblance des sphères et des mondes en est le plus frappant témoignage; elle paraît vivement dans les dissemblances qui ne sont que les aspects ou variés ou moins fréquents des mêmes types et des mêmes lois. A la similitude dans la puissance lumineuse, à l'identité de la forme, l'observation scientifique a peu à peu ajouté les analogies profondes qui se révèlent dans la concordance des mouvements pareils et jusque dans la constitution chimique des astres. Et qu'on veuille bien ne pas prétendre ou insinuer que c'est là une harmonie rêvée, une unité poétiquement imaginée, quelque chose de littéraire, un sujet épuisé d'amplifications oratoires. C'est, — on vient de s'en assurer, — une unité réelle, positive, scientifiquement reconnue et constatée. La poésie et l'éloquence s'en inspireront tant qu'il y aura des hommes capables d'en sentir et d'en célébrer la beauté ; mais cette unité c'est la science qui la démontre. On avait pu croire que les récentes découvertes avaient rejeté l'idée de cette harmonie parmi les fictions surannées. C'est le contraire qui s'est produit. La science moderne a fait éclater, sans le vouloir et quelquefois même en en répudiant les conséquences, l'harmonie du monde astronomique; elle a dû la signaler sous les variations, sous les anomalies, sous les perturbations qui d'ailleurs ne la voilent au premier aspect que pour la manifester bientôt avec une évidence saisissante. Elle a, il est vrai, ruiné définitivement la fausse conception d'une unité monotone, uniforme, où l'immobilité jouait un trop grand rôle et tenait trop de place ; mais ç'a été pour y substituer la notion d'une autre unité à la fois fixe et mobile, consistante et souple, inflexible et élastique, qui tout en maintenant invariablement ses lignes principales et ses grands contours, se prête admirablement à des modifications innombrables et incessantes. La science moderne, en étudiant mieux que jamais l'architecture du monde, y a découvert une unité que les monuments de l'architecture humaine n'ont jamais présentée, je veux dire une sorte d'organisme comparable jusqu'à un certain point au mouvement vital des corps organisés, car cette puissance infuse dans les astres fait, défait, refait forme, déforme, reforme les mondes et qui sait? les perfectionne peut-être par son labeur incessant. Ce qui ressort des récents travaux astronomiques, c'est la démonstration d'un ordre plus profond, plus savant, plus magnifique cent fois que celui devant lequel les anciens s'étaient inclinés.

Que conclure de là? Résisterons-nous obstinément à la lumière? Goûterons-nous je ne sais quelle joie bizarre à appeler noir ce qui est blanc et désordre ce qui est ordre? Le besoin d'éprouver toutes nos convictions, de vérifier toutes nos idées, la crainte salutaire d'être dupes, ces dispositions excellentes des intelligences mûres, auraient-elles dégénéré en une impuissance maladive de saisir l'évidence? L'usage systématique du doute aurait-il émoussé et finalement paralysé en nous le sens du vrai? Si nous n'en sommes pas tombés à ce degré d'anémie rationnelle, voici ce qui est incontestable, ce qu'il faut bien confesser. Il y a un plan dans le monde; on y surprend un même dessein, une même unité, une même harmonie, par conséquent une seule et même pensée; je n'ose dire une seule et même main. Pour embrasser l'universalité des mondes, pour les maintenir en paix, en bonne entente, en équilibre, il faut une force pensante absolument une. Pour mettre leur état passé en rapport avec leur état présent, et leur état présent d'accord avec leurs positions, leurs mouvements et leurs changements futurs, il a fallu, il faut une seule et même puissance prévoyante, toujours préexistante, toujours supérieure à son œuvre. Cette puissance, serait-elle le hasard? Mais le hasard, s'il existe, est l'idéal même de l'ineptie, incapable de savoir ce qu'elle fait et de se répéter elle-même quand, par distraction, il lui échappe de bien faire. — Cette puissance sera-ce la matière? Mais la matière est indéfiniment multiple et divisible, tandis que l'intelligence, reine du monde, est nécessairement une. — Cette puissance, sera-ce seulement une idée de l'homme? mais l'univers existait avant l'homme et la cause ne saurait être postérieure à son effet. Cette intelligence, qu'est-elle donc enfin? Elle est, voilà qui est assuré. Nous tenterons plus tard d'entrevoir si elle est infinie, si elle est parfaite, en un mot de démêler, selon nos forces, ce qu'elle est.

CHAPITRE II

HARMONIES DES CORPS TERRESTRES INANIMÉS

§ 1er.

Manque apparent de toute unité dans les corps terrestres inanimés.

Vus sous un certain jour, les corps inanimés, simples ou composés, solides, liquides ou gazeux, semblent dépourvus de cette unité sans laquelle il n'y a aucun ordre, aucune harmonie. Examinons-les d'abord à ce point de vue.

C'est aujourd'hui une opinion universellement admise par les savants que les corps les plus simples, c'est-à-dire ne renfermant qu'une seule espèce de matière, sont en même temps multiples, c'est-à-dire formés d'un nombre variable de particules infiniment petites. Il leur manque donc cette première sorte d'unité qui est l'unité numérique.

Ont-ils du moins cette autre unité que leur attribue l'ignorance ou l'inattention, et qui consisterait, si elle existait, dans la juxtaposition mathématique des parties sans aucun intervalle ni solution de continuité? Pas plus celle-là que la précédente. La compressibilité des corps en est la preuve. Sous une pression suffisante, le volume des gaz éprouve une diminution; il en est de même des liquides, quoique à un degré moindre; les solides sont compressibles aussi. Pour que les corps diminuent de volume, il faut évidemment que les molécules qui les forment se rapprochent les unes des autres. Dès que cesse la pression, le volume reprend ses dimensions primitives; pourquoi? Parce que les molécules reprennent leurs distances. Il y a donc entre elles des intervalles qui les séparent et qui tour à tour s'étendent et se resserrent. Ainsi les corps ne sont pas des continus.

Ce sont des groupes ou, comme disent les savants, des systèmes de molécules douées du double pouvoir de s'attirer et de se repousser. Elles s'attirent assez pour rester ensemble; elles se repoussent assez pour demeurer distantes et distinctes; et les corps se maintiennent par l'équilibre de ces deux forces.

On le voit : l'unité numérique et l'unité d'étendue des corps ne sont guère que des apparences. En y réfléchissant davantage on reconnaît que ces apparences sont plus vaines et plus fuyantes encore qu'on ne l'avait cru au premier aspect.

Il y a des physiciens qui pensent que la multiplicité des parties qui composent les corps a une limite, et que cette limite, c'est l'unité des molécules elles-mêmes qu'aucun de nos instruments ne saurait ni saisir, ni diviser. A quoi nous répondrons que la science admet la divisibilité des dernières molécules, ce qui revient à en nier l'unité. On insiste; on réplique en alléguant non plus l'indivisibilité de la molécule, mais du moins celle de l'atome, cet élément infiniment petit des plus petites particules corporelles. Qu'on y songe pourtant, de deux choses l'une : ou bien l'atome est étendu, par conséquent divisible, et alors l'unité n'est pas plus dans l'atome que dans la molécule ; ou bien l'atome est inétendu, par conséquent indivisible et un ; mais alors l'unité de l'atome n'étant plus étendue, n'est pas une unité matérielle. En sorte qu'ainsi conçu, cet extrême élément des corps, doué d'une unité incorporelle, devient la négation absolue de l'unité corporelle ou physique. Ainsi l'unité numérique ou mathématique des corps est un rêve. Cette unité n'existe pas !

Faudra-t-il cependant rompre en visière au sens commun ? Ira-t-on jusqu'à prétendre qu'une barre de fer, une pépite d'or, une pierre précieuse, un diamant, un bloc de granit n'ont pas une certaine unité ? Cette unité existe évidemment, puisqu'elle est souvent la condition même de notre sécurité matérielle et qu'elle communique la durée aux corps dont elle maintient les parties assemblées. La maison que voici ne s'écroule pas. C'est que le rocher qui la porte est solide ; c'est que les pierres qui la forment sont dures et résistantes. Ce lit que voilà ne rompt pas sous le poids de mon corps ; c'est que le fer dont on l'a fait est tenace. Solidité, dureté, résistance, ténacité, autant d'aspects de l'unité. La matière est donc une, pour le moins à ces degrés et en ces divers sens.

Point d'illusion toutefois. Oui, il y a une espèce d'unité matérielle qui est l'unité de cohésion. Il y a des liens qui rattachent les uns aux autres les atomes des corps. Mais ces liens, qui sont toujours plus ou moins lâches, reconnaissons qu'ils sont fragiles et souvent brisés.

Une masse rocheuse se détache de la montagne et roule en bondissant vers la vallée. A chaque choc, elle broie les rochers qu'elle rencontre et elle s'y broie. Certains monolithes d'une grosseur prodigieuse et du grain le plus serré se cassent comme le verre, rien qu'en tombant de leur hauteur. A Locmariaker, dans le Morbihan, un menhir gigantesque, un obélisque de granit dont la longueur est de 25 mètres, l'épaisseur de 5, le poids de 200,000 kilogrammes, gît sur le sol. Un jour, une cause quelconque l'a renversé : sa chute l'a coupé en quatre. Tôt ou tard, le marteau d'un paysan le réduira en moellons et le temps en poussière. Les pyramides d'Égypte ont jusqu'ici bravé l'effort des siècles. Qu'importe? la force qui doit les écraser existe; à la fin elle les atteindra.

D'ailleurs la cohésion des masses solides cède à d'autres puissances que celle du choc des corps durs. La vague, en battant le rocher, le creuse au pied. Le sommet de la falaise avance et surplombe graduellement, tandis que de plus en plus la base recule. Un dernier coup de ressac détruit cet équilibre : le faîte s'écroule. Moins bruyante, la glace des hivers est aussi redoutable. La pluie emplit les fissures de la pierre. La température s'abaisse et cette eau gèle. Gelée, elle occupe un volume plus grand qu'à l'état liquide et, pareille à un coin de fer qui grossirait de lui-même, elle écarte, disjoint et disperse les fragments du rocher.

L'air en mouvement a d'irrésistibles poussées. Le vent soulève des masses énormes d'eau salée : il en forme tantôt des montagnes qu'il amoncelle, tantôt des trombes ou cyclones dont les spirales tournoyantes mettent en pièces les grands vaisseaux comme les petits. Il déracine, coupe, décapite les chênes séculaires. Sur les rivages aplatis ou non abrités, il fait ployer les phares de granit malgré le poids de leurs assises et la ténacité de leurs armatures de fer. Les coups de son aile lancent au loin des toitures, abattent les clochers, déchaînent les avalanches, ébranlent et précipitent les rochers.

Dilatés par la chaleur, l'air, les vapeurs, les gaz développent une force d'expansion à laquelle ne résistent ni la cohésion, ni la pesanteur. Devant cette énergie, lorsqu'elle atteint un haut degré, il n'y a pas d'unité matérielle qui puisse tenir. Sous la croûte terrestre, au delà d'une couche assez mince où la température demeure invariable, la chaleur va s'élevant d'un degré par 33 mètres. On en conclut non sans raison que le centre de notre globe est un immense foyer de chaleur, une fournaise de proportions gigantesques. Presque tous les corps qui composent notre planète sont là en fusion, à l'état de vapeur ou de gaz. Portés à une température sans limites connues, ces vapeurs et ces gaz font un perpétuel effort pour élargir l'espace qui les retient captifs. Ils poussent en dessous l'enveloppe qui nous porte, ils la distendent, la secouent et, par endroits, la déchirent. Ainsi se produisent les tremblements de terre qui bouleversent en peu de temps de vastes pays. Au mois d'août 1868, une série d'épouvantables convulsions du sol ravagea le Pérou et la république de l'Équateur. Au Pérou, Aréquipa, Tacna, Arica et plusieurs autres villes importantes furent anéanties. Trois jours après, dans l'État de l'Équateur, Iburra, capitale de la république, et Otavalo furent ruinées de fond en comble ; Catachi disparut entièrement et fut remplacée par un lac d'eau bourbeuse.

Les cratères volcaniques sont des perforations causées par la rupture du sol. Dans les éruptions, la force de tension des gaz joue le principale rôle. Ce sont les gaz qui soulèvent la terre et qui y forment ces saillies, ces gibbosités qu'ils finissent par faire éclater. Selon qu'ils se dilatent ou se condensent, les lacs de feu s'élèvent ou s'abaissent. Ils grondent comme des légions de tonnerres; ils lancent vers le ciel des pluies de fumée et de cendres, des grêles de laves et de pierres. Ils engloutissent des montagnes et des îles, et en font surgir de nouvelles. Mais ces gaz, ces vapeurs obéissent à la puissance supérieure du feu qui les tend et les pousse dans tous les sens, et qui les a formés en soumettant les métaux terrestres à l'action des plus violentes températures.

Ce travail incessant des forces physiques, secondé par l'énergie dissolvante des actions chimiques, détruit les formes régulières de la nature inanimée. La confusion empiète sur l'ordre, les masses indistinctes succèdent aux figures élégantes et symétriques. Les corps les plus beaux deviennent poussière, cendre, boue, vase, limon, scories, résidus. Autant ils nous charmaient en leur première architecture, autant les informes débris qui en restent nous laissent indifférents ou nous dégoûtent.

Unité purement apparente, puisqu'elle cache toujours la multiplicité; apparence d'unité purement mobile et fuyante, et par conséquent ombre vaine d'harmonie; enfin désordre et incohérence, voilà ce qu'une vue rapide de l'univers peut présenter à l'intelligence. Mais la raison commande de contrôler ce premier jugement.

Malgré les faits constatés tout à l'heure, il y a dans

les corps inanimés terrestres de l'unité et de l'accord. Les harmonies qui les relient entre eux sont de deux sortes : elles s'établissent les unes à distance, les autres à proximité ou au contact.

§ 2.

Harmonies de l'attraction à distance Attraction terrestre.

La force d'attraction exercée par notre globe sur les corps terrestres est un phénomène tellement continuel qu'il en est devenu vulgaire ; il n'est cependant pas moins digne d'admiration que la gravitation en vertu de laquelle s'est fait, se maintient et se corrige, à l'occasion, l'ordre astronomique. Remarquons que la masse de notre petit monde n'est point homogène : les éléments qui en constituent l'assemblage se distinguent les uns des autres par des caractères très-divers. Eh bien, malgré cette diversité, malgré la force centrifuge qui tend à les disjoindre et à les disperser, ils convergent vers le centre qui les attire et les retient. Ne dirait-on pas que leurs mouvements sont concertés, et qu'ils se sont entendus pour viser au même but? C'est en vain que des forces contraires les en détournent. A défaut des voies directes qui leur sont fermées, ils savent se rapprocher de ce point fixe par cent détours. Ils ont un art singulier de battre, de miner, de rompre, ou bien, si la violence y est impuissante, de pénétrer ou de traverser même, d'outre en outre, les obstacles qui se dressent devant eux. Après avoir été poussée à la surface du sol par des forces souterraines supérieures à la pesanteur, la lave des volcans redescend lentement, suit les pentes les plus sinueuses, et gagne peu à peu le pied de la montagne qui l'a vomie. Portée à des hauteurs énormes sous forme de vapeur, l'eau retombe en flocons de neige sur la cime des monts inaccessibles. Elle s'arrête là et s'y accumule en glaciers. Mais que le soleil vienne dissoudre les liens solides qui l'enchaînent, elle se liquéfie, devient torrent, ruisseau, rivière, fleuve, et ne s'arrête que dans les mers d'où l'évaporation l'avait fait sortir. Qu'un bloc de rocher lui barre le chemin, elle le creuse pendant des siècles, le perce, passe au travers et va poursuivre au delà sa course interrompue. Les gaz qui se dégagent dans les cavités volcaniques n'y demeurent pas emprisonnés : ils soulèvent et renversent les murailles de leur cachot, s'élancent dans l'espace et vont reprendre parmi les zones supérieures de l'atmosphère la place à laquelle ils ont droit, à moins qu'une onde d'air froid ne les condense et ne les précipite.

Si le conflit des énergies opposées mêle à chaque instant les corps de pesanteur différente, cette pesanteur même se charge de rétablir les grands équilibres rompus. Après les périodes de trouble, tous les corps terrestres se reprennent à tendre vers le commun giron, mais chacun y marche à son pas; chacun s'arrête à la limite voulue. Quoiqu'une impulsion générale et maîtresse entraîne cette armée tout entière, les bataillons divers gardent leurs rangs et observent les distances.

§ 3.

Échange harmonieux de chaleur et de lumière entre les corps terrestres.

Ainsi disposés, les corps inanimés terrestres ne vivent pas en guerre éternelle. On les voit se traiter en frères et se donner mutuellement une part de ce qu'ils ont. Par exemple, il n'en est aucun qui garde en égoïste la chaleur qui est en lui. Pour les corps inanimés, la chaleur, c'est une richesse, car ils y puisent l'une de leurs forces essentielles. Cette richesse, ils se la communiquent avec une libéralité vraiment équitable, puisqu'elle se mesure aux besoins mêmes de ceux qui la provoquent. Entre les corps inégalement échauffés, l'équilibre de température s'établit; cette harmonie en prépare et en produit d'autres. Accumulée dans des corps différents, la chaleur en surexcite les affinités; un moment arrive où elle détermine la combinaison.

Les corps terrestres échangent aussi leur lumière, que cette lumière soit blanche, c'est-à-dire complète, ou qu'elle soit décomposée et n'ait conservé qu'une de ses couleurs.

Même quand le soleil est dans toute sa splendeur, il y a une multitude d'objets terrestres de l'hémisphère tournés vers cet astre, qui ne sont point frappés directement de sa lumière. Ces objets ne participent qu'à la lumière diffuse; c'est ainsi que l'on nomme celle qui a été réfléchie une ou plusieurs fois. Dans cette diffusion de la lumière, tous les corps jouent, à divers degrés, le rôle de réflecteurs. Le nuage qui passe au-dessus de nos têtes, l'eau tranquille ou agitée, les cailloux du chemin, le sable du rivage, les parois de la montagne, les pentes nues ou boisées de la colline, le moindre éclat de verre, les parcelles de métal, les gouttes de rosée contribuent à répandre en tous sens et à multiplier à l'infini la quantité de lumière départie à notre planète. Ils centuplent pareillement les pâles rayons de la lune et ces lointaines clartés qui tombent des étoiles. Une sorte d'harmonie lumineuse tend à s'établir entre les corps inanimés, en prenant pour instrument et pour règle les pouvoirs réflecteurs dont ces choses sont douées.

Les reflets nuancés se répètent et se répandent comme la lumière blanche elle-même, et créent des spectacles d'une étonnante magnificence. Il y a des corps qui absorbent, qui éteignent tels rayons et qui ne réfléchissent que tels autres. Il en est de parfaitement incolores qui n'absorbent point de rayons solaires et qui n'en réfléchissent qu'une seule espèce. Il en est enfin qui, traversés par la lumière, la dépouillent de ses couleurs, à l'exception d'une seule. Les cristaux opaques ne renvoient qu'une sorte de rayons, ceux dont ils revêtent la couleur. L'azur du ciel n'est que de la lumière réfléchie par les particules les plus petites et les plus incolores de l'atmosphère terrestre, qui n'absorbent aucune couleur et n'en réfléchissent qu'une seule, la bleue. L'éclat rougeâtre des Alpes, le matin et le soir, est dû à de la lumière *transmise*, c'est-à-dire à de la lumière qui, en traversant les grandes épaisseurs de l'atmosphère, s'est dépouillée de ses beaux rayons bleus constitutifs par une série de réflexions successives.

Dès que se sont produits ces reflets colorés, de nouvelles réflexions les reproduisent. Comme elle a des échos pour les sons, l'harmonieuse nature a des échos de lumière. Le ciel pur se mire dans la mer calme : aussitôt la mer renvoie au ciel sa belle image azurée. Un nuage rose s'étend au-dessus des flots : les flots répondent au nuage en se teignant de cette pourpre légère. Il y a en peinture une harmonie particulière, essentiellement chromatique, infiniment graduée, qu'on nomme la localité d'un tableau. Les peintres cherchent cette harmonie avec soin, la plupart avec effort; très-peu la rencontrent. Sous le pinceau d'un artiste mille fois plus puissant qu'eux, la localité se fait journellement dans les tableaux de la nature. Elle est particulièrement sensible au lever et au déclin du jour. Souvent, à Athènes, j'ai vu le soleil couchant colorer en violet des masses superbes de nuages qui formaient son cortége. Soudain, montagnes, plaines, monuments, tout le paysage s'enveloppait d'un voile de gaze violette. Chaque objet gardait sa couleur propre; mais chaque couleur était baignée dans ce fluide transparent, semblable aux vapeurs ténues de l'iode. Les tons étaient distincts et pourtant fondus, vifs et moelleux, brillants et suaves.

Voilà quelques-unes des faces de cette unité que créent entre les corps terrestres inanimés leurs relations à distance. Les relations physiques et chimiques, qui ont lieu à proximité ou au contact sont plus étroites. Elles offrent de frappants caractères de puissance et de profondeur. L'harmonie qui en résulte est telle, qu'elle ressemble à la fusion même des éléments. Pour en avoir la claire intelligence, il est utile de se placer au double point de vue de la matière première et de la forme propre des corps simples et composés.

§ 4.

Harmonie par l'affinité moléculaire. Cohésion. Cristallisation des corps simples

Certains savants se croient en droit d'affirmer qu'il n'y a au monde qu'une seule matière. Ils ajoutent que le nombre des atomes qui composent cette matière est infini. Ce sont là deux propositions contradictoires. Si le nombre des atomes est infini et si, comme on l'accorde, les atomes sont distincts les uns des autres, il y a autant de matières numériquement distinctes qu'il y a d'atomes. La seule formule exacte, dans cette hypothèse, serait celle-ci : il n'y a qu'une seule espèce de matière dans l'univers ; mais cette espèce unique embrasse un nombre infini d'individus. Ainsi entendue, l'unité de la matière serait seulement spécifique et non point substantielle. C'est une totalité de choses semblables au lieu d'être une seule et même chose susceptible d'affecter mille et mille aspects différents.

Admettons toutefois que cette opinion, ainsi expliquée, soit aussi vraie qu'elle est répandue. L'univers, à ce point de vue, aura pour le moins l'unité qui résulte de la similitude de toutes les matières ; et les êtres qui le constituent auront entre eux cette harmonie qui est la conséquence de l'intime ressemblance des particules intégrantes et substantielles.

Supposons que les matières soient différentes par essence ; que l'hydrogène, par exemple, diffère de l'azote non pas uniquement par le groupement des atomes dans l'un et l'autre corps, mais encore par la nature intrinsèque des particules constitutives, il y aura évidemment des substances matérielles de plusieurs sortes. Cependant il n'y en aura pas en nombre infini. Quoique la liste n'en soit pas encore fixée, les savants ne la jugent pas inépuisable : ils entrevoient même la possibilité de la réduire. Il y a donc, dans le règne des corps inanimés, des genres et des espèces, c'est-à-dire des unités collectives. Or ces unités étudiées, soit en elles-mêmes, soit dans leurs rapports réciproques, révèlent de nombreuses et profondes harmonies.

Prenons d'abord les corps qu'on appelle simples, ceux dont l'analyse ne tire qu'une seule espèce de matière ; nous les trouverons toujours d'accord avec eux-mêmes et invariablement fidèles à leurs habitudes, pourvu qu'ils soient placés dans les mêmes conditions.

C'est déjà un point remarquable qu'il n'y ait que trois états des corps : le gazeux, le solide, le liquide. La science n'en connaît pas encore un quatrième.

Elle a beau les tourmenter, les violenter même : elle réussit bien ordinairement à faire passer les corps de l'un de ces trois états aux deux autres. Quelquefois cependant elle y use vainement de tous les moyens dont elle dispose. Quant à les pousser en dehors et au delà de ces trois transformations, elle y est impuissante.

C'est qu'entre les particules d'un même corps simple il existe de fraternelles harmonies qu'il est permis à l'homme de modifier, mais qu'il ne saurait ni créer, ni détruire. Ces harmonies sont charmantes à contempler. Elles nous raviraient si nous prenions la peine d'y être attentifs. Sur les feuilles lisses de certaines plantes, la rosée dépose de fines goutelettes qui restent isolées. Penchez une feuille en divers sens, de façon à mouvoir ces petites perles ; qu'elles viennent à s'effleurer, aussitôt elles se confondent et forment une perle plus grosse. Une goutte d'eau pend à un brin d'herbe : elle demeure intacte, indivisée tant que le soleil ne la boit pas. C'est que la cohésion maintient unies les imperceptibles molécules qui en font une larme de cristal. Les parcelles du mercure, courant sur un plan mobile, s'unissent dès qu'elles se touchent. Ce n'est pas assez pour ces semblables d'être semblables : il leur faut l'harmonie intime de l'unification.

Sans doute la température, en s'élevant, détruit la cohésion ; mais en s'abaissant elle la rétablit. Dans les zones glaciales le mercure gèle, parce qu'il ne reste liquide que si le thermomètre ne tombe pas à 39° au-dessous de zéro. La fusion de l'argent exige 1,000° de chaleur ; celle du cuivre environ 1,050° ; celle de l'or près de 1,250° ; celle du platine plus de 1,700° ; mais, à des températures inférieures, chacun de ces métaux conserve la solidité. Cet état d'unité par la cohérence, d'harmonie par l'affinité moléculaire, ne périt donc jamais sans retour. S'il disparaît, c'est pour reparaître tôt ou tard, et parler ici de destruction, c'est abuser du mot. En réalité, rien n'est détruit en ce cas, si ce n'est un aspect de la matière. Mais en perdant cet aspect, sous l'influence de la chaleur et de la pression, le corps produit, engendre un nouvel aspect de sa substance. La matière possède là une sorte de puissance génératrice ; l'attraction harmonieuse de ses molécules lui donne comme une fécondité, au moins quant à la forme extérieure.

Cette fécondité est double, ou pour mieux dire, elle est à deux degrés dans le phénomène de la cristallisation. Au premier degré les molécules, en se rapprochant, créent simplement la masse, la masse cohérente il est vrai, mais confuse, sans contours réguliers. Au second degré, les affinités moléculaires enfantent à l'aide du refroidissement la géométrie de la forme, la figure correcte et symétrique, souvent rehaussée par l'éclat de la couleur. Et certains corps, nommés dimorphes, ont même la propriété de cristalliser géométriquement sous deux formes distinctes.

Choisissons parmi ces derniers et citons le soufre. Abandonné à lui-même dans un vase ouvert, le soufre cristallise graduellement, de la circonférence au centre. En versant le liquide du milieu, avant qu'il soit figé, on met à nu de longues et belles aiguilles prismatiques. L'orfèvre qui a ciselé ces bijoux, c'est l'affinité moléculaire par son travail régulier et harmonieux. Elle opère autrement et d'après un autre modèle si l'on dissout le soufre dans un liquide, par exemple dans le sulfure de carbone. La solution une fois accomplie et abandonnée dans un vase ouvert, le liquide dissolvant se volatilise et disparaît comme un ouvrier qui a fini sa tâche. Le soufre se solidifie et, cette fois, engendre des cristaux octaèdres, c'est-à-dire à huit facettes triangulaires. Ces diamants merveilleusement taillés sont tantôt d'un beau jaune transparent, tantôt d'un rouge pourpré.

Le cuivre possède aussi la cristallisation dimorphique. Soumis à la fusion et refroidi, il engendre des cristaux de forme cubique. En le traitant par la voie galvanique, on peut l'obtenir en octaèdres réguliers. Ainsi les molécules des corps simples sont mobiles aussi longtemps qu'une suffisante température relâche entre elles les liens de la cohésion. Dès que cette chaleur tombe, elles se groupent et se fixent selon des types géométriquement réguliers; pareilles aux danseurs qui, sitôt que l'orchestre se tait, se retrouvent et s'arrêtent dans leurs positions symétriques.

§ 5.

Affinité chimique. Formation harmonieuse des corps composés. Cristallisation de ces corps.

Si les atomes de chaque espèce de corps simples ne s'unissaient qu'entre eux, la riche diversité de la nature inanimée serait moindre qu'on ne la voit et n'augmenterait pas. Cette richesse est immense et se développe sans cesse, parce que les atomes des diverses espèces de corps simples ont la faculté de s'associer avec les atomes de plusieurs autres corps d'espèce différente. De ces alliances naissent de nombreuses séries de composés qui, à leur tour, en engendrent de nouvelles.

Ces alliances ne ressemblent nullement à des jonctions fortuites. Elles ne sont ni l'effet du hasard ni le fruit du caprice des puissances naturelles se poursuivant en aveugles et se rencontrant à l'aventure. Les forces du monde inanimé ne se comportent pas à la façon d'une troupe d'écoliers jouant à colin-maillard. Des lois invariables règlent mathématiquement le mode selon lequel ont lieu les unions chimiques, que ces unions soient de simples mélanges ou des combinaisons. A l'encontre de ces lois, l'harmonie est impossible et le mariage ne se consomme pas.

L'air, que les anciens prenaient pour un corps simple, est un composé d'oxygène et d'azote non combinés, mais mélangés. Ce mélange naît dès qu'un poids de 23,13 parties d'oxygène se trouve réuni à un poids de 76,87 parties d'azote. Que dans un total de cent parties de ces deux gaz les proportions soient autres, le résultat de l'association ne sera plus de l'air atmosphérique. L'eau, longtemps regardée, elle aussi, comme un corps simple, est une combinaison d'oxygène et d'hydrogène. Cent parties pondérales d'eau renferment 11,11 d'hydrogène et 88,89 d'oxygène. Au delà et en deçà de ces proportions, l'eau ne se forme pas. Il y a donc une harmonie, fixe, préétablie, qui régit la production des composés chimiques. Cette harmonie a trouvé sa formule dans la loi dite *des proportions définies*.

On se tromperait en pensant que, dans les composés, les éléments se perdent et disparaissent radicalement, essence et propriétés. Au sein d'un mélange ou même d'une combinaison, le corps simple ne périt pas. La composition, ou, comme disent les savants, la synthèse, le dissimule; la décomposition, l'analyse, le remet en évidence tout entier, sans déperdition de la moindre de ses parties. Cette fois encore le mot de destruction serait inexact : Il n'y a eu que métamorphose avec possibilité persistante de retour à l'état primitif.

Il en faut dire autant des états différents dans lesquels un corps composé peut se présenter. Qu'il devienne gaz, liquide, solide, sous ces diverses apparences son individualité se maintient identique à elle-même. A travers ces changements, son unité persiste, son essence demeure inaltérable et inaltérée.

Ce n'est pas tout. Les formes visibles que revêtent les corps composés se modèlent docilement, comme celles des corps simples, sur des types dans lesquels les relations réciproques des angles, des lignes, des plans réalisent une exquise symétrie. La neige n'est que de l'eau gelée. Vue au microscope, c'est un ravissant assemblage de cristaux dont les aiguilles délicates savent s'arranger en figures hexagonales d'une étonnante perfection. De semblables objets d'admiration sont chaque jour offerts au chimiste qui dirige, reproduit et contemple les évolutions des corps composés. Il habite une région féérique, le monde du cristal, où l'imagination croit rêver tant les métamorphoses éblouissantes y abondent. Voici, par exemple, l'iodure de cadmium qui cristallise en tablettes hexagonales transparentes, incolores il est vrai, mais douées d'un grand éclat. Plus loin, voici le bisulfure de fer ou la pyrite, avec ses deux physionomies distinctes : la pyrite jaune, qui forme soit des cubes, soit des dodécaèdres d'un jaune d'or à reflets métalliques, et la pyrite blanche dont les prismes rhomboïdaux sont d'un jaune terne et verdâtre. Le chlorure ferreux vous donnera tantôt des écailles blanches et nacrées, tantôt des prismes obliques d'un vert bleuâtre. L'oxyde cuivreux se trouve dans la nature sous la forme de beaux hexaèdres rouges. Un certain carbonate de cuivre, l'azurite de montagne, sculpte ses cristaux en prismes rhomboïdaux obliques d'un bleu superbe. Devant les vitrines des bijoutiers, le passant s'arrête et admire. Qu'il entre dans le laboratoire du savant ou dans ces magasins où sont exposés les produits variés des manipulations chimiques : il y verra des échantillons brillants de l'art mystérieux et infaillible avec lequel la puissance harmonieuse de l'affinité rapproche, soude, travaille et polit les molécules élémentaires des minéraux composés.

§ 6.

Changements progressifs et finalement harmonieux de notre globe.

Des faits précédents et des réflexions qu'ils suggèrent, les conséquences semblent être celles-ci. Non, il n'y a dans la nature inanimée ni unité numérique absolue, ni unité de continuité ; mais il y a unité de relations réciproques, ce qui revient à dire qu'un certain ordre et une certaine harmonie règnent parmi les corps terrestres inanimés. Le désaccord, le désordre, les conflits, la destruction n'y sont qu'en apparence. En effet, le désaccord véritable désunit, mais sans réunir de nouveau ; le désordre complet désorganise sans réorganiser ; les conflits allument et entretiennent la guerre sans en faire sortir la paix ; la destruction enfin ne mérite son nom que lorsqu'elle renverse sans relever. Tels ne sont point les mouvements même les plus impétueux des corps terrestres ; dociles à des lois d'alternance, à des périodicités souvent très-larges, mais d'un retour assuré, ils défont les choses et les refont avec mesure, ainsi que le vieil Héraclite l'affirmait de la puissance divine du feu. Quand un corps se dissout et paraît mourir, c'est un autre corps qui naît ou ressuscite, un composé différent et quelquefois plus riche qui arrive à l'existence. Sous ces multiples changements d'aspect, l'ordre harmonieux persiste donc. Et avec la permanence, il possède la fécondité, puisque de ses flancs inépuisables sortent successivement des mélanges, des combinaisons, des formes tour à tour simples et complexes; puisque par des liens aussi forts qu'ils sont élémentaires, chaque partie se rattache au tout, chaque détail à l'ensemble.

Soit, répondra-t-on peut-être : c'est là de l'harmonie, nous l'accordons ; cette harmonie a sa beauté et dénote une direction unique. Cependant elle est entachée d'un défaut grave : le progrès y manque ; or l'unique perfection des choses finies, condamnées à rester imparfaites, c'est de s'acheminer constamment vers la perfection et d'en approcher toujours davantage. Votre univers de corps inanimés ne se transforme que pour reparaître tel qu'il fut déjà. Il ne sait que se répéter lui-même, et, comme Pénélope, recommencer indéfiniment son œuvre. En un mot, il tourne, mais n'avance pas. Belle diversité que celle qui n'accumule que des redites ; belle harmonie que celle qui se réduit à l'uniformité.

Cette objection fût-elle fondée, n'aurait pas la portée que l'on croit. Se répéter à la manière de l'univers physique n'est pas le fait d'un médiocre mécanisme. On oublie d'abord que cette machine ne s'use pas ; on oublie ensuite que si parfois elle semble se déranger, elle porte en elle-même de quoi se réparer, et, selon l'expression de Bossuet, de quoi se relever de ses ruines. Mais l'argument qu'on nous oppose s'appuie sur cette idée fausse que la terre est parvenue un certain jour à son point de perfection relative, et que depuis lors elle n'a plus changé. Tout indique au contraire que sa marche évolutive est ininterrompue. De même que le monde céleste, le monde terrestre tourne et marche en tournant. Dans la masse des choses sans vie, la science saisit et montre les premières tentatives, les essais, j'oserai dire les préludes de l'organisation vivante. Par chacune de ses évolutions passées, par chacune de ses transformations présentes, le monde terrestre, inanimé, cet ensemble qu'on nommait jadis le règne minéral, s'est façonné et se façonne en vue des existences plus richement organisées que la sienne. Les catastrophes géologiques ont été autant d'efforts par lesquels la terre se rendait apte à recevoir des êtres nouveaux et préparait l'harmonie entre les temps écoulés et les siècles à venir. Ces vastes cataclysmes, désormais inutiles, ont cessé ou peu s'en faut, et ont fait place à de moins gigantesques élaborations. Mais celles-ci poursuivent le même but que les précédentes. Elles visent à fonder l'harmonie entre les êtres inanimés et les êtres vivants : elles perfectionnent, elles élèvent les premiers, en les faisant servir à la formation, à la conservation et à la propagation des seconds. En durant, le monde inanimé croît sans cesse et sans cesse se surpasse lui-même :

Mobilitate viget; vires acquirit eundo.

La science actuelle n'hésite pas à indiquer quelques-unes des plus importantes modifications qui ont graduellement transformé notre globe, et qui sont à ses yeux autant de perfectionnements.

Les pythagoriciens, dans l'antiquité, Descartes, Leibniz, Buffon et Laplace, chez les modernes, ont admis que la terre a été d'abord incandescente. Cette fluidité ignée rendait toute vie impossible. La surface de la planète s'est refroidie peu à peu depuis des millions de siècles. Elle est descendue à une température telle que l'eau provenant des vapeurs atmosphériques condensées, a pu rester à l'état liquide. Jusque-là et plus tard encore peut-être nul être vivant ne parut : car l'humidité est une des conditions essentielles de l'organisation animée. L'Océan d'alors était presque sans bornes et peu profond. Seulement les parties les plus élevées de la croûte oxydée du globe, dépassaient les mers et les parsemaient d'ilots innombrables. Les eaux une fois devenues permanentes, au fond des bassins qui les contenaient se déposèrent des sédiments formés par l'altération et la décomposition des roches émergées. Aux roches cristallisées, massives, nées du refroidissement des fluides incandescents, s'ajoutèrent des dépôts en couches successives et superposées, ou, comme on dit, stratifiées. La structure de ces couches et l'arrangement des matériaux qui les composent, en révèlent avec évidence l'origine sédimentaire. Les trois quarts de la surface des terres émergées de nos continents et de nos îles, ne sont que des dépôts de ce genre, argileux, sableux, calcaires, caillouteux. A partir des temps où la terre eut revêtu ces nouvelles enveloppes, un autre ordre de choses commença. Les causes qui l'ont produit agissent encore à l'heure présente pour le maintenir et le développer.

En effet, il n'est pas d'année, pas d'instant où quelque phénomène tantôt retentissant et subit, tantôt latent et imperceptible, n'apporte des changements à la constitution et à la configuration de la terre. Ces changements, tout compté, tout rabattu, l'améliorent. Ils prouvent en outre que dans ses limites, elle se meut avec une certaine liberté, et que tout en elle n'est ni roide comme la géométrie, ni inflexible comme le destin. Il y a pourtant des esprits systématiques ou prévenus qui soutiennent que, depuis la venue de l'homme, notre planète demeure stationnaire à jamais. La raison de cette illusion, c'est que les changements géologiques sont peu notables, presque insensibles même pour des périodes de plusieurs dizaines de siècles. Ils y mettent le temps, il est vrai, mais ils s'accomplissent, et il en est bien peu, si toutefois il en est, qui ne présentent à des regards exercés les caractères d'un progrès.

Compter et décrire ces progrès, ce serait empiéter sur les méditations qui vont suivre. Bornons-nous en ce moment à constater que si les corps inanimés terrestres ne vivent pas, ils ont une puissance propre de préparer la vie et de s'y adapter. Ainsi les évolutions de la planète qui nous porte attestent, dans sa durée précédente, aussi bien que dans sa présente existence, des associations réglées, des rencontres prévues, des progrès calculés, des harmonies préétablies. Que ces admirables enchaînements proclament une intelligence, il faut avouer cela, ou nier la lumière. Quant à éparpiller cette intelligence, qui est forcément harmonie et unité, quant à la répandre par morceaux dans la multitude infinie des atomes et des forces du monde inanimé, c'est proposer une explication contradictoire dans les termes. L'intelligence, cause de l'unité, ne saurait avoir pour substance que l'indivisible unité de l'esprit.

CHAPITRE III

HARMONIES DU RÈGNE VÉGÉTAL

Lorsque l'observateur qui cherche la signification philosophique des spectacles de la nature s'élève du règne minéral au règne végétal, il voit les rapports s'accroître, les harmonies se compliquer et s'étendre en tous sens. Il est malaisé d'analyser ces rapports sans en briser la trame et de décrire ces harmonies sans les troubler ou même les détruire. Ce n'est pas interpréter un chœur d'opéra que d'en chanter les parties une à une. Ceux qui s'imaginent que l'univers est un poëme médiocre, composé d'épisodes décousus, n'ont qu'à essayer d'en isoler les fragments : ils reconnaîtront que chacun tient à tous les autres et qu'on les dénature en les désunissant. Pour éviter cette faute autant qu'il est possible, étudions les plantes au point de vue des fonctions qui en font des êtres organisés. Ce sont, en effet, ces fonctions qui créent entre les plantes et le monde ambiant, entre les plantes et elles-mêmes, entre elles et leurs semblables, des liens tels, que, les végétaux anéantis, il semble que le monde terrestre cesserait d'être et réciproquement que la vie végétale n'est possible que dans un monde terrestre arrangé comme le nôtre l'est.

Le mot de végétal nous met tout de suite en présence d'un ordre de phénomènes nouveaux et plus riches que celui du règne précédent. Végéter, c'est au moins se nourrir. Se nourrir, c'est, pour le végétal, absorber, respirer, exhaler, sécréter. Ces fonctions diverses n'en constituent en réalité qu'une seule : la circulation de la sève. Elles ont pour résultat prochain la conservation et l'accroissement des parties de l'individu : pour résultat dernier, la reproduction de l'individu, c'est-à-dire la conservation et l'accroissement de l'espèce.

§ 1er.

Nutrition de la plante. Harmonies du végétal avec la terre et avec l'eau.

Il n'est personne qui ne sache que le végétal puise avec ses racines dans la terre une part de la substance dont il se nourrit. Le plus ancien des philosophes grecs, Thalès de Milet, avait remarqué que l'humidité fait vivre et prospérer les plantes, tandis que la sécheresse les fait se faner et mourir. Le règne animal lui avait présenté des phénomènes analogues. Il en avait conclu que l'humide est le principe universel des choses. C'était infiniment trop dire ; mais c'était jusqu'à un certain point dire vrai. Grossièrement observé, à peine entrevu, le phénomène révèle déjà l'union substantielle qui existe entre la plante d'une part, la terre et l'eau de l'autre, entre le règne végétal et les corps inorganisés. L'analyse scientifique éclaire cette liaison d'une lumière bien autrement vive.

Quoique la racine soit à la plante ce que les fondations sont à l'édifice, quoiqu'elle la fixe au sol et l'y retienne attachée malgré l'effort des vents, ce n'est là ni l'unique, ni même la plus importante fonction de cet organe. Il sert essentiellement à pomper, au moyen de ses fines ramifications nommées radicelles, les sucs contenus dans la terre. On dira tout à l'heure quelle est la nature chimique de ces sucs. Expliquons d'abord la succion elle-même, qu'on nomme absorption. Cette puissance d'aspirer l'humidité terrestre a pour instruments deux forces particulières, l'endosmose et la capillarité qu'il faut connaître, sans quoi l'on n'a du fait qu'une notion confuse et vague.

Au premier aspect, on dirait que la plante tette le sol comme l'enfant le sein de sa nourrice. La ressemblance n'est qu'apparente. L'allaitement du végétal est cependant aussi intéressant, aussi merveilleux en son mécanisme que celui des jeunes mammifères. C'est à Dutrochet que revient l'honneur de l'avoir décrit le premier. En deux mots, l'endosmose est la force qui fait passer à travers les membranes organisées, les liquides inégalement épais qui en baignent l'une et l'autre face. Plusieurs lois président à ce mouvement. Voici les deux principales. Premièrement, quand deux liquides de densité différente sont séparés par une membrane organisée, le tissu membraneux donne passage à un double courant qui porte chacun des deux liquides du côté où il n'était pas. En second lieu, ce double courant ne transporte jamais les deux liquides avec la même vitesse. Si la membrane est baignée par des dissolutions aqueuses, — et dans les végétaux, tel est le cas, — la solution la moins dense, ou si l'on veut, la plus aqueuse, passe plus vite que l'autre.

On en voit aisément les conséquences. Qu'on se figure les radicelles de la plante au moment où la végétation est en pleine activité. Ces radicelles sont fraîchement organisées, tendres, molles, extrêmement perméables. Les sucs terrestres les ont déjà remplies, gorgées. A l'extérieur, elles plongent dans des dissolutions aqueuses moins épaisses que celles dont elles sont gonflées. Le courant dont nous avons parlé s'établit. Il fait pénétrer les sucs de la terre dans le corps de la racine et ajoute ces sucs aux liquides épais accumulés antérieurement dans les cellules de l'organe souterrain. Entre les cellules extérieures et les plus centrales, l'échange des liquides se produit avec énergie. De bas en haut, de la racine à la tige, de la tige aux feuilles, le double courant marche et se répète.

Mais ce qui est vraiment admirable, c'est que la force qui suscite et redouble ce courant, semble procéder avec discernement. Il n'y a que les sucs en dissolution dans l'eau qui puissent traverser les cellules. Quant aux poussières que le liquide tient en suspension, si fines qu'elles soient, le passage leur est barré par la surface même des extrémités radicellaires. Ainsi, par l'endosmose, la terre s'unit à la plante : elle en pénètre les tissus ; mais elle n'y est point admise telle quelle, dans sa grossièreté primitive ; elle doit d'abord devenir fluide ; puis, ne conserver d'elle-même que certains éléments choisis, seuls dignes de participer à la composition du protoplasma végétal.

A l'action de l'endosmose se joint celle de la capillarité. Celle-ci est une force spéciale, une propriété des tubes très-fins, fins comme des cheveux et nommés pour cette raison tubes capillaires. Ces tubes exercent sur les liquides qui en mouillent les parois une attraction qui les force à monter dans la capacité de ces tubes, en dépit de la pesanteur. La plante est formée de tissus fibreux et vasculaires dont les fils sont des tubes creux, des tubes capillaires. Comme les tubes de verre, les tubes végétaux font monter dans leur cavité intérieure les liquides nourriciers. Une double attraction, celle de l'endosmose et celle de la capillarité, appelle donc l'humidité du sol dans toutes les parties de la plante. C'est grâce à ces deux forces que se conservent quelques jours les bouquets de nos vases à fleurs. Les boutures encore vivantes, confiées à un sol humide, reprennent et jettent des racines en vertu des mêmes énergies et du même mécanisme. Dès qu'il est au contact de l'eau, le végétal se met tout aussitôt en parfaite harmonie avec le vivifiant élément.

Ce que la plante emprunte à la terre, ce que la terre donne à la plante, sauf à le retrouver plus tard dans les restes du végétal mort, on le sait exactement. La terre fournit aux végétaux de l'oxygène, de l'hydrogène, de l'azote, sous la forme d'eau et d'ammoniaque ; — du carbone sous la forme d'acide carbonique ou de carbonate en dissolution ; — enfin des substances minérales solubles. Mais l'oxygène, l'hydrogène, le carbone et l'azote sont les éléments essentiels de la matière première des plantes, que les savants nomment protoplasma.

§ 2.

Respiration de la plante. Harmonie du végétal avec l'air.

Cependant la terre n'est que la première nourrice du végétal; l'atmosphère est la seconde. Celle-ci lui est non moins indispensable que celle-là. Toutes deux semblent s'entendre pour verser la vie à la plante, laquelle, de son côté, puise à ces deux sources comme guidée par le plus infaillible instinct. Dans la terre, elle s'alimente; dans l'air, elle respire.

C'est ici une autre merveilleuse harmonie qui en produit ou du moins en révèle une nouvelle encore, car l'un des actes respiratoires du végétal exige le concours de la lumière. La plante, en effet, a deux façons différentes de respirer, la respiration diurne et la respiration nocturne.

La respiration diurne a pour organes les feuilles, avec leurs stomates ou petites bouches, et les parties vertes. Pendant le jour, sous l'influence de la lumière solaire, les parties vertes en général, mais surtout les feuilles absorbent l'acide carbonique de l'air. Dès qu'elles l'ont absorbé, elles le décomposent en ses deux éléments, l'oxygène et le carbone. Elles dégagent la plus grande partie de l'oxygène, n'en retiennent qu'une faible quantité; le carbone, au contraire, demeure fixé dans les tissus du végétal. La respiration diurne peut s'effectuer aussi à la lumière diffuse et même à la lumière artificielle, telle que celle de nos lampes. L'effet de cette fonction est de solidifier le végétal en l'enrichissant de carbone et de développer la couleur verte.

La respiration nocturne a tiré son nom de ce qu'elle procède à l'inverse. Elle consiste en une absorption d'oxygène compensée par un dégagement d'acide carbonique. Il est maintenant reconnu que ce second phénomène a lieu d'une manière continue, à la lumière et dans l'obscurité, sur toutes les parties du végétal non colorées en vert; et, dans l'obscurité, les parties vertes en deviennent aussi le siége. Il est impossible de n'être point frappé de cette alternance des deux respirations qui se correspondent par des opérations non point semblables, mais plutôt symétriques. Le caractère n'en est point détruit par de récentes observations; car s'il est prouvé maintenant que les parties vertes elles-mêmes ont la respiration nocturne dans l'obscurité, il n'en demeure pas moins avéré qu'en somme le phénomène diurne est bien l'inverse de l'autre.

Or les savants n'ont pas attendu les philosophes pour célébrer en termes éloquents les harmonies qui éclatent au milieu de ce magnifique ensemble de phénomènes.

L'une des plus belles c'est que la respiration diurne des plantes, en restituant à l'air des quantités considérables d'oxygène, exerce sur l'atmosphère une influence essentiellement réparatrice. En consommant sans interruption l'oxygène de l'air, en le remplaçant par un excès d'acide carbonique, les animaux décomposent l'atmosphère et se la rendent à eux-mêmes mortelle. Les végétaux exécutent l'opération contraire, au moins pendant le jour; ils refont ce que les animaux ont défait; ils épurent et enrichissent les sources corrompues et appauvries de la respiration animale. On le voit : le cercle des harmonies végétales enveloppe les trois règnes et tient embrassés en une étreinte immense le minéral, la plante et l'animal.

La respiration qu'on vient de décrire, et la constitution de l'oxygène atmosphérique qui en résulte ne sont pas le fait des seules plantes à feuilles aériennes. Celles que les eaux recouvrent toujours et dont les feuilles sont dites submergées, respirent directement, par leur tissu cellulaire, l'air en dissolution dans le liquide qui les baigne de toutes parts. D'autres végétaux aquatiques, par exemple les nénuphars, ont leurs feuilles étalées à la surface des eaux. Ces feuilles surnageantes sont recouvertes d'un épiderme qui manque aux feuilles submergées. L'épiderme couvre la face supérieure de la feuille, celle qui est en contact avec l'atmosphère. Il est percé de pores nombreux ou stomates. Par ces petites bouches l'air pénètre dans les vaisseaux de la plante aquatique comme il pénètre dans ceux de la plante aérienne, avec cette différence seulement que celle-ci a des stomates des deux côtés de ses feuilles et principalement au-dessous.

Enfin certaines espèces de plantes moins parfaites et dépourvues de matière verte, possèdent cependant un appareil de respiration diurne. De ce nombre sont les floridées ou algues colorées en rouge. Chez elles, la chlorophylle absente est remplacée par un pigment rouge au moyen duquel elles agissent sur l'air que l'eau des mers tient en dissolution, comme les plantes aquatiques ordinaires. A la lumière, elles décomposent l'acide carbonique, fixent le carbone et dégagent l'oxygène; elles font l'inverse dans l'obscurité.

§ 5.

Équilibre établi par l'exhalation.

Outre cette fonction, le végétal dont les parties sont exposées à l'air en accomplit une autre qui complète la précédente et contre-balance les effets excessifs de la respiration et de l'absorption. Ces mêmes stomates, ces pores ou petites bouches qui donnent accès à l'air ambiant, servent aussi à la transpiration ou exhalation aqueuse. Pour être en santé, la plante ne doit absorber qu'une quantité d'eau déterminée. Lorsqu'elle en contient trop, l'exhalation la décharge de ce surcroît d'humidité. Ordinairement la vapeur exhalée se répand dans l'air ambiant; quand elle surabonde, elle se change en eau et perle sur les feuilles en gouttelettes bien distinctes de celles de la rosée. Plus la plante est jeune et vigoureuse, plus l'exhalation est active. Cette transpiration redouble si le temps est chaud et sec. Dépasse-t-elle une certaine limite, la plante se dessèche et perd sa force avec sa fraîcheur. Du moins possède-t-elle le pouvoir de retarder la dessiccation de ses parties vertes, en les arrosant elle-même de dedans en dehors par l'exhalation. On comprend facilement l'utilité particulière de cette précieuse fonction : elle maintient le végétal à égale distance entre le défaut et l'excès d'humidité et impose la loi de l'équilibre aux puissantes influences physiques d'où son existence dépend.

§ 4.

Circulation de la sève. Marche ascendante. Marche descendante.

Malgré ma résolution de respecter l'indissoluble unité de la vie végétale, j'ai été contraint de la morceler pour en esquisser le tableau. J'ai pu néanmoins en faire entrevoir l'harmonie. Mais afin d'en donner une idée plus complète et plus juste, arrivons à une vue d'ensemble et considérons maintenant dans sa totalité le grand phénomène complexe de la circulation de la sève.

La sève est le liquide qui, absorbé par les racines, chemine à travers les tissus de la plante pendant la période où la végétation est le plus active. En hiver, le liquide est peu s'en faut immobile, et le végétal dort d'un sommeil à peu près complet. Le feuillage qui le décorait est tombé ; ses branches dépouillées ne laissent plus voir que les bourgeons qui pointent à l'aisselle des feuilles et à l'extrémité des jeunes rameaux et de la tige.

C'est là que sont restés les derniers signes apparents de la vie ; c'est là que viendront l'éveiller les caresses des premiers beaux jours. Dès que renaît le printemps, dès que le soleil remonte, touchés de ses chaudes atteintes, les jeunes bourgeons se dilatent légèrement. Pour se gonfler, même très-peu, ils empruntent et consomment une partie des sucs que la plante avait gardés en réserve. Tout aussitôt, ces liquides dépensés sont remplacés par d'autres qui se hâtent de monter à leur suite ; et le branle est donné.

A l'autre extrémité de la tige, les racines en ressentent la secousse. Elles sont alors gorgées, — on s'en souvient, — de substances épaisses, encore épaissies par la longue stagnation de l'hiver. Les dissolutions aqueuses dont le sol est imprégné, moins denses que les sucs des racines, obéissent vivement à l'appel de l'énergie endosmotique. A mesure que le fluide nourricier pénètre par les radicelles, il s'élève ; en s'élevant il se mêle aux sucs de la plante et graduellement augmente de densité. Réunissant leurs forces, l'endosmose et la capillarité le portent, le répandent de cellule en cellule, de vaisseau en vaisseau, de fibre en fibre. Après avoir parcouru les canaux singulièrement ténus qui composent les tissus, il arrive jusqu'aux bourgeons. Ceux-ci s'en remplissent, se distendent, éclatent et s'épanouissent en bouquets de feuilles.

A ce moment, la plante dispose d'une puissance nouvelle ; ses voies aériennes sont ouvertes, elle respire. Alternativement elle s'enrichit d'oxygène et de carbone. Enfin, les feuilles une fois formées, l'évaporation aqueuse se produit largement. Les liquides qu'elles contiennent diminuent ; ceux des bourgeons et des parties vertes diminuent à proportion. L'afflux augmente ; le ruisseau de vie s'enfle, il grossit. Partout il abonde. La moindre incision, la plus légère blessure faite à l'écorce laisse échapper des flots de sève. Les pleurs de la vigne coulent sous la serpette de l'ouvrier. A ce moment, la poussée ascendante du sang végétal est de force à soulever une colonne de mercure de la hauteur d'un mètre. Le travail dure jusqu'à l'heure où le feuillage de la plante a atteint la limite de son épanouissement.

Parvenue à ce point, la séve redescend. Durant son

mouvement printanier, elle s'était enrichie d'éléments divers, qu'elle avait recueillis dans sa course ascendante. Maintenant l'acte respiratoire en a parachevé la préparation, et en a formé un liquide particulier qui réside d'abord dans les feuilles et dans l'écorce des jeunes branches. C'est la séve élaborée, comme on la nomme, le fluide essentiellement nourricier du végétal, comparable au sang artériel des animaux.

De même que le sang animal, celui de la plante devient veineux et rebrousse chemin. La séve élaborée va des feuilles aux racines, passant entre l'écorce et le bois, à travers un réseau de mailles innombrables. Elle s'y transforme en cette liqueur, en ce suc propre appelé latex, que le microscope montre circulant à la façon du sang animal quand celui-ci s'insinue le long des tubes capillaires. A mesure qu'il tend vers le bas, le latex serpente, il multiplie ses tours et détours par des canaux qui lui appartiennent ; en même temps il touche aux vaisseaux voisins, pousse en tous sens ses fins granules et ébauche en passant des tissus nouveaux. Ainsi, la circulation spéciale du latex ou cyclose redouble et rend parfaite la grande circulation de la séve, qui avait commencé aux racines et qui revient s'y terminer.

Les plantes moins parfaites présentent également un cercle continu d'opérations vitales harmonieusement liées. Quoique plus simple, la circulation de la séve y est réglée avec un art admirable. Il y [a des plantes aquatiques qui sont formées uniquement de tissu cellulaire. Étudiées au microscope, elles dévoilent les mouvements cachés qui agitent leurs sucs nourriciers. A l'intérieur de la cavité cellulaire, des granules nagent au milieu d'un liquide transparent. En tournoyant, ils dessinent tantôt des cercles, tantôt des ellipses, toujours des courants qui se referment sur eux-mêmes. Chaque cellule a ses rotations, indépendantes de celles des cellules voisines.

A quoi donc serviraient ces courants sinon à imprégner les parois de la cellule de la matière qui en devient la substance? Peut-être n'est-ce là que la forme la plus rudimentaire de la circulation végétale. Peut-être la découvrira-t-on plus tard dans toutes les plantes, puisque beaucoup de végétaux plus parfaits l'ont en même temps que la cyclose compliquée des vaisseaux laticifères.

Quoi qu'il en soit, les liquides granuleux animés de mouvements rotatoires, semblent bien être la séve même des végétaux inférieurs et, dans les végétaux supérieurs, appartenir à la séve, dont ils ne sont que provisoirement séparés. Au total, cette rotation intra-cellulaire, loin de démentir l'ordre harmonieux de la circulation végétale, paraît au contraire en attester l'existence, quoique sous des aspects divers, dans le règne tout entier.

§ 5.

Harmonies de la floraison. Multiplications diverses de la plante.

Malgré le nombre et la diversité de ces fonctions, malgré l'harmonie stable et profonde qui en assure les effets, si elle n'en possédait pas d'autre, la plante manquerait de son plus excellent attribut. Cet être tantôt magnifique, tantôt charmant, ne serait qu'un accident admirable mais passager, une apparition fugitive. Des multitudes de végétaux ne vivent qu'une année. D'autres, il est vrai, attestent par les couches accumulées de leurs troncs gigantesques une durée plusieurs fois séculaire. Mais qu'importe ? Éphémère ou séculaire, le végétal est voué à la dissolution. Après les splendides expansions de la jeunesse, la sève, ce sang de ses veines, s'appauvrit et s'arrête ; il languit, il meurt. Mort, il se tient debout encore ; mais chaque souffle du vent, chaque goutte de pluie, chaque coup de bec de l'oiseau, chaque morsure du ver caché dans son écorce, fait tomber quelques débris de ce corps désormais impuissant à se réparer lui-même. La terre peu à peu reprend jusqu'au dernier atome des substances dont il avait été formé. Et pourtant, il n'a point péri tout entier. Il a, selon la belle parole du père des naturalistes, il a une vertu par laquelle, bien que périssable, il participe à l'éternel et au divin. Cette vertu, terme et couronnement des précédentes, a pour instrument la fleur elle-même ; son œuvre est le fruit ; du fruit sort la graine, et de la graine une jeune plante, mère féconde d'innombrables descendants.

Les harmonies de la floraison, on les a cent fois célébrées. On a décrit les étonnantes sympathies, les aptitudes admirablement concordantes des étamines et du pistil, du pollen et des ovules. On a dit comment les souffles de l'air, les insectes ailés, les hommes eux-mêmes deviennent complices des alliances qui marient la fleur à la fleur pour la faire renaître. On a eu raison : au spectacle de ces ravissantes unions auxquelles la nature rajeunie prête l'appareil éblouissant de ses fêtes printanières, le cœur tressaille et l'esprit reçoit de l'ordre harmonieux du monde terrestre une impression qu'aucune autre ne surpasse. Mais ce suprême accord des forces végétales est si beau, qu'il fait trop oublier d'autres attractions où se manifestent avec une haute signification les affinités reproductrices. Disons un mot de celles-ci.

Au pied de certaines plantes, très-près de leurs racines, s'élèvent des branches pleines de vigueur qui montent aussi haut que la tige principale. Ces rejetons, sollicités en quelque sorte à la vie indépendante par le voisinage de la terre, poussent des racines adventives qui déjà leur sont un lien avec le sol. Après les avoir détachés de la plante mère, dès qu'on les replante, ces surgeons reprennent. L'alliance qu'ils avaient ébauchée d'avance avec la terre, s'achève, se complète et se tourne en féconde harmonie.

D'autres plantes émettent et font rayonner autour de leur centre de longs filaments organisés qui rampent à la surface du sol. Ils glissent, ils coulent, ils palpent le terrain par d'imperceptibles tâtonnements. Le coulant, — c'est son nom, — a-t-il rencontré l'endroit qu'il cherche, son extrémité se gonfle, grossit, s'épanouit. Bientôt ce nœud se ramifie en deux sens : il projette vers le sol un faisceau de racines, vers le ciel un bouquet de feuilles. Encore un jour ou deux, il aura contracté avec l'air et la terre d'intimes relations. On peut alors couper l'attache qui le retient à la racine maternelle. C'est un individu ; il vit de sa vie propre ; il possède toutes ses propriétés, toutes ses harmonies végétales, aussi parfaites que si la graine eût été son berceau.

Il y a des plantes grasses qui ont aussi des coulants, mais plus vivaces encore. Chez elles, de même que le pied principal est constitué de façon à végéter un temps rien qu'avec le secours des feuilles, de même le rejeton, pour commencer son existence individuelle, peut se passer de racines. Quand le lien est coupé, si le propagule est mis en terre, de lui-même il produit l'ensemble harmonieux de ses organes. Merveille surprenante! cette plante nouvelle qui n'est point née d'une fleur, portera des fleurs à son heure. La singularité de sa naissance n'aura rien changé à l'ordre que subit le développement de son espèce.

Le grand but de la multiplication des êtres qui végètent est atteint par d'autres moyens encore, toujours d'accord avec eux-mêmes jusque dans le moindre détail, et dénotant toujours une combinaison anticipée d'énergies concourantes. Ainsi, à l'aisselle des feuilles du lis, émerge une petite écaille qui n'a rien de commun ni avec la fleur, ni avec la graine, si ce n'est qu'elle appartient au même sujet. Détachée avec précaution et plantée, cette écaille devient un lis. Elle contenait donc, enveloppées et prêtes à agir, un faisceau de forces créatrices conspirant à une fin unique.

Ne citons plus qu'un exemple bien vulgaire mais bien éloquent. Le jardinier coupe en morceaux une pomme de terre et jette ces fragments dans le sol. Autant de fragments, autant de pieds nouveaux à la saison prochaine. Que s'est-il donc passé? Le tubercule de la pomme de terre n'est point une racine ; c'est une tige souterraine. Cette tige a ses racines ; mais d'où viennent-elles? De bourgeons en nombre égal dont le tubercule était parsemé, sous terre ; la tige s'est comportée comme elle aurait fait dans l'air ; elle a poussé des branches ; seulement, cette fois, les branches étaient des racines et chacune de ces racines a donné naissance à un tubercule, tige souterraine, parsemée de bourgeons nouveaux. Une fois de plus, sans floraison, sans communication d'étamines et de pistils, les trois fonctions nutritives, l'absorption, la respiration, l'évaporation aqueuse, associées dans un commun travail de circulation, ont consommé l'œuvre de la renaissance végétale.

§ 6.

Formes extérieures de la plante en harmonie entre elles et avec les mouvements de la séve.

A l'ordre intérieur des fonctions, à leur marche combinée et régulière, à leurs relations savamment concertées, répond l'ordre des formes extérieures. Cette harmonie visible, c'est la répétition de certaines parties, tantôt directement, tantôt inversement semblables; en un mot, c'est la symétrie. Que les végétaux, au moins en général, se conforment aux lois de la symétrie, la chose saute aux yeux. Je voudrais donc me borner à faire voir que l'arrangement symétrique des membres du végétal s'étend à des éléments où l'observateur ordinaire ne le remarque pas, et où il est comme la saillante expression des harmonies cachées aux regards.

Considérons les végétaux cotylédonés, dont les formes nettement dessinées rendent l'analyse facile et la description claire. Le premier mouvement de la séve, avons-nous dit, est ascensionnel; elle ne redescend qu'une fois élaborée, parachevée dans l'acte de la respiration. Ainsi la séve monte. Image exacte du mouvement essentiel de la séve, la forme de la plante se développe en hauteur. Le végétal s'éloigne de la terre pour grandir et s'étendre; il monte pour respirer, il monte pour exhaler, il monte pour fleurir et pour étaler aux rayons fécondants du soleil ses organes de fructification.

Mais la séve ne s'élance pas d'un seul trait, en ligne droite, de la racine au sommet. Elle va lentement, à son aise, tournoyant, allongeant sa route, afin de ne laisser nul endroit qu'elle n'ait imprégné. Non contente de donner la hauteur à la tige, elle l'étend et l'enfle en largeur. Pareille aux bons ingénieurs qui, en traçant une route, visent moins à la faire droite et courte qu'à relier les centres de population et à en susciter de nouveaux, la circulation aime les voies sinueuses qui répandent la vie et créent des organes nombreux. Cette façon de cheminer est extérieurement exprimée par des signes échelonnés d'après une symétrie régulière et vivante à la fois.

On a étudié ces signes extérieurs; on a découvert et posé les lois selon lesquelles ils jalonnent la tige. De là est née l'une des parties les plus attachantes de la physiologie végétale, l'étude de la phyllotaxie, c'est-à-dire de l'ordre qui règle l'insertion des feuilles autour de l'axe de la plante.

Déjà les anciens botanistes, distinguant les feuilles par leur disposition différente sur la tige, en avaient compté quatre espèces : les feuilles opposées, placées de chaque côté de la tige, à la même hauteur et à l'opposé l'une de l'autre; — les feuilles verticillées, au nombre de plus de deux, placées autour de la tige, à une même hauteur, et formant une sorte de collerette ou de cercle nommé verticille; — les feuilles alternes, insérées tour à tour à gauche et à droite de la tige, à distances égales, mais jamais à la même hauteur; — enfin, les feuilles éparses, insérées sur divers points, sans régularité apparente.

Ch. Bonnet, il y a un siècle, avait constaté que les feuilles alternes tracent régulièrement une ligne spirale qui s'enroule autour de la tige. Beaucoup plus récemment, MM. Al. Braun et Schimper, d'une part, et MM. L. et A. Bravais de l'autre, poursuivaient le même genre d'observations. Ils ont pu déterminer les lois de la phyllotaxie, qu'on nommerait aussi justement lois de l'harmonieuse disposition des feuilles. De ces lois, voici les plus faciles à saisir, et à vrai dire, ce ne sont que les deux aspects d'une même loi.

Première loi : les feuilles éparses ou alternes sont disposées sur l'axe végétal suivant une ligne spirale continue. Prenez, par exemple, une pousse vigoureuse et bien venue de cerisier, de prunier, de pêcher, pourvue de ses feuilles. Marquez une quelconque de ces feuilles, puis regardez au-dessus : la branche en porte une autre, placée exactement sur la même ligne que la première, et un peu plus haut, entre ces deux feuilles exactement superposées, il y en a quatre autres diversement placées. Or chacune d'elles a pareillement une feuille qui lui correspond par superposition, et l'intervalle qui les sépare en reçoit aussi quatre autres. Ainsi les feuilles correspondantes sont sur la même ligne longitudinale, parallèle à l'axe de la tige ou de la branche, et toutes sont rencontrées par une spirale régulière qui monte en tournant autour de l'axe.

L'autre loi, c'est que les feuilles opposées ou verticillées sont insérées suivant des spirales multiples et qui montent parallèlement autour de la tige. En ne laissant qu'une feuille à chaque verticille, on peut rendre plus visible une de ces spirales. On le voit, les deux lois se répètent l'une l'autre. La seconde est une complication de la première ; la première est une simplification de la seconde. Toutes deux se ramènent à l'unité, et ces deux formules traduisent scientifiquement la marche des feuilles comme les spirales décrites par celles-ci expriment les mouvements complexes et harmonieux de la séve elle-même.

§ 7.

Transformation de la feuille en organes floraux et, réciproquement, des organes floraux en feuilles.

Enfonçons davantage. Ces harmonies qui s'établissent entre les feuilles par les ressemblances de disposition, de routes suivies, de lignes décrites, sont, malgré tout, assez uniformes. Elles sont comparables à un chant composé entièrement dans le même ton. Mais on sait qu'à l'aide de certaines transitions ménagées que l'on nomme des modulations, un chant, un air peut passer d'un ton dans un autre, de celui-ci dans un troisième, puis revenir ensuite, pas à pas, au ton primitif, et se terminer sur la note tonique. Les dilettanti dégustent avec ravissement ces suaves évolutions de la période musicale.

Eh bien, l'harmonie végétale possède, elle aussi, ses modulations, ses passages d'une gamme à une autre, je dirais presque ses signes à la clef et ses notes accidentelles. Les feuilles, en tant qu'elles restent feuilles et qu'elles n'ont de rapports qu'entre elles et avec la tige, ne sortent pas de la gamme naturelle, de celle qui n'a rien à la clef; mais elles tendent à y échapper, elles y échappent au moyen de certaines modifications qui les transforment insensiblement en organes de l'ordre floral. Un dièze à la clef change la gamme; quelques accidents jetés dans la mélodie la déplacent sans la détruire. Semblablement une première modification change la feuille en sépale, une seconde change le sépale en pétale, une troisième change le pétale en étamine.

La fleur du magnolia, celle du tulipier, montrent clairement la transformation des folioles du calice ou sépales, en folioles de la corolle ou pétales. La structure des sépales, des pétales, des étamines, des carpelles, présente les mêmes parties élémentaires que la feuille elle-même.

Le fait est tellement certain qu'il se vérifie par la contre-épreuve. On pourra peut-être, plus tard, ramener à leur forme originelle les organes issus de la feuille en leur faisant parcourir, en sens inverse, la série des modifications. Dès à présent, on sait observer, constater les premiers pas de la rétrogradation vers la feuille qui a lieu quelquefois. Ce que nous appelons des monstruosités dans les plantes consiste bien souvent en un retour de quelque organe floral à l'état foliacé. Par exemple, les fleurs deviennent doubles parce que leurs étamines revenant en arrière, se convertissent en pétales et se rapprochent ainsi de la feuille. Cette conversion a-t-elle porté sur la totalité des étamines, la fleur est frappée de stérilité. Telle est la rose des jardins, si différente de l'églantine, son aïeule.

La fleur, prise dans son entier, n'est donc qu'une véritable branche, une branche plus élégante, chargée de feuilles plus belles, et douées des énergies fécondes.

Les feuilles, par leurs formes symétriques et leurs symétriques insertions, exprimaient harmonieusement le travail si régulier de la circulation végétale. Les fleurs, ces feuilles graduellement perfectionnées et soumises à une symétrie qui leur est propre, traduisent les élans successifs qui élèvent la plante jusqu'aux harmonies reproductives. Toutes les formes sont d'accord entre elles et d'accord avec toutes les fonctions.

§ 8.

Lois harmonieuses de la chimie végétale.

Au delà des formes et des organes, plus loin que la surface des tissus, sous l'imperceptible épaisseur de la cellule, existe une dernière chose, moelle et substance de tout le reste. C'est la matière, composée de ces atomes que la science regarde, jusqu'à présent du moins, comme le terme de l'analyse. Peut-être est-ce là aussi la limite de l'ordre. Peut-être à ces profondeurs obscures et insondables n'y a-t-il plus ni unité, ni variété, ni alliance quelconque de l'une et de l'autre. N'aurions-nous pas atteint enfin la région du chaos ou même celle du néant? Non. Les affinités réglées, les rapports constants et mathématiquement mesurables, tous les liens d'où naît l'amitié entre les éléments vont nous apparaître de nouveau au sein de ces « raccourcis d'atome, » comme aurait dit Pascal. Allons jusque-là; la chimie moderne sera notre guide.

Par l'un de ses plus éclatants progrès, cette science

a franchi les bornes du monde inorganique. Elle est
parvenue à déterminer la nature des substances qui
constituent la matière première des organismes vivants.
Pour ne parler que des plantes, les éléments dont se
compose leur protoplasma sont au nombre de quatre :
le carbone, l'hydrogène, l'oxygène et l'azote. Ce sont
là les éléments organiques du végétal. Il en a d'autres
qu'on nomme ses éléments minéraux. Mais les premiers
représentent les quatre-vingt-quinze centièmes au moins
du poids des végétaux. Les autres, au nombre de dix,
n'y entrent que pour cinq centièmes. Ces proportions
demeurent invariables pour la totalité des espèces végétales.

Cette première ressemblance est considérable ; l'esprit en est vivement frappé. Tout à l'heure, les formes
comparées des plantes révélaient des harmonies multiples, les unes généralement connues, les autres récemment découvertes par de pénétrants observateurs. Maintenant ce sont les similitudes de la matière elle-même,
qui trahissent une unité de plan et de composition aussi
certaine, quoique bien plus secrète et bien plus profonde.

Les chimistes comparent justement la puissance que
possèdent les quatre corps organiques de produire deux
cent mille espèces de plantes, à la vertu qu'ont les quelques lettres de l'alphabet de se grouper en une infinité
de mots, et de traduire la multitude de nos pensées.
Quelle que soit l'ouvrière mystérieuse dont les mains
invisibles édifient et sculptent la plante, on doit reconnaître qu'elle aime à ne pas se démentir. Une règle supérieure préside à l'indéfinie multiplicité de ses actes :
cette règle, c'est d'arriver à une incroyable diversité de
résultats, tantôt par des moyens semblables, tantôt par

un seul moyen. Avec une feuille dix fois modifiée, elle a créé successivement tous les organes de la fleur. Maintenant, ce lui est assez de quatre corps simples pour pétrir la substance vivante de l'universalité des végétaux.

Il y a plus. Ces quatre corps lui servent à en composer d'autres. En combinant le carbone, l'hydrogène et l'oxygène, elle donne naissance à un premier groupe de principes immédiats, comme les a nommés M. Chevreul ; ce sont les principes hydro-carbonés. En ajoutant à ces trois corps l'azote, elle fabrique les principes azotés. — Une étude rapide des principes immédiats du premier groupe nous les montrera toujours en accord, chacun avec lui-même et avec les autres.

La loi des proportions définies gouverne les combinaisons organiques aussi bien que les combinaisons minérales. En voici au moins une preuve. Toute la trame cellulaire du végétal est formée d'une substance qu'on a nommée, d'après M. Dumas, cellulose. La cellulose a pour éléments du carbone, de l'hydrogène et de l'azote. La composition en est donc constante. Mais il importe d'ajouter que cette constance affecte non-seulement les corps composants, mais encore les rapports numériques qu'ils soutiennent entre eux.

Partout la cellulose renferme six atomes de carbone, dix d'hydrogène et cinq d'oxygène. Prenez-la où vous voudrez, dans la moelle du sureau, dans le coton, dans le vieux linge, dans le bois des jeunes plantes, dans celui des végétaux plus âgés, quand elle sera réduite à elle-même, toujours les mêmes proportions existeront entre ses trois corps composants. Ainsi l'harmonie matérielle de la cellulose par rapport à elle-même est invariable. Considérons d'autres principes immédiats du même groupe, l'amidon, la dextrine, la glucose, les sucres, les gommes, nous verrons que chacun de ces corps, où qu'on le puise, se répète toujours lui-même, et quant à ses éléments constitutifs, et quant aux proportions de ces éléments.

Une loi plus remarquable encore, c'est que ces proportions relatives du carbone, de l'hydrogène et de l'oxygène reparaissent, quelquefois sans aucune différence, souvent avec des différences seulement légères, mais toujours inévitablement, lorsqu'on déroule la chaîne de ces principes immédiats. On dirait que ces corps, cellulose, amidon, dextrine, glucose, sucres, gommes, sont entre eux comme les variantes d'une même phrase musicale chantée successivement dans des tons différents. Cette comparaison déjà employée à propos des transformations graduelles de la feuille en organes floraux, est ici plus exacte encore peut-être. Aussi les chimistes, qui parlent de temps en temps un langage platonicien, affirment-ils que ces principes immédiats sont des exemplaires plus ou moins modifiés d'un seul et même type. Et ils le démontrent en s'appuyant sur l'expérience. Au moyen de manipulations dont la nature leur a donné les modèles, ils savent déduire ces corps les uns des autres, de telle sorte que les transformations qu'ils provoquent sont, à n'en pas douter, les métamorphoses d'un corps unique.

L'analogie étroite ou plutôt la presque identité substantielle de ces principes immédiats est mise en évidence, et par les formules qui expriment les proportions centésimales, et par celles qui expriment les proportions atomiques ; à ne considérer que celles-ci, elles présentent les rapports suivants, d'après les *Éléments de chimie* de M. Würtz :

On trouve en nombre d'atomes, dans chaque molécule

de cellulose, carbone 6, hydrogène 10, oxygène 5,
d'amidon,   id.   6,   id.   10,   id.   5,
de dextrine, id.   6,   id.   10,   id.   5,
de glucose,   id.   6,   id.   12,   id.   6,
sucre de canne, id. 12, id.   22,   id.   11.

En réfléchissant attentivement aux relations de ces nombres, on remarquera d'abord que la cellulose, l'amidon et la dextrine ont la même formule atomique; ce qui signifie que le même nombre d'atomes de chacun des trois corps composants forme également la cellulose, l'amidon et la dextrine. Les propriétés différentes de ces principes hydro-carbonés ne peuvent alors s'expliquer que par un changement dans la structure de la molécule. Moyen admirablement simple d'obtenir trois composés différents avec des éléments identiques. — De la dextrine on passe à la glucose par la seule addition de deux atomes d'hydrogène et d'un atome d'oxygène, soit d'une molécule d'eau. Le sucre de canne renferme, à très-peu de chose près, le double de chacun des éléments de la glucose. Toutes ces transitions s'accomplissent facilement et sûrement. Aussi la chimie peut-elle à volonté parcourir cette série, soit en avant, soit en arrière, parce que les termes qui la composent ne sont qu'un même terme, reproduisant à intervalles inégaux mais toujours voisins, l'harmonie graduellement variée des mêmes particules intégrantes.

§ 9.

*La plante se modifie pour se mettre d'accord avec son milieu.
Limite de ses modifications.*

Les analyses précédentes ont mis à découvert les liens qui rattachent la plante à la terre, à l'atmosphère, au soleil. Substances chimiques en dissolution dans le sol ou dans l'air, humidité, chaleur, lumière, électricité, il ne lui faut pas moins pour naître, croître, se reproduire. C'est dire qu'elle est en harmonie avec le milieu qui l'enveloppe de toutes parts.

Serrons les faits de plus près. Le végétal règle, assouplit, coordonne ses fonctions par rapport à son milieu particulier. Chaque habitat lui imprime un caractère frappant, une physionomie distincte qui est pour lui tantôt comme une marque d'origine, tantôt comme un certificat de naturalisation. Quoique la science actuelle soit encore bien loin d'avoir mesuré au juste la part des influences locales et climatériques auxquelles la plante est soumise, les résultats acquis ont dès à présent une haute signification.

Et d'abord, quelles différences entre les végétaux d'une même latitude, d'une même région, selon qu'on reste dans la plaine, ou qu'on explore la montagne, ou qu'on parcourt les bords de l'Océan ! Près des sommets que couvrent les neiges éternelles, la végétation dure peu. La plante se hâte ; les jours de soleil lui sont avarement comptés. Sa constitution répond à l'âpreté de ces zones inclémentes. Ses formes sont ramassées, rabougries. Ses rameaux aériens n'osent s'éloigner du sol; ils s'y collent, ils y rampent, ils se pressent en touffes les uns contre les autres. Ses feuilles rapprochées sont chaudement vêtues de poils hérissés ou d'un enduit gluant. La plus grande partie des tiges et des branches se dérobent sous le sol à l'hostilité des forces atmosphériques. Les racines allongées plongent profondément et s'insinuent à travers les moindres fissures de la terre. La floraison est prompte, la fécondation hâtive, la maturation rapide.

Dans les plaines humides et basses, c'est un autre tableau. Ici, la plante, moins menacée, se montre plus hardie. Les tiges s'élèvent droites, élancées, souvent creuses et fragiles. Les feuilles s'étalent, s'élargissent, se séparent; en prennent à leur aise; les rameaux poussent vigoureusement. Tout trahit une existence grassement pourvue et une entière sécurité.

Le long des falaises, au bord de la mer ou sur les fonds qu'elle recouvre, la scène change encore. La flore y abonde en formes surprenantes, imprévues. Des feuilles glauques, à chair souvent épaisse, quelquefois longues de plusieurs mètres, s'abandonnent aux flots qui les poussent, les inclinent, les relèvent, les caressent, les bercent, les secouent, mais ne les rompent pas, si ce n'est pendant les tempêtes. La mer et ses plantes se connaissent; elles font bon ménage ensemble, comme des amis éprouvés ou des parents bien unis.

Mais observez maintenant la même plante dans l'eau, hors de l'eau, à moitié dans l'eau : vous la verrez modifier autant de fois la forme de ses organes. Voici certaines renoncules qui habitent les eaux et que l'on nomme batraciennes. Comme la plupart des plantes submergées, elles ont leurs feuilles divisées en petites bandes capillaires. Si les eaux se retirent ou s'évaporent, si cette plante vit quelque temps sur un sol desséché, les feuilles prochaines seront courtes, épaisses, obtuses ; peu à peu, de divisées qu'elles étaient, elles pourront redevenir entières. Les deux types se rencontreront maintes fois sur des pieds partiellement émergés et submergés. L'art qui diversifie ainsi les végétaux est fertile en ressources. Hors de l'eau, la sagittaire a ses feuilles en fer de lance ; sous l'eau, elles sont spatulées ou linéaires. Il arrive qu'un même organe paraît et disparaît tour à tour. « La *pontederia crassipes*, — dit M. Faivre, — offre à la base de ses feuilles flottantes des vessies natatoires qui la maintiennent à la surface ; que la plante fixée sur un sol ferme y plonge ses racines, sa vigueur augmente, ses pétioles s'allongent, les fleurs se forment et s'épanouissent. D'autres fois un simple changement de position dans l'atmosphère rend le végétal fécond ou infécond. Le lierre grimpant était stérile ; buissonnant, il porte des fruits. »

Parmi les phénomènes de ce genre, on n'a que le choix. La science en allonge tous les jours la liste. Ce sont autant d'arguments en faveur de l'harmonie entre la plante et son milieu. L'influence du milieu est donc considérable. Cependant elle ne modifie que les caractères accessoires, les traits secondaires du végétal. Sa puissance s'arrête là.

Cette puissance modificatrice du milieu s'exerce avec une si merveilleuse intelligence, que ni l'eau, ni l'air, ni le soleil, ni la terre, ni tous les éléments réunis ne sauraient posséder cette faculté souveraine. La cause qui établit l'harmonie entre la plante et son milieu est au-dessus et en dehors et du milieu et de la plante. Nous y reviendrons.

Mais pour le moment constatons là le signe, la marque, l'attestation d'une cause intelligente capable d'embrasser de vastes ensembles de phénomènes et de les mettre d'accord entre eux.

CHAPITRE IV

HARMONIES DU RÈGNE ANIMAL

Les harmonies du règne végétal, quoique merveilleuses, le cèdent pourtant en nombre, en éclat, en richesse à celles du règne animal. Comme le végétal, l'animal naît, respire, se nourrit, croît, se reproduit, et ces fonctions, il les accomplit au moyen d'organes plus savants, plus compliqués, plus parfaits. Il possède, de plus que le végétal, des instruments multiples qui étendent sa vie au delà de lui-même. Ses sens souvent semblables aux nôtres, quelquefois supérieurs, lui créent avec les autres êtres une multitude de relations. De là d'innombrables harmonies dont la signification est profonde.

Ces harmonies, les naturalistes les connaissent de mieux en mieux. Les uns se bornent à les constater; d'autres les proclament d'un accent ému et plein d'une religieuse éloquence. La vue plus nette de jour en jour de la corrélation des organes, de l'appropriation de ces organes aux fonctions, au milieu, au climat, marque les progrès croissants des sciences naturelles.

Parmi ces corrélations harmonieuses, on choisira ici celles qui sont faciles à comprendre même sans éducation scientifique. Et, pour être plus accessible au lecteur, on ira graduellement de celles qui sont simples à celles qui ont un aspect plus compliqué.

§ 1er.

Les organes du mouvement en harmonie avec le milieu, chez l'animal.

La vie surabonde dans l'univers. Plus on l'étudie, plus on voit s'agrandir le champ de l'observation et de l'admiration. De récentes explorations ont prouvé que les espèces animales, au moins les espèces inférieures, fourmillent en des lieux réputés déserts jusqu'ici. Dans certaines régions, dit M. Carpenter, le fond de l'Océan peut être aussi désert que le Sahara ; dans d'autres, à des profondeurs dix fois plus considérables, la vie s'est révélée sous les formes les plus variées. A 914 mètres au-dessous de la surface de la mer, sur toute la distance qui sépare la Floride de Cuba, on a trouvé des échinides, des astéries, des crustacés, des mollusques. Là, tous ces petits animaux tournent, nagent, rampent, marchent, avancent, reculent. Leurs tentacules qui, chez beaucoup d'entre eux, ne sont que des cils, des soies imperceptibles, pressent les eaux, s'y appuient et poussent la masse de leur corps en sens divers, selon leurs besoins. Leurs organes moteurs sont faits pour l'élément où ils s'agitent. Mais ce n'est rien encore.

On en a trouvé à 2,010 mètres de profondeur. Or

ces petits êtres supportent alors une colonne d'eau dont le poids est de 210 kilos par centimètre carré. Malgré cette pression colossale, les animaux du tissu le plus délicat se meuvent sans être incommodés par le fardeau qui pèse sur eux. Entre cette masse d'eau écrasante et les forces résistantes du faible animal, une proportion a été établie ; par qui ?

Mais ce n'est là qu'un regard d'ensemble. Étudions les individus.

Sans aller jusqu'au fond des gouffres océaniques, jetons les yeux plus près de nous. Voici, parmi les polypes, le polype à bras, l'hydre d'eau douce. Son corps gélatineux ne laisse apercevoir à l'intérieur aucun organe particulier. Mais l'hydre a de longs tentacules : elle nage, elle rampe avec une surprenante rapidité.

Voyez cette ombrelle gélatineuse, d'un blanc transparent et nacré, dont les bords se terminent par une fine bande d'un bleu violet ; vous croyez peut-être qu'elle flotte passive au gré de la lame ? Non ; elle a des mouvements propres. C'est une méduse ; elle nage réellement en dilatant, puis en contractant tour à tour les bords de son ombrelle et en expulsant l'eau contenue dans sa concavité. Ces mouvements alternatifs lui appartiennent ; elle est constituée de façon à les exécuter et à ne les exécuter que dans l'eau de mer.

Voici maintenant sur un rocher une sorte de pierre en forme d'étoile à cinq pointes. La surface extérieure est dure, raboteuse. Cet objet est immobile et paraît devoir l'être toujours. Cependant au-dessous de chacun de ces rayons se creuse un sillon longitudinal aux côtés duquel sont les pieds et les tentacules de l'astérie. Avec ces organes l'animal se meut. Elle se meut, elle aussi, cette espèce de châtaigne marine que l'on nomme oursin. La coque de l'oursin est hérissée d'épines plus ou moins longues, portées sur des tubercules arrondis et mobiles au gré de l'animal qui s'en sert pour ramper, tandis que ses tentacules ambulatoires concourent à produire ses mouvements.

Le solens ou manche de couteau est un mollusque acéphale. On dirait un morceau d'os ou d'ivoire, reste de quelque instrument brisé. Un être vivant a sécrété cette gaine; il habite le sable; il sait s'y enfoncer, lui et sa maison, par des mouvements rapides. Il a un pied, de forme conique, qui sort par l'extrémité antérieure de sa coquille, et c'est avec ce pied qu'il se meut.

Et l'huître que vous prenez pour symbole de l'immobilité stupide, elle reste fixée, en effet, à l'endroit où elle vit. Mais elle a le pouvoir d'ouvrir et de fermer ses valves au moyen d'un ligament ou muscle adducteur. Sa force de mouvoir est bien petite; elle suffit du moins à tenir ses coquilles tellement serrées qu'il faut d'assez grands efforts pour les ouvrir. Ses mouvements sont mesurés aux nécessités de son existence et son énergie est proportionnée à l'étendue de ses mouvements.

Des animaux un peu plus élevés vont nous dévoiler mieux encore l'art sobre et puissant de l'invisible formateur des êtres; cet art crée, dans un même type, des harmonies variées par une modification très-simple qui adapte des organes semblables à des milieux différents.

L'ordre des crustacés décapodes a pour représentants les plus parfaits les crabes et les écrevisses. Leurs pattes sont au nombre de cinq paires. En général, les pattes des quatre dernières paires servent seules à la locomotion. La queue, plus ou moins allongée, complète, quand elle existe, le mécanisme locomoteur. Voici comment ce mécanisme est diversifié, selon les milieux.

Il y a, surtout aux Antilles, un certain crabe appelé tourlourou et nommé, par les savants, gérarcin. Il ne vit que sur la terre. Aussi n'est-il conformé que pour la course. Il marche, il court avec une incroyable promptitude. Ses pattes n'ont rien de la nageoire, pas même celles de derrière. De queue, il n'en a point qui l'aide soit à ramer, soit à gouverner. Le crabe tourteau, que chacun connaît, se tient ordinairement sur la plage, où il court de côté avec une vitesse singulière. Mais il court aussi dans l'eau; il a donc reçu, non pas une queue natatoire, mais du moins des pattes postérieures plus élargies que celles du gérarcin, avec lesquelles il nage un peu.

Mais les vrais crustacés nageurs sont autrement constitués et outillés. Le corps de ceux-ci, au lieu d'avoir la rondeur carrée des crabes, s'allonge en fuseau, comme un navire, et leur extrémité postérieure est à la fois un groupe de fortes rames et un robuste gouvernail. L'écrevisse fluviale s'allonge ainsi et sa queue s'épanouit en cinq lames ou nageoires disposées comme un éventail. C'est en repliant ces nageoires qu'elle recule parfois si vivement. La langouste, qui fréquente les côtes rocailleuses des grandes mers, est pourvue en conséquence. Son appendice caudal est en rapport avec sa grande taille et avec les impulsions qu'elle reçoit des vagues. Chez le homard, justement nommé écrevisse de mer, et qui habite les rochers visités par les fortes lames, les nageoires de la queue sont très-développées. Il nage plus souvent qu'il ne marche, et frappant l'eau de sa puissante queue, il se lance en arrière avec une étonnante vitesse. En passant du crabe gérarcin au homard, vous voyez comment l'harmonie s'est faite tour à tour de manière à adapter les organes locomoteurs avec la terre, avec la plage, avec les eaux douces; et enfin avec la mer.

Avant d'étudier les insectes, dont l'organisation est si riche en harmonies multiples, il faut considérer un instant les arachnides et les myriapodes.

Les arachnides, que nous devons observer au lieu d'en avoir peur ou d'en faire des objets de puériles superstitions, ressemblent beaucoup aux insectes. Elles en diffèrent cependant en ce qu'elles ont toutes la tête confondue avec le thorax et privée d'antennes. Elles ont quatre paires de pattes et jamais d'ailes. Avec quelle facilité et quelle promptitude elles courent sur les arbres, sur leur toile, sur les surfaces les plus lisses! C'est que leurs huit pattes sont longues, flexibles, parfaitement articulées et presque toujours armées de deux crochets. Ces pattes, il est vrai, se cassent aisément. Mais l'ouvrier qui les a formées a mis, avec une bonté paternelle, le remède à côté du mal. Le moignon du membre cassé se cicatrise et il y pousse une patte toute neuve qui grandit peu à peu et finit par ressembler à la patte perdue. Trouvez-moi une machine de main d'homme dont les pièces cassées se raccommodent d'elles-mêmes?

Quel vilain petit animal que le scolopendre, que nous appelons mille-pieds! Il nous répugne et nous l'écrasons. C'est pourtant un chef-d'œuvre de locomotion appropriée à une pauvre existence confinée sous les pierres, dans les fentes et les trous humides. Ils n'ont pas d'ailes, mais leur corps très-long, très-souple, est divisé en un grand nombre d'anneaux dont chacun porte au moins une paire de pattes. Aussi le nombre de ces organes s'élève-t-il toujours à vingt-quatre. Un autre myriapode, le polydesme, a trente-deux pattes et sa femelle trente-quatre.

Les insectes n'en ont jamais que six, en trois paires ; la plupart d'entre eux sont pourvus d'ailes. Ce sont les seuls animaux articulés conformés pour le vol. Avec ces six pattes et un nombre variable d'ailes se produisent, dans ce même type, des diversités d'adaptation et des prodiges d'harmonie vraiment innombrables. Le philosophe Malebranche a dit quelque part : « On méprise ordinairement les insectes ; néanmoins, je n'ai jamais rien étudié des choses naturelles qui m'ait donné une plus grande idée de la sagesse de Dieu. »

Il y a des insectes qui sont aquatiques. Ce sont aussi de parfaits nageurs. Certaines de leurs pattes sont comprimées, garnies de cils ou en forme de rames. Tel est le dystique, qui atteint souvent une grande taille. Ses pattes postérieures sont garnies d'une bordure de poils qui en font des rames excellentes. Les gyrins, plus petits, ont les pattes antérieures grêles, minces ; mais les postérieures sont presque membraneuses et terminées par un tarse comme feuilleté. Avec ses quatre avirons, le gyrin nage, il décrit mille circuits d'où il a tiré son nom de tourniquet.

Après les insectes nageurs, voyons les sauteurs. Ils sont très-connus, quelquefois plus qu'on ne voudrait, par exemple la puce et la sauterelle. Par le développement des pattes de derrière, qui sont des leviers d'une rare puissance, l'insecte acquiert la faculté de bondir en avant. La puce s'élève ainsi à quarante ou cinquante fois sa hauteur. Mais, quelque grande que soit la force de ce ressort, il ne suffirait pas encore à franchir assez rapidement de longues distances. Les ailes ne porteraient pas non plus l'animal avec une suffisante promptitude. Il y a été pourvu, notamment chez le criquet voyageur. En se mouvant fortement, il produit une chaleur intense et consomme beaucoup d'oxygène. L'air dont il est gonflé devient plus léger. De cette façon, le criquet devient une montgolfière, un petit ballon, et traverse rapidement d'immenses espaces. Et, chose admirable! l'art qui sait diversifier la locomotion de l'insecte selon le milieu où il vit, cet art arrive sans effort à varier la variété même, tout en maintenant l'harmonie par les ressemblances. Un autre sauteur, la podurelle, a l'abdomen terminé par une queue fourchue. Au repos, cette queue est appliquée sous le ventre. En se redressant subitement, elle lance l'insecte avec force.

La mouche commune, si méprisée, a la double harmonie de la marche et du vol. Comme marcheuse, elle a sous les pattes une espèce de pelote ou ventouse qui la fait adhérer aux surfaces les mieux polies. Comme insecte volant, quoiqu'elle n'ait qu'une paire d'ailes, elle leur imprime d'innombrables vibrations ; et ce misérable animal égale en vitesse nos plus rapides locomotives.

Parmi les insectes, les papillons sont ceux qui attirent le plus vivement l'attention. Organisés pour le vol, leurs ailes ne présentent pas seulement des formes et des couleurs ravissantes à contempler ; ce sont des organes de la plus exquise perfection. La poussière qui s'en détache, vue au microscope, se décompose en écailles dont la contexture ressemble aux plumes de l'oiseau. Rien de plus fin, de plus léger, de plus apte à soutenir et à balancer dans l'air le petit corps suspendu au frêle appareil. Les écailles de leurs ailes ont fait appeler ces insectes du nom de lépidoptères. On les distingue en diurnes, crépusculaires et nocturnes.

Les lépidoptères diurnes ont les pattes singulièrement minces. Ce n'est point là une imperfection. Tout au contraire ; non destinés à marcher, ou du moins marchant très-peu, ils ne font guère que se poser ; et à cette fin, leurs minces pattes suffisent. C'est une harmonie entre leur vie aérienne et leurs organes locomoteurs. Quand ils se posent, leurs ailes restent verticalement réunies. Est-ce une façon d'être plus prêts à repartir? On ne sait. Cependant, les lépidoptères nocturnes, lorsqu'ils sont au repos, gardent leurs ailes horizontalement étendues et même serrées contre leurs flancs. Un petit lien résistant comme un crin, un frein, passe de l'aile inférieure à la supérieure et la maintient horizontale. Quelle que soit l'explication de cette différence entre les diurnes et les nocturnes, elle montre chez ces derniers une relation calculée entre l'une et l'autre paire d'ailes.

Les chenilles des lépidoptères sont non moins intéressantes à étudier que l'animal arrivé à l'état parfait. Les harmonies corrélatives sont bien souvent frappantes dans ces êtres d'apparence peu attrayante. « L'examen d'une patte, dit M. E. Blanchard, suffira à nous apprendre si cette patte appartient à une chenille qui grimpe après les tiges ou qui se tient sur les feuilles, ou qui vit à l'intérieur du bois...., etc. » C'est qu'en effet, dans chacun de ces cas divers, la patte se modifie et se complète par d'ingénieux moyens.

En voici de curieux exemples. La chenille du petit-sylvain vit sur les feuilles très-lisses du chèvre-feuille.

Comment s'y attacher? Les petits crochets des pattes en couronne de la chenille ne la fixeraient pas assez solidement. L'instinct dont l'insecte a été doué et les ressources dont il dispose résolvent le problème. La chenille étend à la surface de la feuille des fils soyeux; elle s'y cramponne et la voilà accrochée de manière à défier toutes les secousses. C'est par un procédé semblable que la chenille du mars changeant brave le vent qui agite les rameaux longs et flexibles. Plus industrieusement encore que la précédente, elle sait tapisser de soie les feuilles sur lesquelles elle réside, et marche avec ses griffes et à l'aide des ventouses de ses pattes membraneuses. « Tout est prévu par la nature, ajoute M. E. Blanchard. » Oui, mais nature prévoyante ne signifie que bonté et providence.

En montant l'échelle de la perfection animale et en passant des articulés aux vertébrés, nous rencontrons d'abord les poissons. Chez ceux-ci, les harmonies de la locomotion sont autres sans doute ; mais si elles diffèrent, c'est dans la ressemblance même, c'est dans l'analogie, tant avec les animaux inférieurs qu'avec les supérieurs. Ces différences sont toujours des modulations nuancées qui font varier le thème et maintiennent en même temps la grande harmonie générale.

La vie du poisson se passe presque toujours dans l'eau. Il se meut dans l'eau : donc il nage. Examinons d'abord par quelle harmonie préétablie entre ses organes et son milieu il accomplit l'acte de la natation ; nous verrons ensuite par quelles harmonies spéciales il peut, sans cesser d'être poisson et nageur, voler, sauter, ramper, adhérer au sable, à la terre ou aux rochers.

Les navires que construit l'homme sont tous plus ou moins taillés sur le modèle du corps de certains poissons ; pourquoi cela ? Parce que le corps du poisson est naturellement un admirable navire, et un navire qui en produit d'autres en nombre innombrable, ce que nos navires ne font pas.

Ce n'est pas que tous les poissons soient conformés en manière de fuseau. Toutefois un très-grand nombre affectent l'allongement fusiforme. Leur corps en général est tout d'une venue, ce qui, à coup sûr, favorise le glissement à travers les eaux. Quelques-uns manquent de nageoires ; mais presque tous en sont pourvus. Les nageoires sont appelées pectorales, ventrales, dorsales, anale, caudale, selon la place qu'elles occupent. Les nageoires pectorales, disposées sur le côté et par paires, correspondent aux quatre membres des animaux vertébrés. Celles qui sont fixées immédiatement derrière la tête sont des analogues du bras de l'homme et de l'aile de l'oiseau. La nageoire n'est nullement une pièce étrangère plantée après coup. L'ouvrier de ces machines procède simplement et avec économie. L'organe de la natation consiste presque toujours en un simple repli de la peau, prolongé et tendu sur des rayons osseux ou cartilagineux ; c'est à peu près ainsi que les ailes des chauves-souris sont soutenues par les doigts de ces animaux.

Remarquons bien que chaque nageoire ou espèce de nageoire a sa fonction propre. En général, le poisson se meut en frappant l'eau par des flexions alternatives de la queue et du tronc. Les nageoires caudale, dorsale, anale, augmentent l'étendue de cette rame ; quant aux nageoires latérales, c'est-à-dire pectorales et ventrales, elles contribuent peu à la progression. Elles servent à diriger la course et surtout à maintenir l'animal en équilibre, comme des balanciers.

Mais le poisson est muni d'un organe vraiment merveilleux, dont le rôle, dans l'acte de la natation, est considérable. Le lecteur a vu plus haut que certaines plantes marines nagent portées par de petites vésicules remplies d'air. De même que ces plantes, le poisson a sa vessie natatoire. Elle est placée dans l'abdomen, sous l'épine dorsale. L'air semble y être produit par une sécrétion glandulaire des parois de l'appareil lui-même ; suivant qu'elle est plus ou moins pressée par les côtes du nageur, cette vessie élastique s'enflant et se désenflant, diminue ou augmente le poids de l'animal. Moyennant ces variations de sa pesanteur spécifique, le poisson tantôt monte, tantôt descend, tantôt reste en équilibre. Et ce qu'il importe d'ajouter, c'est que la vessie natatoire manque ou se montre très-petite chez les espèces dont le propre est de raser le fond des eaux ou de s'enfouir dans la vase. Vit-on jamais un organe en plus parfaite harmonie, d'une part, avec la constitution de l'animal, et de l'autre, avec le milieu qui l'enveloppe ? Quel témoignage d'un dessein suivi par une pensée aussi puissante que sobre dans ses moyens d'exécution ?

Maintenant, comme nous avons remarqué que l'insecte varie ses mouvements sans cesser d'être insecte, nous allons constater que les poissons, tout en restant poissons, sont les uns volants, d'autres sauteurs, d'autres rampants au fond des eaux, d'autres encore rampants sur les herbes ou sur la terre, d'autres enfin habiles à fouir le sable et la vase et à s'y blottir.

Le dactyloptère porte à ses flancs d'amples nageoires pectorales. Quand un ennemi, un poisson vorace le serre de près, il s'élance dans les airs, soutenu par ses nageoires comme par des ailes. Ce ne sont pourtant pas des ailes, ainsi que l'a fait observer M. L. Agassiz ; ce sont plutôt les voiles tendues que le vent enfle et pousse en avant.

Mais pendant quelques instants, et tant que la membrane de leurs nageoires pectorales n'est pas encore desséchée, ils en tirent parti comme d'un appareil emplumé. Les voiliers, de la tribu des espadons, ont une énorme nageoire dorsale qu'ils emploient, eux aussi, à prendre le vent lorsqu'ils nagent à la surface de la mer.

Il y a des poissons qui bondissent en s'appuyant sur la partie postérieure de leur corps qu'ils recourbent d'abord, puis détendent vigoureusement à la façon d'un ressort. Le saumon use de ce moyen. C'est un remarquable nageur qui file jusqu'à 8 mètres par seconde, et quelquefois trois ou quatre myriamètres à l'heure. Mais si une digue, un barrage, une cascade se rencontre, comment fera-t-il? Son maître invisible y a pensé. Le saumon, s'appuyant alors sur quelque rocher, courbe son corps en arc, et le redressant brusquement, s'élance hors de l'eau à une hauteur de 4 à 5 mètres, et va tomber dans le courant au delà de l'obstacle franchi.

Le chironecte a deux facultés dignes d'être notées. S'il nage, il peut, en distendant son énorme estomac, se gonfler comme un ballon. S'il est à terre, et il y reste impunément jusqu'à deux ou trois jours, il rampe à l'aide de ses nageoires pectorales et ventrales.

L'anabas, qui habite les rivières et les étangs, peut en sortir, grâce à certaines cellules qui entretiennent l'humidité dans ses branchies. Une fois hors de l'eau, il rampe dans l'herbe ou sur la terre; quelque naturalistes prétendent même qu'il grimpe sur les arbres.

Il y a des poissons dont le corps se fixe à d'autres corps, et s'en détache à leur gré. J'en citerai de deux sortes. Le porte-écuelle, de la famille des discoboles, a ses nageoires pectorales rassemblées sous la gorge par une membrane, et formant un disque concave. Dans la même famille, les cycloptères ont un disque analogue, ovale et concave, mais placé autour du bassin et constitué par la réunion de leurs nageoires ventrales, au moyen d'une seule membrane. Les uns et les autres appliquent leur disque aux rochers et s'y fixent au moyen de cette ventouse. Notez que ce piston est constitué par une simple modification de certaines nageoires.

Plus singuliers encore et plus avisés, les échinéis se font voiturer à d'énormes distances par de gros poissons. Leur disque est sur la tête de l'animal. C'est un assemblage de lames cartilagineuses et transversales dirigées en arrière et très-mobiles. A l'aide de cet organe, l'échinéis se fixe non-seulement aux rochers, mais aussi aux navires et à d'autres poissons, surtout au requin, qui lui fournit ainsi gratis une excellente voiture. Arrivé à destination, il se détache, quitte son véhicule, et vit à sa guise jusqu'au moment du retour, qui s'opère par le même moyen de transport. Grâce à cette curieuse harmonie, le faible, car les échinéis sont très-petits, le faible jouit des forces locomotrices d'un plus puissant.

Terminons cette revue des poissons par un coup d'œil jeté sur la vulgaire anguille. Les gourmands se bornent à la manger; nous qui voulons nourrir notre âme et comprendre, autant que possible, les merveilles qui nous entourent, observons-la.

Ses nageoires sont petites; néanmoins elle nage également bien en arrière et en avant, et ses mouvements sont rapides. Pendant la majeure partie de leur existence, les anguilles fréquentent les eaux douces, les étangs, les mares, les rivières. Mais elles savent se creuser dans la vase des trous à deux issues. C'est là qu'elles passent presque toujours le temps de la journée. Si l'eau des étangs se corrompt, l'animal rampe, comme le serpent, et va se cacher sous les herbes, ou même voyage assez loin dans les terres. Si la sécheresse est extrême, l'anguille s'enfonce dans la vase et y demeure jusqu'à ce que l'eau revienne. On en a vu rester des mois et des années ensevelies dans le limon des étangs, et renaître dès que l'eau revient les baigner. L'anguille peut donc, selon les cas, nager, ramper, fouir, entrer dans le sol et en ressortir. Par là, elle met sa vie en harmonie avec les milieux, tels que les lui imposent la température et les saisons.

Les batraciens et les reptiles nous offriraient, malgré les apparences, bien des harmonies à admirer dans leur système de locomotion. Toutefois, outre qu'il faut se restreindre et choisir, ces harmonies ressembleraient beaucoup aux précédentes. Négligeons donc les serpents, dont l'aspect attire peu. Laissons aussi de côté le hideux crapaud et le pipa, plus hideux encore ; d'ailleurs, nous retrouverons celui-ci (ne riez pas !) à l'article des harmonies maternelles. Et passons aux oiseaux, chez lesquels la locomotion est si variée, si puissante et si harmonieuse.

« La classe des oiseaux, dit M. Milne-Edwards, comprend tous les animaux à squelette intérieur les mieux organisés pour le vol. » Rien n'est plus vrai que le vers charmant du poëte Lemierre :

Même quand l'oiseau marche on sent qu'il a des ailes.

C'est en effet par rapport à l'aile que, chez l'oiseau, s'établissent, se règlent et se diversifient les harmonies de la locomotion.

L'aile est une rame au bout d'un bras ; car l'oiseau a un bras et un avant-bras qui ne diffèrent que peu de ceux de l'homme. Mais la main est sans doigts, parce que les divisions digitales seraient inutiles et nuiraient à la solidité, les plumes étant roides et fixées à leur base. La main se retrouve, mais à l'état de moignon aplati immobile. Le plan général de l'artisan des êtres est à la fois modifié et maintenu.

L'aile est un chef-d'œuvre. Les pennes ou grandes plumes sont appelées rémiges ; ce sont, par excellence, les rames. C'est de l'étendue des pennes que dépendent le développement des ailes et la puissance du vol. L'oiseau veut-il frapper l'air, il élève l'épaule et par là son aile encore ployée. Puis, étendant l'avant-bras et la main, il déploie l'aile et l'abaisse vivement. L'air qui a sa densité propre, résiste au mouvement des plumes. Cette résistance sert à l'oiseau de point d'appui. Il se lance donc comme une pierre placée au bout d'un levier; mais l'impulsion donnée, il incline ou reploie son aile pour atténuer la résistance que l'air, en avant, oppose à son élan. Cette résistance et le poids de son corps ralentissent la vitesse résultant du premier battement d'aile. Que fait-il alors? Avant que la première vitesse acquise soit annulée, il donne un second coup d'aile, ajoute à la vitesse qu'il avait une vitesse nouvelle, et avance par un mouvement qui s'accélère. Voilà, en quelques mots, le mécanisme du vol ; c'est bien une natation dans l'air. M. Marey a démontré que les ailes de l'oiseau, comme les rames du batelier, comme les nageoires du poisson, décrivent en avançant une double boucle, un huit de chiffre. Chaque aile de son côté *godille*, selon le mot des marins.

Il ne suffit pas de voler ; il faut rester en équilibre.

Quand l'oiseau est suspendu dans le fluide aérien, ses ailes supportent tout le poids de son corps. Que ce poids soit inégalement réparti, le vol sera gêné, troublé, paralysé peut-être; le cas a été prévu. Guidé par une sagesse supérieure, l'oiseau, pendant le vol, tend en général le cou pour porter la tête en avant ; de la sorte, le centre de gravité est placé à peu près sous les épaules et aussi bas que possible. En outre, et en vue de ce même équilibre, son corps a été construit de forme ovalaire et ramassée, non par lui-même ni par des parents, mais par quelqu'un, assurément qui connaissait bien les lois de l'aérostatique. Les pennes de la queue sont très-utiles à la direction du vol. Tour à tour étalées, élevées, abaissées, elles font l'office de gouvernail.

Conformé en vue de l'équilibre dans l'air, l'oiseau l'est aussi en vue de l'équilibre quand il se tient debout et même quand il dort. Selon que son cou est long ou court, sa tête petite ou grosse, ses doigts de longueur plus ou moins grande, l'oiseau prend, pendant la station ou la marche, une position penchée en avant ou presque verticale. A cette fin encore, il met sa tête sous son aile, lorsqu'il dort perché sur une seule patte. Mais dormir debout, et sur un pied, quelle fatigue ! dira-t-on. Oui, si l'oiseau, pour se tenir ainsi, avait des efforts à faire. Mais une bonté inépuisable l'en a dispensé. Le muscle, dont la fonction est de replier les doigts, passe sur les articulations du talon et du genou. Le poids du corps, en faisant plier les cuisses et les jambes, tire les tendons des muscles digitaux. Ainsi l'oiseau, par un effet mécanique, serre le bâton ou la branche qui le porte, sans qu'il lui en coûte le moindre effort.

Ailes et pattes sont toujours en harmonie avec le milieu où doit surtout se mouvoir l'oiseau et avec son genre de vie. Par les modifications ingénieuses, nuancées, toujours concordantes de leurs ailes et de leurs pattes, ils sont ou surtout aériens, ou essentiellement grimpeurs, ou terrestres, ou limicoles, c'est-à-dire fréquentant les marais et les eaux peu profondes, ou vraiment aquatiques à divers degrés. Comme les animaux étudiés précédemment, les différentes espèces d'oiseaux présentent de profondes harmonies avec les différents éléments.

L'aile est l'organe qui établit l'harmonie principale entre l'oiseau et l'air. L'agrandissement de l'aile accroît naturellement cette harmonie. La raison en est aisée à saisir : plus l'aile est grande, plus sont nombreux les points du fluide résistant sur lesquels l'oiseau s'appuie. Ainsi, les autres conditions étant égales, plus l'aile a d'étendue plus la vitesse croît, plus longtemps l'animal se soutient dans l'air et, conséquemment, moins il se fatigue. Aux ailes longues et vastes répond donc un vol rapide, facile, prolongé. On peut citer, comme type des oiseaux au vol puissant, le condor ou grand vautour des Andes ; ses ailes ont plus de 4 mètres d'envergure. Aucun oiseau ne s'élève aussi haut que lui. Du bord de la mer, il passe à une hauteur de plus de 7 000 mètres et plane au-dessus des sommets du Chimborazo. Ses pattes sont robustes et courtes, armées d'ongles longs, crochus, aigus, propres à saisir et à déchirer une proie, peu conformées pour la marche.

Le hibou, rapace nocturne, a une puissance de vol bien moindre que celle des grands rapaces. Mais il est très aérien d'une autre façon et par une autre sorte d'harmonie. Timide, facilement ébloui par la lumière du jour que laisse entrer trop aisément sa large pupille, il ne chasse que dans les ténèbres ; mais sur son corps, relativement petit et léger, s'épaissit un plumage doux soyeux, duveté. Enveloppé dans cette ouate, l'oiseau traverse l'air sans y produire le moindre bruit; silencieux comme la nuit, il fond sur sa proie à l'improviste. Ses pieds, amplement fourrés de plumes veloutées, armés de serres aux ongles crochus, et faits pour saisir plus que pour marcher, répondent à ses ailes.

Considérez maintenant comment l'ouvrier de la nature (car la nature est œuvre et non pas ouvrier) s'y est pris pour organiser un grimpeur. Il a raccourci les ailes, placé deux doigts de la patte en avant et deux en arrière, et allongé la queue en lui donnant une certaine force; sur ce modèle est formé le grimpeur par excellence, le pic. C'est un oiseau en harmonie avec les arbres : ses ailes sont médiocres, son vol pesant et saccadé. Sa principale affaire, en effet, n'est pas de voler; avec ses pattes à double base, avec sa queue composée de dix grandes plumes roides qu'il emploie en arrière comme un arc-boutant, enfin, avec son bec, dont il se fait une jambe de surcroît, il va son train particulier; il grimpe le long des arbres, verticalement, et décrivant une spirale autour du tronc et des grosses branches. Il est organisé pour les forêts, où il vit dans les troncs d'arbres.

Descendez tout à fait sur la terre. Autre existence de l'oiseau, autre harmonie. Les gallinacés, dont notre coq est le type, se nourrissent de bourgeons, de vers, d'insectes, principalement de graines ; mais c'est toujours à terre qu'ils cherchent leur nourriture. Oiseaux terrestres, ils perchent peu, ont l'aile courte. Au contraire, le tarse de leurs pattes, c'est-à-dire la partie d'où sortent les doigts, est large, les doigts nerveux et bien onglés ; ils s'en servent pour gratter sans cesse le sol où ils fouillent, et où ils aiment à se vautrer en enfonçant dans la poussière.

L'autruche est terrestre, elle aussi; mais en vertu d'harmonies différentes. Elle appartient à la famille des échassiers brévipennes ou à courtes ailes, deux mots très-expressifs. Les brévipennes sont des oiseaux, mais constitués pour la course; leurs ailes ne font que s'ouvrir au vent et les aider à courir. Toute la force locomotrice s'est concentrée dans leurs pattes vigoureuses, dans les muscles de leurs cuisses et surtout dans leurs jambes dont l'épaisseur est énorme; elles l'emportent en rapidité sur les meilleurs chevaux. D'un coup de leurs jambes, elles lancent assez loin de lourdes pierres. Je ne cherche pas pour quelle fin les autruches sont créées; je ne trouverais pas. Mais je me demande si un oiseau, en restant oiseau, pouvait être un coureur plus admirable, et ma raison répond que non.

Plus bas que les sables où court l'autruche, plus bas que la terre où picore le coq, sont des terrains que mouillent les inondations, que couvrent les eaux dormantes. Ces lieux humides auront eux aussi leurs oiseaux familiers, conformés pour y subsister le mieux possible; ceux-ci sont encore des échassiers. La longueur de leur tarse et la nudité de la partie inférieure de leurs jambes très-élevées, leur permet de marcher dans l'eau, à quelque profondeur, sans mouiller leurs plumes; il y en a qui sont bons voiliers et grands voyageurs; cependant ils se plaisent sur les plages humides. Le flamant, par exemple, recherche les bords des marais; son corps est petit, ses jambes d'une hauteur extraordinaire, ses trois doigts de devant palmés jusqu'au bout, son cou aussi grêle que ses jambes, sa tête petite et son bec très-long. Oiseau bizarre, singulier, si l'on veut, mais qu'un art incomparable a fabriqué en double harmonie avec l'air et les eaux, et en pêcheur sans pareil, dont le cou est une ligne et le bec un hameçon et un filet.

Encore un pas et nous sommes sur les eaux profondes. Nous y rencontrons les oiseaux nageurs, remarquablement soumis à la loi [de la gradation, qui procède par nuances, et à la loi d'harmonie, qui approprie les organes à la fonction et au milieu.

Le pétrel, de la famille des longipennes (à grandes ailes) vole puissamment, ne plonge pas, nage rarement, mais, dans son vol rapide, effleure les vagues, et court sur les eaux en élevant ses ailes. Il vole en planant et défie la résistance des vents les plus terribles. Ami de la haute mer, il ne se pose guère que sur les navires, quand la tempête l'y force, ou sur les rochers escarpés et déserts où il fait son nid. Tout en lui est en rapport avec cette existence maritime. Ses ailes sont longues, ses pieds n'ont, au lieu de pouce, qu'un ongle pointu et les autres doigts palmés lui permettent de marcher sur les flots, comme saint Pierre. (Petrus, pétrel.)

Le cygne vole et nage, sans marcher sur les eaux, et ne plonge que de la tête et du cou. A l'état sauvage, il habite les grandes mers de l'intérieur. Très-bon voilier, son aile est si vigoureuse qu'elle lui sert d'arme redoutable contre ses ennemis. Il l'enfle aussi et prend le vent dans cette voile qui l'aide à nager. Ses pieds sont courts et ses doigts nerveux bien palmés. De même que les autres palmipèdes, il sécrète une substance huileuse qui imprègne ses plumes et les rend presque imperméables à l'eau. Lorsqu'il retire son long cou de l'eau, après l'y avoir plongé, on voit les gouttelettes glisser sur son plumage lisse, brillant et sec. Relation curieuse qui complète l'organisation harmonieuse de ce bel et gracieux nageur.

Les plongeons, proprement dits, volent, nagent et surtout, leur nom le dit, ils plongent. Vivant continuellement sur les eaux, on pourrait dire dans les eaux, ils s'y tiennent entièrement immergés et n'élèvent de temps en temps la tête au-dessus de la surface que pour respirer. Ils volent bien, mais rarement. Leurs membres indiquent leur vocation aquatique. Tellement que, s'ils sont à terre, leurs pattes palmées, excellentes pour nager seulement, les portent mal; leur démarche est embarrassée, ils gardent malaisément l'équilibre en se soutenant péniblement sur leurs ailes et tombent souvent à plat ventre. Ils ne sont chez eux que dans les eaux, d'où ils ne sortent qu'au moment de la ponte.

Sommes-nous à la limite de la diversité harmonieuse chez les oiseaux? Pas encore. Le plongeon vole, malgré sa constitution de plongeur. Le pingouin vole très-peu. Le manchot ne vole plus du tout. Sur les ailes de celui-ci, il n'y a que des vestiges de plumes, semblables d'aspect à des écailles. En outre, ses pieds sont placés si loin en arrière qu'il ne se tient debout qu'appuyé sur son tarse, large comme la plante du pied d'un quadrupède. Marcheur impuissant, lorsque la ponte l'attire sur la terre, il en est réduit à ramper sur le ventre. Reptile et poisson, en quelque sorte, autant qu'oiseau, mais cependant oiseau par les plus essentiels caractères, il manifeste avec éclat cette puissance cachée qui varie tous les êtres sans les dénaturer, qui les rend semblables ou analogues sans les confondre, qui les adapte enfin aux mêmes milieux par des harmonies qui laissent à chaque espèce sa physionomie propre et son aspect original.

Chez les mammifères, ces harmonies apparaissent à leur plus haut degré. Elles y sont tellement évidentes qu'il suffira de les indiquer à grands traits.

Que les doigts de la main s'allongent considérablement, que la peau s'y étende et s'y applique, comme la soie sur les baleines du parapluie, le mammifère volera; ce sera la chauve-souris. Moins ample, quoique déployée encore, mais laissant les doigts libres, la peau formera un parachute seulement : au lieu de voler, l'animal voltigera en sautant de branche en branche. Tel est le galéopithèque, appelé aussi singe volant. Il est arboricole et aérien à la fois.

Les singes sont plutôt simplement arboricoles. Quant ils traversent l'air, ce n'est plus que par la force de l'élan. Si le nom de quadrumanes ne leur convient pas toujours, ils marchent tous avec les mains, leurs pieds sont des mains et le nom de pédimanes leur est applicable sans exception. Excellents grimpeurs, l'arbre est leur demeure. Ils savent passer de l'un à l'autre à travers les airs. Avec ses longs bras, le gibbon se balance aux branches, s'aidant de la flexibilité des rameaux, il s'élance et franchit plusieurs fois de suite des distances de 40 pieds et au delà. Ceux qui ont la queue prenante, par exemple les sapajous, s'en font une cinquième main; et c'est suspendus par là qu'ils se lancent de branche en branche. Les atèles tirent de leur quintuple appareil de locomotion un parti extraordinaire. S'agit-il de passer une rivière, de gagner sans descendre un arbre trop éloigné, ils réunissent leurs ressources. Ils s'attachent les uns aux autres au moyen de leurs queues; cette chaîne pendante oscille avec des amplitudes croissantes. Peu à peu, le chaînon inférieur, le dernier singe touche le but, s'y accroche et tire ensuite à lui ses compagnons. Harmonie surprenante qui adapte au milieu non-seulement l'individu et ses membres, mais une série d'individus rassemblés.

Quelquefois les corrélations se dissimulent. Elles se cachent à tel point qu'un observateur superficiel les prend pour des anomalies, sinon pour des monstruosités. Plus la science apprend à observer, plus on voit diminuer le nombre des énigmes de la nature.

Prenons un exemple. L'aï ou le paresseux, de la famille des édentés tardigrades, ressemble à un singe difforme. On dirait un animal infirme, un être manqué. A terre, il est maladroit, impuissant; son corps court et ramassé est porté sur des membres tellement inégaux que pour marcher, il rampe sur les coudes. Il ne peut rapprocher les genoux tant son bassin est large et ses cuisses tournées au dehors. Ses pieds de derrière sont articulés si obliquement sur la jambe, qu'ils ne touchent le sol que par leur bord externe. Enfin ses doigts engagés dans la peau, ne s'avancent au dehors que sous forme d'ongles énormes et crochus. Est-ce un avorton? Est-ce un jeu de la nature qui s'est complu à ébaucher une œuvre grotesque? Ni l'un, ni l'autre. Ces apparentes anomalies constituent autant d'heureuses adaptations. Le paresseux est fait pour vivre accroché aux branches des arbres. Dans cette position insupportable à d'autres mammifères, il grimpe, se cramponne, se nourrit en dépensant le moins possible de force musculaire. C'est un arboricole accompli.

D'autres animaux moins étranges, quoique bizarres encore, ont des organes de marche curieusement appropriés à leur milieu. Les kanguroos, soutenus par leurs pattes de derrière et par leur forte queue, se tiennent établis sur ces trois points comme sur un trépied et sautent avec une rare vigueur. Les pieds du chameau, mous et élastiques, appuient sur le sable du désert sans enfoncer. Les mains de la taupe sont des rames au moyen desquelles, — qu'on nous passe le mot, — elle nage entre deux terres. Les pieds de derrière du castor, tous ceux de l'ornithorynque sont palmés en nageoires. L'hippopotame, avec ses quatre doigts égaux et garnis de petits sabots à tous les pieds, peut à son gré nager facilement, ou marcher vitement sur le fond vaseux des rivières.

Il serait trop long d'insister. Voici maintenant les harmonies des organes de relation ou des sens avec la locomotion et avec le milieu.

§ 2.

Harmonies des organes des sens avec la locomotion et avec le milieu.

Se mouvoir, c'est changer de lieu dans l'espace. Pour aller ici ou là, sans danger, avec profit, il faut savoir où l'on va. Tous les sens peuvent guider le mouvement : la vue et l'ouïe y servent plus que les autres. Entre la façon de se mouvoir et le lieu d'une part, et les organes de relation de l'autre, les concordances sont merveilleuses chez les animaux.

Là où l'organe ne remplirait aucune fonction, il est inutile. Il reste alors à l'état rudimentaire. On le retrouve sous forme de vestige d'un plan qui ne saurait se démentir ; mais il est comme s'il n'était pas. Cet arrêt de développement atteste une intelligence qui ne gaspille pas ses richesses.

On a découvert il y a cent ans dans les eaux souterraines de la Basse-Carniole, on trouve aujourd'hui dans la grotte d'Adlesberg, une espèce de batracien, le *protæus serpentinus;* c'est un animal aveugle. Dans la caverne du Mammouth, au Kentucky (États-Unis), l'obscurité est complète. Un poisson y vit : c'est l'*amblyopsis spelæus*, ou l'aveugle des cavernes. Ses yeux rudimentaires, cachés sous la peau, ne voient rien et ne peuvent rien voir. Avertis par ces faits, les naturalistes ont organisé la chasse aux animaux aveugles. Ils ont découvert dans les grottes ténébreuses, de petites crevettes, des insectes divers, de petites araignées aveugles. Et dans ces régions de la nuit croissent des plantes qui se développent sans lumière, destinées à nourrir les animaux herbivores qui vivent là privés de la vue. Qu'en conclure? Après des observations multipliées, des naturalistes tels que MM. L. Agassiz et Blanchard déclarent le doute impossible. Ces animaux sont nés où on les trouve; ils sont nés aveugles parce que leur destinée était de passer leur vie dans l'obscurité. On ne les rencontre pas aux lieux où pénètre la lumière et beaucoup d'entre eux appartiennent à des espèces distinctes. Des faits pareils ont une éloquence décisive. Cela n'arrive pas tout seul.

Les poissons, dans le milieu très-dense et souvent troublé qui les enveloppe, ont besoin de bien voir de près. Aussi leur cristallin est-il sphérique et leur vue comparable à celle des myopes. Mais il y a un certain poisson dans l'Amazone dont l'appareil visuel présente une harmonie double tout à fait merveilleuse. « Les Anableps, dit M. L. Agassiz, se réunissent par bandes à la surface des eaux, la tête partie en dessus, partie en dessous. Vivant ainsi moitié dans l'air, moitié dans l'eau, il leur faut des yeux capables de voir dans ces deux éléments. » Eh bien ! ces yeux à deux vues, ils les ont. « Un repli membraneux qui entoure le bulbe oculaire passe au travers de la pupille et divise l'organe de la vision en deux moitiés, l'une supérieure, l'autre inférieure. » Quel opticien que l'auteur d'un tel organe !

Les oiseaux, à l'inverse des poissons, ont des yeux qui ressemblent à ceux des presbytes. Les rapaces diurnes, obligés d'apercevoir leur proie de très-loin, ont le cristallin plus aplati que les oiseaux dont les habitudes sont plus terrestres. Mais la nécessité d'un changement a été prévue pour le même individu selon qu'il s'éloigne des objets ou s'en approche. L'œil des oiseaux s'adapte, disent les savants, à des portées de vision très-différentes. Ces modifications s'opèrent au moyen de muscles moteurs dont les contractions augmentent la courbure de la cornée. L'oiseau devient alors myope un instant pour distinguer les objets rapprochés. Si c'est le milieu qui produit ces variations opportunes, quelle sagesse que celle qui a établi un tel accord entre l'organe de l'oiseau et le point d'où il regarde ! Car enfin, le milieu c'est l'air, et l'air n'a pas d'intelligence.

Les merveilles providentielles de la vue sont suffisamment attestées par ces exemples. Celles de l'ouïe méritent toute notre attention. La conque de l'oreille varie selon les espèces. C'est, à la lettre, un cornet acoustique, semblable à ceux dont usent les personnes sourdes pour recueillir les sons et entendre quelque chose. La conque est plus étendue chez les animaux qui habitent les lieux déserts. Le danger peut leur venir de loin ; il faut donc qu'ils entendent à de grandes distances. Le lièvre d'Afrique, plus exposé, a les oreilles plus longues encore que ceux des autres pays.

L'ouïe des chauves-souris est d'une sensibilité exquise et semble suppléer à l'excessive petitesse et à la presque inutilité de leurs yeux. Le pavillon de leur oreille acquiert chez certaines espèces des proportions énormes. Ce timide animal de nuit, toujours poursuivi par les rapaces nocturnes, devait pouvoir entendre et distinguer, en quelque sorte, les degrés du silence; car on le sait, les hiboux, leurs ennemis, volent silencieusement. Mais l'oreille de la chauve-souris dénote comme un excès de touchante bonté providentielle. On dirait que l'auteur des êtres a craint que l'extrême délicatesse de l'audition ne troublât le repos particulièrement nécessaire à cet animal. La faculté lui a été donnée d'atténuer les bruits qu'il entend. Un second entonnoir placé dans l'intérieur du pavillon agit à la façon d'une soupape et ferme, quand il le faut, le passage aux ondes sonores.

Ce n'est pas tout : l'étonnante finesse de la peau, sensible aux moindres mouvements de l'air, semble compléter, chez la chauve-souris, la puissance perceptive de l'ouïe. Certains animaux entendraient-ils autrement que par l'oreille? Comment ne pas le penser? Il y a des araignées qui sentent le charme de la musique. Par où entendent-elles? on l'ignore; mais elles entendent. « Les insectes, dit M. E. Blanchard, ont le sens de l'ouïe; on n'en peut douter. » Le grillon mâle, comme la sauterelle, produit avec ses ailes antérieures une stridulation; la femelle écoute, et accourt sans hésitation. La plupart des naturalistes croient que le siège de l'ouïe des insectes est dans les antennes. Rien de plus vraisemblable; et si cela est vrai, l'insecte est une sorte de violon : l'air sert d'archet, les antennes de cordes, le corps représente la caisse de l'instrument.

Plus que le goût, plus que le toucher, qui ne sentent qu'au contact prochain, l'odorat, qui sent au contact lointain, est nécessaire aux animaux, surtout aux plus faibles. Les insectes l'ont. Celui qui les a faits n'a rien oublié. La mouche accourt de très-loin au fumet de la viande fraîche. Les cadavres attirent l'insecte qui s'en nourrit ou qui y dépose ses œufs. Une chenille jetée au milieu d'un champ, trouve infailliblement la plante qui lui convient. L'odorat de l'homme paraît obtus comparé à celui de certains mammifères. Est-il besoin de rappeles ici le flair incomparable du chien? Enfermez-le dans un sac, emportez-le à d'énormes distances ; il revient à la maison. Son odorat, à l'occasion, remplace sa vue ou en décuple la portée. Et l'éléphant, quelle merveille que sa trompe ; attachée à son cou très-court, éloignée du sol par de hautes jambes, sa tête ne peut se rapprocher de l'objet à flairer, s'il est à terre ; mais le maître artiste l'a pourvu d'un nez qui s'allonge et, selon une expression ingénieuse, lui a mis le nez dans la main.

Averti par l'odorat, le goût se dirige et choisit. Tant pis pour les gloutons qui dédaignent ses avis ; ce n'est que leur faute. Voyez comme il parle en maître quelquefois et comme il est providentiellement tutélaire. Les insectes herbivores l'ont très-délicat. Leur petite langue, molle, spongieuse, paraît en être le siége principal. Beaucoup de chenilles vivent sur telle plante, non sur telle autre. Donnez-en une autre au pauvre insecte ; s'il avait des ailes, il irait chercher ailleurs. «Pressé par la faim, il la goûtera, dit encore M. E. Blanchard ; mais après l'avoir goûtée, il la délaissera, et mourra d'inanition plutôt que d'y revenir. »

Le toucher complète les harmonies que les organes

de relation établissent entre l'animal et les objets extérieurs.

Le toucher a deux modes; il est passif et actif. Passif, il reçoit au contact l'impression directe, mais non chimique, des corps étrangers. Il est répandu plus ou moins sur toute l'étendue du corps. La chaleur, le froid, l'électricité, le choc, la pression, la résistance de la matière extérieure, voilà ce qu'il perçoit. Le toucher actif tâte, palpe, s'informe. Il vient au secours des autres sens. Quand l'animal est privé de mains, une autre façon de palper lui est parfois nécessaire, selon ses besoins et la nature de son milieu. Le cheval n'a que des extrémités dures, enveloppées d'une corne épaisse : il palpe cependant, mais c'est avec sa lèvre inférieure, délicate et mobile. L'éléphant tâte et examine par le bout de sa trompe singulièrement sensible et flexible. Les carnassiers ont besoin de savoir si la proie est bien morte : ils ont des deux côtés de la bouche des poils roides appelés vibrisses. Le chat effleure d'abord de son nez, mais aussi de sa longue moustache, sa nourriture domestique, son larcin ou sa proie. Le perroquet charge sa grosse langue de ces sortes d'inspections. Les lézards et les serpents agitent sans cesse et dardent en avant leur languette fourchue et vibratile. Certains poissons ont, pour tâter, les barbes de leurs nageoires pectorales. C'est aux angles des mâchoires que les carpes portent ces barbillons investigateurs.

La même prévoyance attentive a pourvu les insectes de moyens utiles de se renseigner. Quand ils sont revêtus d'un tégument dur et épais, au manque de sensibilité du corps suppléent des poils et des épines qui couvrent leurs jambes et font tressaillir l'animal au moindre attouchement. Pour certains, cette fonction est mieux remplie encore par les palpes des mâchoires et de la lèvre inférieure. En cherchant sa pâture, l'insecte touche de l'extrémité tendre et spongieuse de ses palpes l'objet qu'il a rencontré. Il hésite, il prend son temps : on sent qu'il examine. Cette sensibilité réside aussi dans les antennes : les abeilles s'en servent pour se tâter mutuellement ; les fourmis font de même. Elles se reconnaissent ainsi, et vérification faite, l'harmonie s'établit en vue du travail commun.

§ 5.

Harmonies de l'alimentation.

L'étude de la nutrition et de la respiration, fonctions inséparables, dévoile à l'observateur un nombre considérable d'harmonies physiologiques. Notre plan n'exige pas que nous entrions dans ces complications profondes. Bornons-nous à montrer que l'animal a reçu tous les instruments qui lui sont nécessaires pour prendre, chasser, poursuivre, maîtriser, déchirer son aliment végétal ou sa proie vivante.

Le monde des insectes en offre d'attrayantes preuves. Les jeunes collectionneurs qui font la chasse aux papillons devraient regarder autre chose que les brillantes ailes. Le papillon vit du suc des fleurs. Il le puise avec une trompe mince comme un fil de soie qu'il replie en l'enroulant quand il ne s'en sert plus. Or cette trompe est courte chez les papillons qui butinent sur des fleurs à corolles étalées ; elle est longue au contraire chez ceux dont l'espèce préfère les fleurs à corolles en cornet.

Voilà une application ravissante de la loi de proportion. Et qui dit proportion, dit harmonie. Mais voici ce qui est non moins remarquable. Il y a des papillons qui ne prennent point de nourriture ; ils pondent et meurent après. Tel est le papillon du ver à soie. Ceux-là n'ont qu'une trompe rudimentaire, autant dire une trompe absente. Ainsi rien d'inutile. Ce rudiment de trompe lui-même, que l'insecte n'emploie pas, signifie au moins quelque chose : il montre que l'ouvrier a maintenu son type et qu'il ne l'a modifié que dans la mesure nécessaire.

Tous les insectes ne trouvent pas leur nourriture prête et servie, comme les papillons. Beaucoup sont obligés de tendre un piége où tombera l'insecte dont ils vivent. Des armes et un instinct particulier leur ont été donnés en conséquence. La larve du fourmilion, si connue des écoliers, marche trop mal pour saisir sa victime à la course. Elle creuse dans le sable fin un trou en entonnoir. Blottie au fond de ce gouffre en miniature, elle attend avec patience qu'un insecte y tombe. S'il tente de fuir, ou s'il est resté trop loin, elle l'étourdit en lui jetant avec ses mandibules le sable qui l'environne. Dès qu'il est vaincu, elle l'entraîne, le suce et rejette au loin son cadavre. Qui donc lui a enseigné ce métier de trappeur ? Qui lui en a donné les engins et la ruse ? L'araignée prend des mouches. C'est là un fait vulgaire assurément. J'en conviens. Mais pensez-y un peu : d'où lui vient cette faculté singulière de sécréter la soie, et l'art avec lequel elle tisse les mailles de sa toile, juste à la mesure du gibier qu'attend son filet ?

Et les abeilles, voyez qu'elle harmonie entre ce qu'elles sont et ce qu'elles font. L'abeille cirière entre dans la fleur épanouie et s'y charge de pollen qu'elle rapporte à la ruche ; telle est sa besogne en gros. Le détail est admirable. Sur le corps, l'animal a des poils branchus, de petits râteaux ; autour des tarses il a des brosses, oui, des brosses. Le pollen s'attache aux poils branchus ; l'insecte le rassemble au moyen de ses brosses ; il en fait des pelotes qu'il met dans des corbeilles ; et ces corbeilles, où sont-elles ? Ce sont des palettes creusées à la face interne de ses jambes postérieures. Le moissonneur serait bien heureux si, rien qu'avec son corps, sans autre instrument, il pouvait couper les épis, les rassembler, les lier en gerbes et les porter à la grange. L'abeille est ce moissonneur. Or ce n'est là qu'une partie de ce qu'elle sait faire avec ces mêmes outils.

Chacun sait que le bec des oiseaux diffère selon qu'ils chassent, pêchent ou picorent. Chez quelques-uns, cette adaptation ne se révèle pas au premier regard ; au lieu d'une harmonie on croit voir une aberration, un non-sens ; c'est le cas d'observer attentivement au lieu de juger au hasard. Les deux mandibules du bec-en-croix sont recourbées en sens opposé et croisées l'une sur l'autre. Que faire d'un pareil bec ? Rien, s'il s'agit de becqueter des graines, de pêcher ou de déchirer de la chair. Mais le bec-en-croix se nourrit surtout de cônes résineux ; avec ses fortes cisailles il coupe, brise, épluche les pommes de pin qu'il nous faut mettre au feu ou casser à coups de marteau quand nous voulons les ouvrir.

Le pélican a l'air d'une caricature : sa poche de parchemin, au-dessous du bec, ressemble à un nez de masque. Est-ce une anomalie ? Point, C'est un panier où l'oiseau pêcheur met le complément de son dîner, et il mange cette provision en manière de second service, sans recourir à une nouvelle pêche.

La baleine est énorme; cependant sa nourriture ne consiste qu'en petits animaux : zoophytes, mollusques. Il est vrai qu'elle en prend des légions d'un seul coup ; mais ils s'échapperaient trop aisément de sa large cavité buccale. On a avisé à cet inconvénient. Les côtés supérieurs de sa bouche sont garnis de tamis, appelés fanons; ce sont des lames cornées, effilées, élastiques, placées comme des dents de peigne. L'eau sort par les interstices des fanons; mais la capture reste, et le cétacé avale sa proie sans ingurgiter l'eau.

La sobriété du chameau est proverbiale. Né pour le désert, il se contente de brouter quelques herbes misérables; il reste plusieurs jours sans manger. Mais on exagère son mérite. Sa bosse qui fait sourire, est un garde-manger. Quand il reçoit une large pitance, sa bosse se remplit de graisse ; elle est alors tendue et rebondie : c'est là qu'il puise, aux jours de disette, un surcroît d'aliment. La preuve, c'est qu'après le temps d'abstinance, sa bosse est flasque et tombante. Ce garde-manger, ce n'est pas lui sans doute qui l'a construit, ni l'Arabe qui le mène, ni le désert qui n'est que du sable et qui n'a pas tant d'esprit que cela.

La mâchoire des mammifères est en corrélation parfaite avec leur mode d'alimentation ; leurs pieds et leurs ongles, comme leur estomac, répondent invariablement à leur mâchoire. Laissons les exemples trop connus. En voici un qui frappera.

On trouve à Madagascar un mammifère gros comme un chat, et appelé aye-aye ou chiromys ; ses deux pieds de devant ont deux doigts épais et velus. Le doigt du milieu est nu, grêle, et se meut indépendamment des autres. Quelle est cette étrangeté ? C'est une harmonie. L'aye-aye se nourrit principalement d'insectes; il préfère les plus gros, les plus succulents : les larves cachées dans les fentes des arbres. Ces fentes sont souvent étroites et profondes. L'aye-aye y insinue son doigt grêle, atteint l'insecte, le ramène et s'en régale. Qu'en pensez-vous ?

§ 4.

La famille ; la société ; les instincts.

L'animal ne vit pas seulement pour lui-même ; il est constitué aussi en vue de continuer son espèce, et quelquefois de manière à former avec ses semblables de véritables sociétés. Cet ordre de faits découvre des harmonies nouvelles où éclatent plus fortement encore la prévoyance intentionnelle d'une intelligence excellente et infiniment supérieure à l'animal lui-même.

Considérons l'animal en rapport avec sa famille. Ceux qui traitent ce sujet ont coutume de se borner, du moins presque toujours, à dépeindre la sollicitude des parents pour leur progéniture. J'insisterai sur cette affection si touchante ; mais je parlerai en même temps des soins que le petit être, privé ou non de ses parents, sait se donner à lui-même en vue de se conserver et de se développer.

Les naturalistes ont surpris des actes de maternité attentive jusque chez les animaux qui occupent le dernier degré de l'échelle zoologique. Croyons-en l'autorité de leur témoignage, et attachons-nous à des exemples plus saisissants.

Le grand Linné a dit que dans la nature « le semblable produit le semblable. » En général, cette loi est vraie; mais il importe de la comprendre et de savoir que, chez certaines espèces, le semblable ne reparaît qu'après une série de métamorphoses dont le nombre est variable. Généralement les insectes passent par trois états bien différents : l'état de larve, l'état de nymphe et l'état parfait. Selon l'étendue des changements qu'entraînent ces transformations, on dit que la métamorphose est complète ou que ce n'est qu'une demi-métamorphose.

Complète ou non, la métamorphose, qui est déjà une merveille, a un résultat bien remarquable : souvent l'insecte n'a pas connu ses parents, il ne connaîtra pas ses petits. Dans ces conditions, ne semble-t-il pas que toute prévoyance paternelle ou maternelle soit impossible? Ne le croyez pas. L'animal pourvoit à l'existence d'êtres qui lui seront dissemblables et qu'il ne verra pas. Un seul exemple : le nécrophore, ou fossoyeur, est herbivore à l'état parfait; mais sa larve est carnivore. Que fait-il pour sa larve? Il va pondre ses œufs sur des chairs en putréfaction, seul aliment dont sa progéniture puisse se repaître. Devant ce prodige il faut s'incliner. Évidemment le nécrophore poursuit et atteint un but qui lui est caché. Oui,

> Mais s'il l'ignore,
> Quelqu'un du moins le sait pour lui.
> LAMARTINE (*Le Chêne*).

Les parents morts, il reste aux petits à se tirer d'affaire. Pas d'orphelinats pour les animaux. Soyez tranquille, le nouvel être se sauvera tout seul. Tout seul, c'est à savoir. On jugera tout à l'heure.

Les métamorphoses du bombyx du mûrier, ou ver à soie, ne sont ignorées de personne. Pense-t-on assez à ce qu'exige la série de transformations par lesquelles il passe ? Il se présente d'abord sous forme d'œuf. Après quelques jours d'une chaleur de 15 ou 16 degrés centigrades, une chenille, longue à peine d'une ligne un quart, sort de cet œuf ; déjà elle est armée de fortes mâchoires. Pendant les trente-quatre jours environ qu'elle reste chenille, elle change quatre fois de peau. A chaque mue son appétit diminue ; mais après chaque mue il grandit, et vous savez avec quelle puissance ses mandibules broient la feuille du mûrier. Le moment de la première métamorphose arrive. Le ver cesse de manger ; il file son cocon, puis il le clôt et reste enfermé dans sa prison ouatée. C'est là que s'accomplit le mystère de sa transformation. Au bout de dix-huit à vingt jours, si la chaleur est suffisante, il brise sa gaîne de chrysalide ; puis il perce le cocon. Comment ? Il en humecte une extrémité avec une liqueur particulière qu'il dégorge, puis il heurte avec violence sa tête contre la paroi ramollie ; quand cette porte est ouverte, il en sort un papillon.

Pour chaque phase de sa vie, il accomplit un travail ; pour chaque travail il a un instinct et des instruments ; il mène donc sa carrière à bonne fin et sans parents. Direz-vous maintenant qu'il la parcourt seul ? J'y consens. Mais alors, apprenez-moi qui lui a fourni les outils, les tissus, les facultés, l'industrie, qu'évidemment il est incapable de s'être donnés à lui-même.

Il y a deux mois, j'ai observé dans l'aquarium du Collége de France une mère de famille dont la tendresse m'a édifié. C'était une écrevisse. Elle balançait sans se lasser une grappe de petits suspendus à des pellicules au-dessous des anneaux de sa queue. C'était sa manière de les couver. Quelques-uns, déjà gaillards, s'écartaient d'elle et filaient comme des flèches. La pauvre mère, portant les autres, allait de çà de là, poursuivait les fugitifs et les ramenait avec ses pattes au giron qu'ils avaient quitté. Elle connaissait à fond son métier de mère, admirable harmonie entre elle et ses petits qu'elle n'avait pas inventée.

Ces petits et leur mère me présentèrent un phénomène très-intéressant, que je connaissais déjà et qui a lieu chez les crustacés en général. La carapace de l'écrevisse, même chez les plus jeunes, est une cuirasse dure, inflexible, qui ne prête point. Si l'animal gardait toujours la même carapace, il ne pourrait grandir. Aussi de temps en temps, par un mouvement dont il a le secret, le crustacé se débarrasse de son armure, et cela sans l'endommager. Il sort de là avec une carapace plus molle, mais qui durcit promptement. Celui qui a inventé, pour l'écrevisse, ce moyen de croître tout en restant fortement vêtue, cet inventeur avait bien quelque intelligence. J'ai vu plus de vingt carapaces successivement abandonnées par un seul animal. Et ce n'étaient pas les dernières[1].

J'ai promis de parler de l'instinct paternel et maternel du pipa. Cet instinct est en étonnante harmonie avec la constitution physique de la femelle. Les pipas sont des reptiles encore plus laids que les crapauds. Mais cette laideur ne rend que plus digne d'attention la manière dont leurs petits sont couvés. Dès que les œufs sont pondus, le mâle les place sur le dos de la femelle.

---

[1] M. Chantran, préparateur de M. Coste, en a fait de curieuses et remarquables collections.

Aussitôt celle-ci se rend à l'eau, où sa peau irritée par le contact des œufs, s'enfle et forme de petites poches. C'est dans ces nids que les jeunes éclosent et séjournent jusqu'à ce qu'ils aient affecté la forme caractéristique de l'âge adulte.

L'harmonie préétablie entre les parents et leur progéniture se voit pareillement chez les poissons. L'épinoche, qui n'a ni bec ni pattes, construit au fond des eaux de jolis nids. Le pomotis de l'Amérique du Nord arrange une sorte de nid dans le sable ou dans la vase ; il y dépose ses œufs et se balance au-dessus jusqu'à l'éclosion des jeunes. Mais la science a recueilli récemment un fait singulier et charmant qui surprendra plus d'un lecteur. Il y a des espèces de poissons qui portent leurs petits dans la gueule. Chez l'acara de l'Amazone, par exemple, la gueule est le nid. « Avant l'éclosion, dit M. Agassiz, les œufs se trouvent toujours dans la même partie de la gueule, c'est-à-dire à la partie supérieure des arcs branchiaux. Ils sont protégés ou maintenus ensemble par un lobe spécial, sorte de valvule (petite porte) formée par les pharyngiens supérieurs. » M. Agassiz croit reconnaître là une poche pour les petits. Et il ajoute que des nerfs spéciaux, partant du cerveau, aboutissent à cette poche. Ainsi l'intelligence de l'acara, si faible qu'elle soit, est rattachée à sa manière de couver et mise en harmonie avec elle. Tout se tient et tout concorde.

On ne tarirait pas si l'on cédait au plaisir de décrire les harmonies de famille qu'offre le monde des oiseaux. Les faits très-connus ont l'inconvénient d'être un peu usés. Ils n'ont pas cette pointe de nouveauté qui pique l'attention. En voici un qui m'était inconnu. Je l'ai appris de mon illustre confrère et ami M. Claude Bernard.

Les pigeons, qui l'eût soupçonné? ont une certaine faculté d'allaiter leurs petits. Je dis allaiter, car c'est du lait qu'ils leur donnent au début. C'est une belle observation de Hunter que chez le pigeon mâle aussi bien que chez la femelle, il se développe dans le jabot, au moment de l'éclosion des petits, et pas plus tôt, une sécrétion semblable à celle du lait caillé. Cette sécrétion commence quatre jours avant que le petit sorte de l'œuf; elle dure autant de jours après. Au moment précis, il se forme un organe, une glande, analogue à une surface de mamelle, sur la muqueuse intérieure du jabot. Les pigeons père et mère, nourrices l'un et l'autre, ingurgitent le lait de cette mamelle à leurs petits naissants. Les parents sont constitués si habilement qu'ils peuvent avaler les graines dont ils se nourrissent, sans consommer eux-mêmes le lait qui n'appartient qu'aux jeunes. Quatre jours après l'éclosion, le petit étant capable de recevoir une pâture plus forte, la sécrétion de ce lait cesse et la mamelle temporaire disparaît dans le jabot des parents.

Ai-je besoin de commenter ce phénomène? Tout n'y est-il pas produit, prévu, développé, calculé en vue de la nourriture des jeunes et seulement dans cette vue? Dès que l'organe est nécessaire, il naît; dès qu'il ne sert plus, il meurt.

Les oiseaux ont l'art de faire des nids. Cet art varie avec les espèces. Chez toutes, il suppose une connaissance de la saison, de la température, des matériaux à employer, de la forme à donner à la couchette, de la solidité qu'elle réclame, de la hauteur qui lui convient. Cette connaissance, l'oiseau ne l'acquiert pas : elle lui est innée. Cet art est absolument infaillible, sans tâtonnement, sans hésitation. L'instinct constructeur de l'oiseau obéit donc à une science qui n'est pas en lui et qui révèle sa grandeur et sa bonté dans l'infaillibilité même qu'elle communique à une frêle créature. Une collection de nids est comme une bibliothèque de bons livres ; on y lit couramment le nom, on y découvre l'action d'une providence adorable. Cependant tous les nids ne sont pas de nature à être collectionnés. Il est des oiseaux qui ne couvent pas et qui confient leurs œufs aux sables chauds du désert. Il en est d'autres qui obtiennent par des procédés ingénieux la chaleur dont a besoin la couvée. Quelle science il faudrait attribuer à ceux-ci, si la raison ne concevait pas au-dessus d'eux une intelligence infinie ! Par exemple, le talégalle de la Nouvelle-Hollande place ses œufs dans des amas de feuilles humides ; ces feuilles entrent bientôt en fermentation et produisent la chaleur nécessaire à l'éclosion. A coup sûr, l'oiseau ne sait pas que les feuilles fermentent ; c'est là une notion scientifique qu'il n'a pas. Dira-t-on qu'il fait cela par hasard ? Ce serait ne rien dire, car il y a dans son travail un moyen employé et une fin atteinte, et un moyen infaillible pour atteindre cette fin.

L'harmonie de constitution entre la mère et le petit apparaissent vivement dans le phénomène de lactation et de l'allaitement. Je ne sais rien de plus émouvant, rien qui atteste mieux une prévision supérieure. Ce phénomène est saisissant dans l'ordre des mammifères. J'en parlerai de nouveau à propos des harmonies humaines. En ce qui touche les animaux, je ne citerai que ceux qu'on nomme marsupiaux, à cause de la poche extérieure que la femelle porte autour de ses mamelles.

Pourquoi il existe de tels animaux, je n'en sais rien ; et d'ailleurs peu importe. Ce qui est important c'est que par exemple, entre la sarigue et son petit, il y a une merveilleuse concordance. Chez elle, comme chez tous les marsupiaux, le petit qui vient de naître n'est guère plus gros qu'un grain de café, la mère étant de la grandeur du chat. On dirait un être inachevé, né trop tôt. Son corps est nu, sans aucune force. Eh bien, il aura un second giron où se complétera sa première croissance. La mère l'attache à ses mamelles; il y demeure fixé jusqu'à ce qu'il ait atteint le développement que les petits des autres mammifères ont à leur naissance. Dès ce moment il peut quitter le mamelon et le reprendre à volonté. Bientôt il se hasarde à montrer sa tête en dehors de la poche; un peu plus tard, il en sort quelques instants et y rentre promptement, comme le jeune oiseau quitte son nid et y revient. C'est qu'en effet, la poche de la sarigue est un nid vivant. — D'autres sarigues n'ont pas de poche, mais seulement un repli de la peau, autour des mamelles qui sont à nu. Leur petit se développe plus vite. Quand il est assez fort pour quitter la mamelle, la mère le porte sur le dos avec sa queue enroulée autour de la queue du petit. Il y a ainsi variation dans le même type; mais un trait reste constant, l'appropriation du corps de la mère aux besoins de sa progéniture.

On le voit : l'animal est conformé en vue de ses mouvements, de son milieu, de sa nourriture, de sa famille. Puisque d'avance ses organes sont en harmonie avec toutes ces choses, sa destinée est écrite dans ses organes.

Mais un principe intérieur meut ces organes et s'en sert. Nous avons appelé ce principe instinct. Qu'est-ce donc que l'instinct?

L'animal souffre de la faim. Cet aiguillon le pousse à

chercher sa nourriture. Il la reconnaît à l'aide de sa vue, de son odorat, de tous ses sens. Il se sert de ses pattes, de sa bouche, de son bec, pour la saisir et s'en repaître. Dans ce cas, l'instinct est une force d'agir avec ses membres, force stimulée par la souffrance et guidée par une certaine faculté de connaître au moyen des sens, et plus tard de se souvenir. Cette force d'agir se met naturellement en harmonie avec les facultés qui l'excitent d'une part et celles qui, d'une autre part, l'éclairent et la dirigent.

A l'approche de la ponte, l'oiseau prépare un nid. Il est difficile de savoir quelle sensation, quel sentiment l'incline à construire une couchette moelleuse au lieu de laisser tomber ses œufs sur la terre où ils se briseraient. Ce qui est évident, c'est que cet animal est constitué de manière à bâtir un nid, non pas un nid quelconque, mais tel nid, d'une forme particulière. Entre ce nid, la grosseur de l'oiseau, le nombre de ses petits, les membres de l'architecte, il y a harmonie. Toutes ses facultés y travaillent. Ces facultés, on les appelle l'instinct. Or l'instinct est infaillible, et on l'oppose à l'intelligence de l'homme qui se trompe très-souvent. L'animal est trop faible pour produire cette infaillibilité. Qu'elle vienne de ses organes et de sa petite âme, et de l'accord entre son âme et ses organes, soit. Mais de qui tient-il tout cela ?

Les petits sont nés. La mère s'y attache, les couve, les protége. Le père, chez certains oiseaux, leur donne la becquée. Il la donne à la mère. Ces petits parents s'aiment et ils aiment leur progéniture. Ils ont donc une faculté de s'entr'aimer et d'aimer leur nichée. Cette faculté qu'il faut bien rapporter à une âme quelque peu semblable à la nôtre, c'est encore l'instinct. Mais quelqu'un la leur a donnée, car ils l'exercent d'emblée, sans éducation, sans instruction.

La sociabilité des animaux provoque des réflexions semblables. Certaines espèces se réunissent et vivent en troupes. L'observation constate qu'ils y trouvent du plaisir et de l'avantage. Ils s'entr'aident, ils se défendent mutuellement. Ils reconnaissent un chef et lui obéissent ; ils se laissent guider par lui. On commence à mieux expliquer qu'autrefois l'existence de ces sociétés animales. Ce sont bien là des harmonies. La cause en est, dit-on, dans la constitution même de ces animaux, dans leur instinct. Oui, certes ; mais cette organisation et ces instincts ne sont pas leur ouvrage.

D'autres animaux, surtout carnassiers, vivent seuls, du moins en général. Au lieu de s'entendre, quand ils se rencontrent, ils se fuient ou se battent à qui aura la proie. Voilà qui n'est plus une harmonie, sans doute. Cependant ce goût de la solitude s'explique par la rareté du gibier qu'il leur faut et par la difficulté de le conquérir. Une nécessité impérieuse les force à pratiquer le chacun pour soi. C'est pour le moins une harmonie entre le carnassier et son régime.

Enfin la sociabilité des animaux paisibles, — et ce sont principalement les herbivores, — les prédispose à s'associer avec l'homme. Celui-ci ne fait que tourner à son profit et de son côté le penchant qui les porte à vivre avec leurs semblables et à accepter un chef. Voyez les herbivores que l'homme s'est adjoints: ils étaient sociables entre eux à l'état sauvage. Une harmonie, en se développant, a engendré une autre harmonie. Mais l'homme, qui tire parti de l'instinct de sociabilité des animaux, n'a pas créé cet instinct. Il l'a trouvé tout fait.

La preuve qu'il est impuissant à le créer, c'est que les animaux qui ne le possèdent pas de naissance, ne l'acquièrent pas malgré tous nos soins. Le loup, le renard, le chat, ont pu être apprivoisés ; jamais ils n'ont lié société avec l'homme. Le chien, qui est carnivore, est cependant devenu notre compagnon. C'est une exception, due en grande partie à ce qu'il est chasseur, et à ce que l'homme satisfait, en l'exerçant, ce penchant pour la chasse. Une harmonie s'est ainsi formée. Et cette fois encore, l'homme s'est servi de l'instinct qu'il ne pourrait produire. C'est l'œuvre d'une autre cause.

§ 5.

Harmonies de l'animal avec le milieu accidentel ou secondaire.
Modifications des types. Limites de ces modifications.

On l'a vu : tous les animaux ont reçu une organisation qui est en harmonie avec un milieu déterminé. On nomme milieu absolu celui en dehors duquel l'animal ne peut absolument pas vivre. Un aigle ne vivrait pas sous l'eau ni sur l'eau. L'air où il vole et le rocher où il fait son aire composent son milieu : c'est son milieu absolu. Le cheval ne vole pas : la terre est son milieu absolu. La truite est née pour l'eau : l'eau est son milieu absolu. Le phoque est amphibie : il se tient dans l'eau et sur la terre ; il ne vivrait pas en l'air. L'harmonie de l'animal avec son milieu absolu est une loi invincible. Dès que cette loi est violée, l'animal meurt.

Mais prenez bien garde. Dans le milieu absolu, il y a des stations, des zones différentes, des climats différents.

On nomme ces zones, ces stations, ces climats, des milieux secondaires.

L'animal ne peut changer de milieu absolu ; il peut changer de milieu secondaire. Transporté d'un milieu secondaire dans un autre milieu secondaire, c'est-à-dire de la plaine dans la montagne sous la même latitude, ou d'une latitude sous une autre, mais toujours en plaine, ou toujours sur la montagne, certains traits de son organisation se mettent en harmonie avec ce nouveau milieu.

On dit alors que l'animal s'acclimate. Les savants disent qu'alors son organisation s'adapte à cet autre milieu.

Voici quelques exemples frappants de ces harmonies, cités par M. Ernest Faivre.

Considérez d'abord le vêtement de l'animal, son poil, sa laine, sa plume. Sous un climat chaud, l'animal a moins besoin d'être vêtu. Qu'arrive-t-il? Son vêtement s'allége ; sa laine épaisse et touffue se change en poil fin et plus ou moins rare. En Guinée, les moutons et les chiens sont couverts d'un poil clair et noir. De même aux environs d'Angora. Il est des pays où l'on a transporté des moutons pour en avoir de la laine sans la demander à d'autres pays. Déception : ces moutons n'ayant plus froid, ont perdu leur laine qui a été remplacée par du poil. L'harmonie s'est faite entre le climat nouveau et le vêtement de l'animal.

En Colombie, selon M. Roulin, le poulet, qui n'a pas froid là comme chez nous, naît avec un duvet noir et fin. En grandissant, il devient même et demeure presque complétement nu.

Voulez-vous constater l'harmonie inverse? Allez en Angleterre ; sous ce climat brumeux, le mouton a besoin d'une chaude enveloppe : sa toison est âpre et rugueuse. Mieux encore : à Paris, au jardin d'acclimatation, deux moutons du Sénégal étaient à poil ras en arrivant ; deux ans après, leur poil était long et frisé. Les oiseaux ont présenté dans leur plumage des modifications analogues.

Il en est de la taille comme du pelage. Les bêtes à cornes de l'Europe deviennent plus petites aux Indes orientales. C'est dans la plaine que le porc grossit et grandit le plus. Ses dimensions se réduisent à mesure que son habitat est plus élevé.

Les bœufs que les Hollandais introduisirent au Cap de Bonne-Espérance étaient pesants, paresseux. Dans cette région nouvelle, on les a vus devenir d'excellentes bêtes de course et de trait. La plaine grasse et humide les alourdissait, un climat différent les rend nerveux, alertes, et les anime davantage.

Il serait facile de multiplier les exemples de ce genre. Arrêtons-nous là. Mais examinons tout de suite en quelques mots une difficulté.

La constitution de l'animal se plie aux exigences du milieu secondaire. Faut-il en conclure que l'harmonie entre ses organes et son milieu absolu n'a rien de stable ? S'ensuit-il de là que la nature des espèces est le jouet des forces physiques et chimiques, et que celles-ci sont les maîtresses souveraines des formes animales ?

Ce qui est incontestable, c'est que les agents physiques ont une influence assez grande sur les caractères secondaires des espèces. Ainsi, au sein des mêmes espèces se produisent des variétés, des races. Mais ce qui est non moins incontestable, c'est que jusqu'ici pas un seul fait n'est venu prouver qu'une espèce se soit transformée en une autre espèce par l'effet, — même très-prolongé, — du milieu. Pas un seul fait ne démontre qu'un poisson soit jamais devenu un oiseau, ni qu'un oiseau soit jamais devenu un quadrupède, ni qu'un mammifère des plus semblables à nous soit jamais devenu un homme. Toutes les hypothèses les plus ingénieuses à ce sujet ne sont que des suppositions, des fictions de l'imagination scientifique. Il faudrait des faits pour les justifier. Or, de ces faits, il n'y en a pas.

Donc l'harmonie générale est plus souple, les cadres de la nature sont plus élastiques qu'on ne le croyait jadis. Ce résultat est très-précieux ; mais c'est le seul qu'ait établi sérieusement la science récente. La conclusion qui sort de là, c'est que la puissance suprême qui a créé les genres et les espèces a formé des types variables sans doute, mais variables au sein d'une unité permanente qui résiste à toutes les influences de la nature, aussi longtemps du moins que l'espèce ne périt pas. Quelqu'un a permis à la nature une magnifique diversification des formes principales ; mais ce même quelqu'un a marqué une limite et a dit aux forces physiques : Vous n'irez pas plus loin.

Eh quoi ! ajoute-t-on, oubliez-vous ce que l'homme fait des animaux par son admirable industrie ? Ne savez-vous pas que la zootechnie, ou l'art de varier les formes animales, brise à son gré les harmonies de l'organisation !

Je le sais, oui, les éleveurs ont étonné notre siècle. Par des procédés habiles, ils ont produit le cheval de course chez lequel la locomotion l'emporte sur toutes les autres fonctions. Ils ont produit des bœufs qui sont tout muscles, des porcs qui sont tout graisse, des vaches qui donnent d'énormes quantités de lait. Ils ont rompu au profit de l'agriculture et du commerce, l'équilibre de l'organisation animale. Bien plus, ils ont rendu héréditaires les facultés et les aptitudes qu'ils avaient développées, par des alliances savantes, par ce choix de producteurs qu'on nomme la sélection.

Rien de plus vrai. Convenons de ce qui est évident, sans nous laisser ni éblouir ni abuser quant au reste. A ceux qui sont comme enivrés par ces faits, sachons dire deux choses.

Premièrement : les éleveurs ont produit des races nouvelles ; jamais une espèce nouvelle. Les chevaux de course sont toujours des chevaux ; les bœufs Durham sont toujours des bœufs ; les moutons Mauchamp sont toujours des moutons. On n'a fait ni d'un bœuf un cheval, ni d'un cheval un bœuf. L'harmonie fondamentale est inébranlable ; on n'a fait varier que les motifs secondaires ; ou, si l'on modifie tel caractère essentiel, ce n'est jamais jusqu'à changer la nature spécifique de l'animal.

Secondement : quoique les hommes soient allés très-loin dans cette voie, plus loin même que la nature livrée à elle-même, voici ce que l'expérience a établi. Pour maintenir une race artificielle, il est indispensable que l'action de l'homme se continue avec opiniâtreté. Oui, il peut développer les muscles aux dépens de la graisse, la graisse aux dépens des muscles et des os ; mais s'il néglige les précautions, si sa surveillance se relâche, tout aussitôt l'équilibre normal se rétablit, le type ancien revient avec ses traits caractéristiques. Une force secrète veillait ; gênée, contrainte, elle a consenti à modifier son action. Libre, elle reprend ses droits. Qui a établi cette force ?

Enfin, quand l'homme tourne à son profit telle fonction animale, il ne la crée pas : il la trouve préexistante. Il ne fait que la diriger. Cette fonction n'est donc pas son ouvrage. Il tire parti des harmonies qu'il rencontre : c'est son habileté, son avantage et sa gloire ; il n'en produit pas une seule ; c'est sa faiblesse, c'est la borne de son pouvoir. C'est la preuve qu'il existe au-dessus de nous un ouvrier d'harmonies, dont la science prévoyante dépasse infiniment la nôtre, contient nos calculs indiscrets et corrige sans cesse nos erreurs et nos excès dans le gouvernement de la nature.

CHAPITRE V

HARMONIES HUMAINES

Ce qui a été exposé jusqu'ici démontre que les êtres de chacun des règnes de la nature sont en harmonie et avec eux-mêmes et avec les êtres des autres règnes.

Dès à présent on peut tirer de là une très-importante conséquence. C'est que, pour mettre en harmonie les pièces innombrables de l'immense machine du monde, il faut une intelligence. Sans intelligence, un horloger ne saurait ni concevoir, ni fabriquer, ni agencer les rouages d'une montre. Vous en convenez. Ce n'est ni à une pierre, ni à un arbre, ni à un bœuf, ni à un idiot que vous demandez de faire une montre. Soyez donc conséquent, et n'allez pas dire que le magnifique univers est l'œuvre des gaz, des métaux, des choses enfin chez lesquelles vous ne découvrez pas l'intelligence de l'horloger même le moins habile.

De plus, vous reconnaissez que l'horloger est supérieur à la montre qu'il fabrique. Reconnaissez de même que l'ouvrier de l'univers est nécesssairement supérieur à son œuvre. Il s'ensuit de là qu'il a un pouvoir de concevoir, de connaître, de créer, d'organiser qui est immense, plus immense, si l'on peut ainsi parler, que toutes les puissances de l'univers réunies ensemble.

C'est ce que l'étude de l'homme va prouver encore mieux. L'homme est, lui aussi, en harmonie avec lui-même et avec l'univers. Et s'il dépend de lui de développer, d'accroître, de multiplier certaines harmonies, on s'assurera qu'il n'en crée véritablement aucune. Son existence, ses facultés, son organisation, les rapports qui relient entre elles cette organisation et ces facultés et qui les rattachent aux autres êtres, exigent donc l'action d'une intelligence capable d'embrasser à la fois et l'homme et l'univers.

Mais l'étude de l'homme réclamerait des volumes. Les progrès de la science rendent plus vaste chaque jour la connaissance qu'on doit acquérir pour avoir une idée suffisamment exacte de ce que nous sommes. L'objet de ce travail ne nous impose nullement l'obligation de reproduire tout ce qui est désormais acquis à l'égard de l'homme physique et moral. Ce sera assez de présenter, dans ce chapitre comme dans les précédents, les faits où éclatent les plus belles et les plus saisissantes harmonies. L'essentiel est d'apprendre au lecteur à lire et à comprendre les caractères inscrits en quelque sorte sur notre organisation et qui signifient, pour quiconque est attentif : intelligence sans bornes, puissance excellente, prévoyante sagesse, bonté paternelle. Quand on saura épeler quelques-unes des plus belles pages de ce livre, non-seulement on pourra, mais on voudra continuer soi-même cette bienfaisante lecture soit en interrogeant directement la nature, soit en méditant les ouvrages des savants.

L'âme est radicalement distincte du corps. Cependant je ne diviserai pas rigoureusement l'homme en matière et en esprit, en âme et en corps. Tout en considérant d'abord certaines fonctions purement physiologiques, chaque fois que je rencontrerai l'âme, je constaterai sa présence et son action, et les rapports harmonieux qui la rattachent à l'homme physique.

Pour que l'homme vive, il est nécessaire qu'il se nourrisse et respire. Étudions, en premier lieu, les organes principaux, le mécanisme et les harmonies de ces deux fonctions.

§ 1ᵉʳ.

La nutrition et la respiration chez l'homme.

Manger est un acte essentiellement animal. C'est une propriété commune à tous les animaux de se conserver au moyen de substances prises au dehors et assimilées aux tissus vivants par un mécanisme spécial. On rencontre cette propriété à tous les degrés de l'échelle zoologique, depuis ces êtres qui n'ont qu'un sac pour estomac avec une ouverture unique par où ils avalent leur substance et en expulsent le résidu, jusqu'aux mammifères les plus semblables à nous et à l'homme lui-même.

Voilà qui est triste, pensera-t-on, et quelque peu humiliant. Oui et non. Oui, si vous vous réduisez exclusivement, quand vous mangez, aux opérations animales; non, si vous accomplissez ces fonctions en essayant d'en comprendre la merveille.

Ainsi, je suis à table : j'ai devant moi un potage fumant, de savoureux légumes, des viandes succulentes. J'engloutis ces aliments sans penser à rien. Je ressemble alors à la bête. Mais je suis capable de réfléchir, et voici ce que je puis me dire : Ces substances bien diverses vont être élaborées par une série d'organes tous en relation les uns avec les autres. Elles deviendront chyme, chyle, sang, puis muscles, nerfs, os, membres, œil, oreilles, ongles, cheveux. Chaque parcelle de cette matière ira où il faut renouveler, fortifier chacun des éléments de mon corps. Le travail concerté de l'estomac, du cœur, du poumon produira ce prodige de transformation et de construction plastique. Je réfléchis à cette élaboration, et j'admire. Puis je m'assure que le corps humain est un mécanisme qu'aucun homme ne saurait fabriquer, quelle que fût l'adresse de ses mains, quelque parfaits que fussent ses outils. Il me paraît évident que ce mécanisme dénote un art supérieur, une intelligence prévoyante et toute bonne. Alors je ne suis plus un simple animal. Je suis moi-même, quoique lié à ce corps, une intelligence qui connaît l'œuvre divine et qui en comprend un peu la beauté.

Ainsi il y a non-seulement harmonie entre les différents organes de mon corps, mais aussi entre mon corps qui est connu et mon intelligence qui le connaît. Et enfin il y a harmonie entre mon intelligence et l'artiste invisible qui a sculpté mon corps, puisqu'il m'est donné de comprendre un peu l'un des chefs-d'œuvre de cet artiste. L'animal ne va pas jusque-là.

Je suis donc très-supérieur à la bête, mais à une condition, c'est que je me servirai du surplus d'intelligence que la bête n'a pas et que je l'appliquerai à me connaître moi-même et à comprendre, selon mes forces, l'auteur de tous les êtres.

Mais notons-le soigneusement, cette harmonie qui existe entre mon esprit et mon corps, et cette autre harmonie plus belle qui existe entre ma raison et l'auteur des êtres, ce n'est pas moi qui les ai créées. Elles sont et je m'en sers. Ainsi déjà, rien qu'en partant du spectacle bien vulgaire de mon dîner tout servi, me voilà arrivé à affirmer et d'admirables harmonies et une cause souveraine qui les a fondées.

Vous êtes trop fier, diront certaines gens dont les regards n'aperçoivent que nos misères. L'acte de manger dévoile notre infirmité native et rien de plus. L'aigle a un bec pour déchirer sa proie, des serres pour l'enlever et pour la contenir. Le lion a dans la tête et dans le cou une force extraordinaire et des dents en rapport avec cette force. Le cheval, le bœuf, avec leurs tranchantes incisives, broutent directement l'herbe des prés. L'homme n'a pas ces instruments si nécessaires ou ne les a que beaucoup moins puissants. Il est de tous les animaux le plus désarmé et le plus faible.

Il est vrai : le bec et la serre du condor, la mâchoire du lion, la griffe terrible du tigre, les dents du taureau, les pattes et les ongles du singe manquent à l'homme. Pourtant il dompte ou détruit ces animaux. Quand leur naturel le permet, il les apprivoise; bien plus, il en fait des instruments dociles et des serviteurs obéissants. Il exécute des travaux sans nombre absolument interdits à l'animal. Lui seul, il forge l'outil et l'emploie. Aucun animal n'a l'outil : l'homme l'a parce qu'il a la main. Mais la main, quelque flexible qu'elle soit, n'est elle-même qu'un instrument qui serait sans habileté si elle n'était conduite par l'intelligence de l'homme. Cet instrument acquiert une adresse et une puissance surprenantes, parce que l'intelligence le gouverne et parce qu'il y a entre cet instrument et le génie de l'homme une merveilleuse harmonie préétablie. La main, l'intelligence et l'harmonie qui les unit sont un immense bienfait. Ce bienfait, l'homme en jouit; il en profite; il le féconde; mais il n'en est pas la source; il ne l'a que reçu.

Avec la main l'homme recueille ses aliments et les prépare. Puis il les porte à la bouche. C'est là le premier acte de la nutrition.

Dans la bouche, les aliments sont coupés, mâchés, broyés, divisés par les dents. Une harmonie remarquable existe entre la mâchoire de l'animal et son genre d'alimentation. Rien qu'à voir les dents, on sait si l'animal est carnivore, insectivore, herbivore ou omnivore. L'homme est omnivore : il a des dents incisives pour couper, des canines pour déchirer, des molaires grandes et petites pour broyer les aliments.

Mais voyez quelle attentive sagesse a pourvu à la solidité particulière de chaque espèce de dents! Les incisives qui appuient sur la nourriture afin de la couper, tendent à s'enfoncer dans leur alvéole : aussi n'ont-elles qu'une racine courte et peu pénétrante. Les canines, destinées à tirer fortement, ont besoin de bien résister, elles se prolongent donc plus profondément dans la mâchoire que les incisives. Les molaires, dont la fonction est de serrer et de presser, ont trois racines écartées qui les consolident et aussi les empêchent de s'enfoncer trop avant dans leur alvéole sous l'effort de la pression. Tout est minutieusement prévu et mesuré.

La mastication serait trop longue et trop difficile si

elle se faisait à sec. Voyez le scieur de long : afin que son outil entame aisément la pierre dure, il verse de temps en temps de l'eau dans la fente que le fer a ouverte. De même, à mesure que je mâche, les glandes salivaires sécrètent un liquide particulier qui mouille la nourriture. Ce liquide, différent dans les glandes qui sont de trois espèces, humecte, dissout et même transforme la substance de l'aliment.

La petite masse pétrie de la sorte par les dents, par la salive et par la langue qui l'a tournée et retournée, cette petite masse se nomme le bol alimentaire.

Dès qu'il est prêt et rendu glissant par l'humidité du suc salivaire, on avale, ordinairement sans y penser. On peut, cependant, quand on le veut, retarder la déglutition et même l'empêcher. Mais dès qu'elle a lieu, c'est par un mécanisme qui n'est pas notre œuvre et qui révèle un mécanicien tout autrement habile que nous.

En effet, la bouche aboutit à deux tuyaux : l'un, le pharynx, est pour l'aliment, l'autre, le larynx, est pour le passage de l'air aspiré et expiré. Le bol alimentaire doit suivre sa route, et non celle de l'air. C'est prévu. Dès que j'ai fait l'effort d'avaler, le voile du palais s'élève et ferme les fosses nasales d'un côté ; d'un autre côté, la porte du larynx nommée la glotte se resserre ; enfin une petite soupape nommée épiglotte achève de clore la glotte en s'y appliquant. Un seul passage reste donc libre, celui de l'estomac. Le bol alimentaire y glisse et les mouvements des muscles du pharynx le poussent dans un tube nommé œsophage. Celui-ci exerce à son tour des poussées, au moyen de certaines contractions, et la pâte nutritive arrive jusque dans l'estomac par l'ouverture cardiaque.

Dents, langue, glandes salivaires, pharynx, larynx, œsophage, tout travaille d'accord, quoique successivement. Cette harmonie par voie d'enchaînement se continue, revient sur elle-même, et forme un cercle sans interruption d'une richesse et d'une complexité où l'unité est toujours visible. Marchons avec elle quelque temps encore, afin d'en saisir le magique développement.

L'estomac est une poche en forme de cornemuse, large à gauche, étroite à droite. On s'étonne de ce que les gourmands y peuvent engloutir ; c'est que ce sac est très-élastique. Vide, il s'aplatit ; plein, il se distend. Cette élasticité n'est pas la seule propriété dont il soit pourvu. La bouche a son liquide dissolvant ; l'estomac a aussi le sien. Sa peau, ou membrane intérieure, est creusée d'une multitude de petites cavités ; ce sont les follicules qui sécrètent les sucs gastriques. Ce liquide important n'abonde qu'au moment voulu, à l'arrivée de l'aliment qui stimule les follicules gastriques, et les excite à la sécrétion. En se répandant sur la pâte nutritive, le suc gastrique en augmente la liquéfaction déjà commencée dans la bouche ; il la soumet à des actions plus énergiques, et en forme une sorte de bouillie appelée chyme. En même temps, des précautions ont été prises pour que la nourriture ne remonte pas vers la bouche et ne descende pas trop tôt dans l'intestin. En haut, l'ouverture de l'estomac se contracte ; en bas, la porte de l'intestin, le pylore, reste fermée.

Pendant le séjour de l'aliment dans l'estomac, il n'y a pas de temps perdu. L'eau, l'alcool faible, d'autres liquides, sont immédiatement absorbés par les parois spongieuses de l'organe et pénètrent dans le sang ; mais il est des substances qui restent pour subir plus longuement l'action du suc gastrique, cause principale de la chymification.

Or remarquez bien ceci : à mesure que ce travail s'accomplit, les parois de l'estomac se contractent circulairement, d'abord de droite à gauche. Après quelque temps, les contractions répétées se font de gauche à droite, poussant peu à peu le chyme vers le pylore. Celui-ci s'ouvre enfin, mais seulement à bonnes enseignes, et quand la pâte qui se présente à la porte est jugée en état de franchir le pas.

L'une des merveilles de notre organisation, ou plutôt de toutes les organisations naturelles non troublées, c'est l'à-propos : ni trop tôt, ni trop tard. Les moments sont marqués, les étapes mesurées d'avance. Or, agir à propos, n'est-ce pas aux yeux de tous l'un des caractères essentiels d'une intelligence parfaite?

Cette intelligence va se manifester encore dans le phénomène suivant, celui de la digestion intestinale.

C'est dans l'intestin que la digestion s'achève. Il est impossible d'étudier la structure et le jeu de cet organe sans être émerveillé. Considéré en gros, ce n'est qu'un tube long et étroit. Analysé de près au microscope, il présente un ensemble admirable d'organes divers, qui agissent de concert, à l'aide d'autres organes qui l'avoisinent et qui combinent leur action avec la sienne.

La partie supérieure de l'intestin, ou intestin grêle, ou duodénum, est celle qui achève le travail de liquéfaction et d'absorption commencé par l'estomac; c'est aussi la plus curieuse. Son enveloppe extérieure est lisse; sa membrane intérieure offre trois sortes de petits organes : ce sont de petites glandes tubulaires, des follicules et des villosités. Il est garni de plis transversaux, susceptibles de se contracter, et nommés valvules conniventes, c'est-à-dire petites portes qui peuvent se joindre et se fermer. Les follicules produisent sans cesse une humeur visqueuse très-abondante. Les villosités sont de petites pompes aspirantes dont je reparlerai. Les valvules exécutent des mouvements pareils à ceux d'un ver de terre, et poussent en avant ce qui descend du pylore ; celui-ci, en se contractant, empêche le retour de la pâte vers l'estomac.

Les organes auxiliaires de l'intestin sont le foie, qui sécrète la bile et en emplit la vésicule biliaire, d'où elle se déverse, au moment voulu, dans le duodénum, et la glande pancréas, qui produit le suc pancréatique et le fait affluer dans le même organe.

Toute la partie du chyme que l'estomac n'a pas absorbée et que le suc gastrique n'a pas assez dissoute, entre par le pylore dans le duodénum, et y avance pas à pas. Chemin faisant, elle est inondée de bile et de suc pancréatique. Or la bile est un dissolvant qui a certaines propriétés du savon. Le suc pancréatique est plus actif encore ; il a la vertu essentielle de diviser, ou, comme on dit, d'émulsionner les graisses avec rapidité. Lorsque, dans l'industrie, on veut promptement émulsionner les graisses, on est obligé de recourir à des agents et à des températures qui désorganiseraient l'appareil digestif, si celui-ci en subissait la violence. Fallait-il donc ou condamner l'intestin à une digestion infiniment trop lente, ou employer des moyens destructeurs de l'organisme ? L'ouvrier du corps humain a trouvé un troisième procédé : il a créé le suc pancréatique. Celui-ci émulsionne rapidement les graisses ; il opère vite et ne détruit rien.

Quel plus touchant témoignage d'intelligente et prévoyante bonté ?

Maintenant, que deviennent les substances grasses, divisées et liquéfiées par la bile et surtout par le suc pancréatique? Ce ne sont pas des veines qui les absorbent; elles prennent un autre chemin : elles sont pompées par les surfaces des villosités, dont nous avons déjà parlé, et dont l'intérieur de l'intestin grêle est tout hérissé. De là, elles passent dans les vaisseaux chylifères ou lactés ; elles constituent ce qu'on appelle le chyle. Ce liquide est transporté par les vaisseaux chylifères dans le canal thoracique, et de là dans la veine sous-clavière gauche, où il se confond avec le sang.

Ainsi, toutes les substances digérées aboutissent à ce grand ruisseau, qui est le sang, et coulent avec lui ; les unes, après avoir pénétré dans les petites veines de l'estomac : les autres, après être venues se jeter dans la veine sous-clavière gauche, à travers les vaisseaux lactés et le canal thoracique.

La fonction de l'appareil digestif a été principalement de liquéfier la nourriture afin d'en rendre l'absorption possible. Une fois porté dans le sang, il faut que ce liquide marche, coure, se divise, se distribue en mille endroits divers. C'est le sang lui-même qui sera le véhicule chargé d'opérer cette translation. C'est le sang qui apportera à chaque organe, à chaque tissu, la matière qui le fortifie et qui le répare, à mesure qu'il s'use. Le sang doit donc être doué d'un mouvement rapide, puissant, ininterrompu. Quelle en sera la force motrice? Le cœur, assurément, qui l'attire et le refoule comme une pompe; mais ce sera aussi, avec le cœur, la chaleur vitale. D'où viendra cette chaleur? De la respiration. Et vous allez trouver la respiration en parfaite harmonie avec la circulation du sang et avec la nutrition.

Il y a une loi de la physique qu'il n'est plus permis

à personne d'ignorer. Cette loi, c'est que la chaleur se transforme en mouvement, et réciproquement le mouvement en chaleur. Vous avez froid, vous battez la semelle, ce mouvement vous réchauffe. Une fois réchauffé, si vous vous arrêtez, la chaleur que vous avez acquise se transforme en mouvement du sang. Vous avez chaud aux pieds et à tout le corps pour un certain temps.

De même dans une machine à vapeur. La chaleur de la vapeur d'eau se transforme en mouvement du piston et de la machine tout entière. Les rouages en se mouvant s'échauffent, et si les roues de la locomotive étaient de bois, elles prendraient feu.

La marche du sang est, elle aussi, en grande partie, de la chaleur transformée en mouvement. Ni les mouvements du cœur, ni ceux de notre corps ne suffisent à donner au sang toute son activité ; une certaine température lui est nécessaire. Par conséquent un foyer lui est indispensable. Dans ce foyer, il doit y avoir du combustible et quelque chose qui brûle ce combustible. Ce combustible, ce sont les aliments, ou du moins certains aliments ; l'agent comburant ou brûleur, c'est l'oxygène introduit dans le corps par la respiration.

Vous voyez déjà comment la respiration se lie à la nutrition et quelle intelligence a dû posséder celui qui a fait concorder des opérations si diverses. Mais insistons davantage.

Il y a deux sortes d'aliments : les aliments azotés ou plastiques, et les aliments respiratoires. Les premiers sont indispensables à la nutrition, mais ils peuvent aussi, en partie, servir à la combustion. Ce sont l'albumine, la fibrine, la caséine végétale, le sang et la chair des animaux. Ces substances sont les vrais matériaux de nos tissus ; car nos chairs ne sont en quelque sorte que de l'albumine et de la fibrine solidifiées. Le sang, qui les contient à l'état liquide, les porte partout. Mais tandis qu'une partie de ces substances forme les tissus, une autre est brûlée pour produire la chaleur, laquelle à son tour accroît le mouvement du sang. Quant aux aliments respiratoires, savoir : les alcools, les matières amylacées et surtout les graisses, ils sont impropres à former de la chair : ce n'est que du combustible.

Absorbées par les veines, toutes ces matières combustibles, qu'elles viennent de l'élément plastique ou de l'aliment respiratoire, sont portées à travers le poumon. Là elles se trouvent presque en contact avec l'oxygène de l'air respiré. Elles absorbent de cet oxygène une quantité considérable, en se combinant avec lui. Le sang chargé d'oxygène continue sa course. Ce sont surtout les globules rouges qui s'approprient le grand agent brûleur. Pendant que le sang va des veines au cœur, et du cœur, qui le refoule puissamment, dans les artères qui le portent à toutes les extrémités, la combustion se fait. L'oxygène dont le sang est chargé se combine avec les substances absorbées, et en se combinant avec elles, il les brûle. Il brûle les graisses, il brûle le sucre, il brûle tous les éléments avec lesquels il peut se combiner. A chaque réaction, de la chaleur se dégage. Et cette chaleur, non-seulement active la course du sang, mais elle est encore un auxiliaire indispensable des mouvements des nerfs et des muscles. La calorification semble être la première des nécessités vitales. Or la respiration a la plus grande part dans la calorification animale et en est le principe régulateur. Tel est le langage de la science la plus récente.

Comme cette nécessité de la chaleur était capitale, une prévoyance, qui mesure infailliblement les moyens à la fin, a pourvu à l'entretien de la température animale.

En effet, le sucre et la graisse sont absolument inutiles pour la formation des tissus; mais ce sont par excellence des combustibles, du charbon à chauffer la cheminée où se fait notre chaleur. Aussi, — M. Claude Bernard l'a découvert et démontré, — notre foie fabrique du sucre par lui-même, que nous mangions ou non des matières sucrées. C'est une mine à charbon, en quelque sorte. De même pour la graisse : M. Boussingault a reconnu que nos organes ont la propriété d'en produire en dehors de l'alimentation. Autre mine à combustible. — Si quelqu'un vient nous dire que ces admirables prévoyances sont l'effet du hasard et que ce qui est le comble de l'intelligence s'accomplit sans intelligence, que faire? Rire ou s'indigner? Non, instruire et encore instruire. La lumière de la science est irrésistible. Les aveugles eux-mêmes finissent par la voir.

Sur ce merveilleux sujet de la nutrition, il est impossible de tout dire. Cependant voici un point qu'il est difficile d'omettre.

La nutrition et la respiration, — avec la circulation, leur agent intermédiaire, — forment ensemble une triple puissance d'absorption. Mais le corps n'absorbe pas tout.

La nutrition a ses résidus; la combustion et la circulation ont les leurs. Il y a des parties de nos organes qui s'usent, qui vieillissent. Elles sont remplacées par du neuf; mais le vieux ne peut rester là. Plusieurs fonctions en débarrassent l'organisme. L'excrétion est la plus connue. L'exhalation est encore plus puissante. Ce qu'on nomme la transpiration insensible décharge le corps d'une énorme quantité d'éléments inutiles. L'exhalation intérieure des surfaces respiratoires est aussi active que l'absorption est rapide. C'est par là que s'en va surtout l'acide carbonique, résidu de la respiration, dont notre corps n'a que faire et dont les plantes s'emparent avidement. Mais où se rendent les vieilleries? Le sang qui apporte les éléments neufs, charrie et remporte les matériaux hors de service. Il nous en débarrasse principalement par les urines. Ces résidus des tissus usés sont chose pernicieuse : c'est du poison. M. Dumas l'a prouvé : coupez le rein à un animal ; l'urine se formera tout de même, mais elle restera dans le sang et empoisonnera l'animal. Le rein ne forme donc pas l'urine ; non, mais il la sépare du sang et, par d'autres organes, la jette au dehors. Voilà donc un organe purificateur par excellence. Il prend le mauvais et ne prend que cela. Notez enfin ce détail : le rein est un réservoir. Pourquoi? Parce que l'expulsion continue de l'urine serait insupportablement gênante. Grâce à cet organe, elle n'a lieu que de temps en temps. La prévision serait-elle jamais plus manifeste et pourrait-elle aller plus loin?

Le corps de l'homme est donc un laboratoire dans lequel nos organes, ouvriers infatigables et harmonieusement unis, préparent, épurent, distribuent et emploient la matière plastique dont est pétrie notre organisation physique. Mais ce laboratoire en suppose d'autres ; ces harmonies sont précédées, elles sont rendues possibles par d'autres harmonies. Indiquons rapidement celles-ci.

Entre l'atmosphère et notre appareil respiratoire la relation est manifeste. Aspiré par le poumon, l'air entre jusqu'au plus profond de nos organes, mais en se décomposant. Il contient de la vapeur d'eau, puis 21 centièmes d'oxygène, 79 centièmes d'azote ainsi que des traces d'acide carbonique. Nos organes retiennent l'oxygène; ils exhalent l'acide carbonique, non-seulement celui qui provient de l'air, mais encore, mais surtout celui qui résulte de la combustion intérieure des aliments. L'atmosphère qui nous entoure se charge donc incessamment d'acide carbonique. Elle deviendrait par là mortelle à l'homme, si cette accumulation n'était pas contre-balancée. Elle l'est par la respiration des plantes. Celles-ci absorbent l'acide carbonique, fixent le carbone dans leurs tissus et répandent sans cesse de l'oxygène dans l'air. Défaite par l'animal, l'atmosphère dont l'animal a besoin est continuellement refaite, recomposée par la plante. En sorte que l'air d'une part, le règne végétal de l'autre, sont deux laboratoires extérieurs qui fonctionnent en harmonie avec le laboratoire intérieur de la respiration humaine.

Ce n'est pas tout. Le corps de l'homme admet très-peu d'aliments purement minéraux ou inorganiques. Il lui faut surtout des principes déjà organisés. Ces principes lui sont fournis tout préparés par le règne végétal et par le règne animal. Il est des végétaux, des légumes, des fruits que l'estomac de l'homme et son intestin digèrent par eux-mêmes. Mais il en est d'autres dont la digestion serait directement impossible ou nuisible. Par exemple l'herbe des prairies réclame une organisation spéciale pour être digérée. L'homme ne possède pas ce système digestif. Mais il mange la chair du mouton et du bœuf; il boit le lait de la vache. Ces animaux sont de vivants laboratoires où l'aliment est travaillé, élaboré et enrichi à notre profit. Ce sont des officines extérieures qui opèrent d'avance en parfait accord avec l'officine de notre système digestif. Ces estomacs forment avec le nôtre une véritable chaîne. Il faut évidemment qu'une certaine et très-vaste intelligence ait forgé ces chaînons, et les ait façonnés de telle sorte qu'à un moment donné, ils se nouent entre eux.

Mais l'homme a le pouvoir, refusé à l'animal, de multiplier, d'agrandir, de perfectionner même les harmonies naturelles qui existent entre ses organes digestifs et les corps aptes à lui servir de nourriture. L'animal ne fait subir à ses aliments aucune véritable préparation extérieure. Casser une noisette, éplucher un fruit, déchirer une proie, faire du miel, accumuler des provisions de graines ou de foin, rien de tout cela ne ressemble à la plus grossière cuisine. Et cependant qu'est-ce que la cuisson des aliments au moyen du feu, en comparaison des modifications savantes que l'homme impose aux plantes et aux animaux en vue d'enrichir et de varier son régime? Tantôt il rend mangeables des racines sauvages et insipides; tantôt il en accroît singulièrement la richesse sucrée par une habile culture et d'ingénieux semis; tantôt, d'un fruit âpre et sec, il arrive à faire une poire fondante et savoureuse. Il constitue des espèces de bœufs qui sont presque tout viande : il obtient des vaches d'intarissables sources de lait; il force les moutons, les porcs, les oiseaux de basse-cour à décupler leur poids de graisse. La nature est vivante, il la rend féconde; elle est riche, il la rend opulente.

C'est que l'homme a une intelligence que l'animal n'a pas. C'est que cette intelligence soutient avec la nature des rapports harmonieux que l'homme connaît et comprend mieux à mesure qu'il étudie davantage. Ces rapports, il les étend, il les déplace à son profit. Il accomplit par là des progrès dont aucune autre espèce animale n'est capable. Mais il ne crée pas ces harmonies inépuisables ; la nature ne les crée pas non plus : elles sont l'œuvre d'un génie supérieur mille fois et aux puissances de la nature et à l'intelligence de l'homme.

§ 2.

La sensibilité physique et la perception des choses corporelles chez l'homme.

L'homme est un être sensible, il est né capable d'éprouver plaisir et peine, joie et douleur. Il jouit des douceurs de la famille, de l'amitié, de la société ; il goûte le plaisir d'être aimé, estimé, loué, admiré, récompensé quand il a bien fait. Il souffre de la perte de ses parents, de ses amis, du blâme qu'on lui inflige, du mépris dont il est l'objet, des châtiments dont on le frappe. La faculté d'éprouver ces peines et ces plaisirs se nomme sensibilité morale.

Il a une autre sensibilité ; celle-ci consiste à sentir la présence des corps ou leur voisinage plus ou moins prochain. Des corps, l'homme sent la chaleur ou le froid, la mollesse ou la dureté, la forme plate, ronde, pointue. Il en sent l'odeur ou la saveur ; il sent aussi la lumière que les corps envoient directement ou qu'ils réfléchissent, enfin il est sensible à certaines vibrations de l'air, produites par les mouvements des corps sonores. Ce qu'il éprouve dans ces derniers cas, ce sont, non plus des sentiments, mais des sensations. Quelquefois ces sensations lui sont agréables ou désagréables ; d'autres fois il les reçoit, il les connaît seulement sans en jouir ni en souffrir; on dit alors qu'il les perçoit. La faculté qu'il possède, soit de percevoir simplement les sensations, soit de les sentir agréables ou désagréables en les percevant, se nomme sensibilité physique. C'est de celle-ci que nous allons, dans ce paragraphe, étudier les harmonies.

La sensibilité physique a son point de départ dans notre corps. Les extrémités de nos nerfs sont affectées par les propriétés de la matière extérieure : elles subissent l'impression de ces propriétés. Les nerfs portent l'impression au cerveau ; dans le cerveau, l'âme la reçoit, la sent; là elle devient sensation. Assurons-nous qu'il en est bien ainsi. Mais, d'abord, un mot sur les nerfs et sur le cerveau.

Les nerfs sont formés par des faisceaux de petits tuyaux appelés fibres. L'intérieur des fibres nerveuses est une substance molle entourée d'un liquide visqueux. L'extérieur consiste en une gaîne ou membrane fort délicate.

Tous les nerfs aboutissent au cerveau, soit directement, soit après avoir cheminé à travers la colonne vertébrale. Le cerveau comprend deux parties, le cerveau proprement dit et le cervelet. L'un et l'autre se prolongent derrière la tête en un gros cordon nerveux logé dans la colonne vertébrale et appelé moelle épinière.

Les nerfs se ramifient, c'est-à-dire se divisent en petites branches qui se répandent dans les différentes partie du corps : là où ces ramifications sont très-nombreuses, par là nous sommes extrêmement sensibles. Voilà une première preuve que ce sont les extrémités nerveuses qui reçoivent les impressions des corps extérieurs, et que ce sont les nerfs qui nous les apportent jusqu'à l'endroit où elles deviennent des sensations. L'expérience physiologique en fournit une seconde preuve : quand on fait une incision à la patte d'un animal, et que l'on met à nu le nerf qui s'y rend, pour peu que l'on pince ou que l'on pique ce nerf, l'animal donne les signes d'une vive souffrance.

Mais les nerfs sont-ils à eux seuls les organes de la sensibilité, et est-ce par eux seulement que l'âme éprouve des sensations ?

On s'est assuré expérimentalement du contraire : par exemple, on a coupé le nerf qui se termine à la patte postérieure d'une grenouille ; on a ensuite pincé et piqué l'extrémité nerveuse ainsi isolée ; on a vu qu'alors cette extrémité ne provoque aucun signe de sensibilité, tandis que la partie du nerf située au-dessus de la section, soumise aux mêmes épreuves, fait souffrir l'animal. Les parties du membre où se ramifient les branches du nerf coupé sont, elles aussi, paralysées.

Les physiologistes ont constaté que les choses se passent pour l'homme de la même façon. De ces observations on doit conclure que les nerfs servent à transmettre quelque part les impressions qu'ils ont reçues, mais qu'ils ne sont pas l'organe même par lequel, en définitive, l'âme les perçoit sous forme de sensation.

Quel est donc cet organe plus voisin de l'âme ? sera-ce la moelle épinière ? Pas davantage. La moelle épinière, où se rendent beaucoup de nerfs, reçoit très-vivement les impressions et sert, en dernière analyse, à susciter un grand nombre de sensations ; mais quand on y pratique les mêmes expériences que sur les nerfs, on arrive aux mêmes résultats. Les parties de ce gros cordon que l'on sépare du cerveau perdent la propriété de transmettre les impressions, et par conséquent de produire des sensations ; mais celles qu'on laisse en communication avec le centre cérébral font souffrir l'animal dès qu'on les irrite ou qu'on les blesse. Ainsi la moelle épinière n'est un véritable instrument de sensation qu'à la condition expresse de rester en rapport avec le cerveau.

C'est sur ce dernier organe qu'il faut enfin porter l'expérimentation pour compléter notre rapide étude.

Il y a une expérience qui semble, au premier abord, de nature à déconcerter l'observateur. Le cerveau, où se portent toutes les impressions, est, en lui-même, dépourvu de sensibilité propre. On découvre le cerveau d'un pigeon ; on le pique avec une pointe aiguë, on le coupe avec une lame bien affilée, l'animal ne sent rien.

En conclurons-nous que le cerveau n'est nullement l'organe central des sensations ? Nous aurions tort : tout impuissant qu'il est à faire éprouver par lui seul une sensation quelconque, le cerveau est indispensable à la production de ce phénomène. Ainsi M. Flourens a enlevé à des pigeons les deux hémisphères cérébraux. Ces animaux ne mouraient pas, mais ils devenaient absolument insensibles, et leurs sens n'agissaient plus.

Que prouvent ces deux expériences ? C'est d'une part que le cerveau n'a point par lui-même la faculté de sentir, que tant d'ignorants lui attribuent sans hésiter ; c'est d'autre part que, sans le cerveau, l'animal est incapable de sentir. Pour qu'il y ait sensation, il est nécessaire que le cerveau reçoive les impressions produites sur les nerfs. Il est bien le centre et le siége exclusif de la sensation, mais à la condition de conserver ses relations avec les nerfs et de demeurer en harmonie avec eux.

Ainsi les organes divers qui composent l'appareil sensitif sont en admirable harmonie les uns avec les autres et avec le centre. Dès que cette harmonie est troublée, l'animal perd l'une de ses anciennes facultés.

Dans ce chœur harmonieux, tous les instruments, on l'a vu, ne jouent pas la même partie. Le travail est sagement divisé, puis, comme on dit aujourd'hui, centralisé. Qui n'a pas connu cette merveilleuse distribution d'aptitudes et de besogne, ne saurait ni parler de la sensation avec quelque justesse, ni comprendre quelle puissance de génie surhumain il a fallu pour organiser cette machine. Chaque espèce de nerfs est apte à recevoir telle impression, non telle autre, à susciter telle sensation, non telle autre. Il y a les nerfs du mouvement volontaire ; il y a ceux de la sensation ; et ils sont distincts à ce point qu'on paralyse les uns sans que les autres cessent d'agir. Parmi les nerfs de la sensation, ceux de l'odorat ne recueillent ni les sons, ni la lumière. Ceux de l'ouïe ne sauraient faire percevoir ni les saveurs, ni les odeurs, ni les couleurs. On verra plus bas que les aptitudes sont encore distinctes dans les fibres particulières d'un même faisceau de nerfs. Sa tâche est assignée à chaque petit organe. De là la perfection du travail particulier, et l'harmonie éclatante de l'œuvre générale. Ici l'ouvrier est un maître, — le maître des maîtres, — et le modèle dont le génie humain peut se rapprocher un peu quelquefois, mais duquel il reste, quoi qu'il fasse, séparé par des abîmes.

Avant d'arriver au cerveau, chaque espèce d'impression passe par un appareil qui lui est propre. Ces appareils divers sont les organes des sens ; considérons-les au moins par quelques importants côtés. Les harmonies qui y brillent sont plus belles encore que les précédentes, et attestent plus éloquemment encore la puissance du chef d'orchestre.

Le goût.

Le goût n'est point le sens de la gourmandise ; quand l'homme recherche passionnément les plaisirs de la table, il détourne de son but un organe dont la destination a une excellence relative, puisqu'il assure la conservation de notre corps. A le bien comprendre, sa fonction essentielle est de diriger l'homme dans le choix de ses aliments.

Il est parfaitement approprié à cet office ; la langue, siége du goût, est conformée de manière à nous faire sentir et juger les saveurs qui avertissent de la qualité de la nourriture. Elle est en outre construite de façon à se mouvoir en plusieurs directions, à se porter au-devant des saveurs, à humecter la nourriture et à la pousser vers le pharynx.

Des instruments spéciaux travaillent à chacun de ces actes. L'impression des saveurs se fait sur de petites éminences appelées papilles, dont le dos de la langue est parsemé. Ces papilles reçoivent les filets du nerf lingual qui transmet l'impression au cerveau. Quand on coupe ce nerf sur un animal vivant, la langue continue à se mouvoir, mais l'animal cesse de sentir les saveurs. Plus d'ouvrier, plus de tâche accomplie. Il y a donc un nerf préposé à la saveur. Ce n'est pas l'homme qui a fabriqué ce nerf ; ce n'est pas lui non plus qui l'a approprié à sa destination.

Inversement, si l'on coupe les nerfs hypoglosses, —

ou nerfs de la onzième paire, — qui vont aussi de la langue au cerveau, l'animal aura la sensation de saveur, mais il sera dans l'impuissance de mouvoir la langue. Il y a donc des nerfs moteurs impropres à la sensation et des nerfs gustatifs impropres au mouvement. Ce qui ne les empêche pas, quand ils sont intacts, d'opérer ensemble. Il y a à la fois spécialité et action concordante.

L'odorat.

Le goût n'est pas seulement en harmonie avec lui-même : il l'est aussi avec l'odorat. Celui-ci est une sentinelle avancée. Il signale les aliments d'après l'odeur qu'ils exhalent. Tantôt il crie au goût : prenez garde ! voici l'ennemi ! par exemple, quand il a flairé de la chair corrompue. Tantôt il annonce l'ami et lui fait ouvrir les portes.

Voici comment. Les odeurs sont de petites parcelles de substances assez subtiles pour flotter dans l'air. En respirant par les narines, — ce que nous faisons sans cesse, — nous attirons l'air ambiant, et avec lui les odeurs dont il est chargé. Ces odeurs, en passant avec l'air, se mouillent du mucus que sécrète l'intérieur des narines et affectent la surface de la membrane pituitaire.

Dans celle-ci viennent se terminer les branches extrêmes du nerf olfactif, qui recueille les impressions d'odeur et les porte au cerveau, où elles deviennent des sensations. Dans ce mécanisme, comme dans celui du goût, toutes les pièces sont reliées les unes aux autres et produisent finalement une action unique.

Il y a des animaux dont l'odorat est beaucoup plus fin

que celui de l'homme. Mais l'homme, au moyen de son intelligence, multiplie à son gré les jouissances de son odorat. S'il en abuse, son châtiment est d'avoir le cerveau malade. S'il y a harmonie entre l'usage modéré et le profit, qui tourne à l'avantage du goût, il y a aussi harmonie entre l'abus et la souffrance qui le punit.

L'ouïe.

Le sens de l'ouïe est plus compliqué que les précédents et encore plus admirable. C'est qu'il a des fins plus étendues, plus élevées, plus nobles. Assurément il coopère pour sa part à notre conservation matérielle; il nous avertit du danger : il nous annonce souvent le secours qui nous aide et nous préserve. Mais il a l'éminent avantage de mettre en communication les âmes humaines, et il donne les pures et suaves jouissances de l'art musical. Il est proprement le sens de l'harmonie. On doit donc s'attendre à ce que l'harmonie physiologique en caractérise la structure.

Il est impossible de comprendre la beauté de cet organe sans une courte description, et, à la description, il serait bon, presque nécessaire de joindre l'étude attentive d'une image de l'oreille.

A bien compter il y a trois oreilles : l'externe, la moyenne et l'interne. Elles sont entre elles dans un rapport parfait, et aussi avec le cerveau et avec l'air extérieur. L'air est ébranlé par les vibrations des corps sonores. Cet ébranlement engendre des ondes, comparables aux ondes liquides qui se forment sur l'eau tranquille par la chute d'un caillou. Ce sont ces ondes sonores qui font impression sur l'organe auditif.

L'oreille externe ou pavillon est cette partie de l'organe qui se voit de chaque côté de la tête. Le pavillon reçoit les ondes sonores et les porte au tympan, peau fine et élastique tendue au fond du tuyau de l'oreille et vibrante comme la peau d'un tambour. Point de trou dans cette peau : le fond de l'oreille externe est un cul-de-sac.

L'oreille moyenne, ou la caisse, est creusée dans un os très-dur appelé l'os du rocher. Elle est pleine d'air. Cet air lui vient par un tuyau qui va de la caisse à l'arrière-bouche ou pharynx, et qui se nomme la trompe d'Eustache. Il faut en effet que cet air se renouvelle, sans quoi il serait absorbé peu à peu par les parois de l'organe et le tambour ne résonnerait pas.

Dans l'oreille moyenne est une chaîne de petits osselets : le marteau, l'enclume et l'étrier. Cette chaîne s'attache d'un côté au tympan, par le manche du marteau; de l'autre elle s'appuie, par la base de l'étrier, contre la fenêtre ovale. Celle-ci est une ouverture de l'oreille interne que ferme exactement une membrane tendue. Cette chaîne de petits osselets est mue par des muscles spéciaux. Elle a pour but de tendre ou de distendre à propos le tympan et la membrane de la fenêtre ovale, afin d'empêcher ces peaux si délicates de vibrer trop fortement et de se rompre sous l'influence des sons intenses. — N'est-ce pas bien combiné?

L'oreille interne, la plus avancée vers le cerveau, comprend le vestibule, le limaçon et les canaux semi-circulaires. Elle est remplie d'un liquide aqueux, dans lequel baignent de petits sacs membraneux. Ces petits sacs sont eux-mêmes pleins d'une liqueur où plongent les filets terminaux du nerf acoustique, qui se rend au cerveau.

Les ondes sonores, concentrées par les contours du pavillon, vont frapper le tympan. L'ébranlement est transmis à l'oreille interne par l'air de la caisse et par la chaîne des osselets. C'est surtout la fenêtre ovale qui reçoit l'ébranlement communiqué sur la membrane qui la ferme. Cette membrane vibre : en vibrant elle agite le liquide aqueux de l'oreille interne. A son tour, ce liquide agite les petits sacs qu'il renferme, puis la liqueur contenue dans les petits sacs, et enfin les filets terminaux du nerf acoustique qui se ramifient dans ces poches. Recueillie par tous ces filets, l'impression passe au nerf acoustique, et celui-ci la porte au cerveau.

Mais, direz-vous peut-être, pourquoi donc tant de complications? Est-ce qu'il ne suffirait pas de mettre le nerf acoustique immédiatement en contact avec la membrane du tympan? C'eût été bien simple. — Je vous répondrai comme la Fontaine :

> C'est dommage, Garo, que tu n'es point entré
> Au conseil de celui que prêche ton curé.

Vous avez beaucoup d'esprit; mais il y a un grand quelqu'un qui en a plus que vous. Un organe tel que l'oreille est trop précieux pour courir le risque d'être brisé au premier accident. Avec votre plan si merveilleusement simple, le tympan étant déchiré, adieu l'ouïe ; l'on serait sourd du coup. Mais point. D'abord le pavillon fût-il enlevé, rien ne serait compromis. En outre, le tympan fût-il déchiré, on entendrait encore. Il y a plus, la perte du marteau et de l'enclume n'entraîne pas la surdité. Quant au vestibule, pas moyen de s'en passer, parce qu'il est le siége des impressions du nerf auditif. Mais, même dans l'oreille interne, M. Flourens semble avoir prouvé par l'expérience que la destruction des canaux semi-circulaires n'anéantit pas l'ouïe, mais la rend seulement confuse et douloureuse. Ainsi, nos organes sont faibles sans doute; cependant on n'en connaît pas assez les ressources, la résistance, la solidité. On ne sait pas assez quel ensemble de précautions les entoure. Ce qu'on vient de lire montre que notre oreille en particulier a été prémunie contre la désorganisation avec une bonté et une prévoyance profondément touchantes.

Il importe d'insister sur cet autre point que les parties, dont l'oblitération peut avoir lieu presque impunément, sont cependant très-utiles. Outre qu'elles protégent l'élément essentiel, les savants disent et reconnaîtront de plus en plus qu'elles perfectionnent l'audition. En quoi? Les unes en recueillant comme il convient les vibrations sonores; d'autres, par exemple la chaîne des osselets, en mesurant exactement la tension des membranes élastiques à l'intensité des sons recueillis, de façon à fournir des impressions distinctes et nettes. Ce sont des modérateurs, des régulateurs, des compensateurs. Aussi ces pièces délicates sont-elles surtout données à l'homme et aux animaux qui lui ressemblent le plus. Les animaux inférieurs les ont en moins grand nombre, ou ne les ont pas.

Les récentes découvertes de la science ouvrent, sur la spécialité des organes de l'ouïe, un jour nouveau. Ce ne sont encore que des probabilités, mais déjà très-grandes et qui frappent l'observateur d'admiration.

On sait que le nerf acoustique ne rend l'homme sensible qu'aux sons seulement. N'y aurait-il pas, dans cette spécialité générale, d'autres spécialités plus particulières et d'une rare finesse? Un expérimentateur de génie, M. H. Helmholtz, ose le présumer.

D'après le physiologiste Max Schultze, il y a dans les sacs ou ampoules de l'oreille interne des crins élastiques, raides, tout à fait particuliers. M. Helmholtz attribue à ces crins une puissance de vibrer spéciale. Il croit qu'il doit y avoir dans l'organe auditif différentes parties aptes à vibrer sous l'influence des sons de hauteurs diverses. En d'autres termes, d'après lui, certaines cordes de notre oreille percevraient tels sons déterminés et rien que ceux-là. Les petits crins en question ne seraient-ils pas des organes d'une délicatesse extrême chargés de recevoir exclusivement et de nous faire entendre chaque degré, chaque nuance de son? S'il en était ainsi, l'oreille aurait des appropriations plus merveilleuses encore qu'on ne l'avait jusqu'ici pensé.

Une expérience de M. V. Hensen est venue confirmer cette induction. Les crabes ont le sens de l'ouïe, et, dans leur appareil auditif, de petits crins. Ils ont aussi des crins sur le corps, tout pareils aux crins de leur ouïe. Or on s'est assuré qu'ils entendent par les crins répandus sur leur corps.

Partant de là, M. V. Hensen a placé un crabe, d'une espèce appelée Mysis, dans un appareil reproduisant la disposition du tympan et des osselets; ensuite il a dirigé sur l'animal les sons d'un cor à pistons, et a observé au microscope les vibrations des crins extérieurs de la queue. Chose admirable! il a constaté qu'un de ces crins répondait fortement au *ré* dièze, un crin répondait vivement au *la* dièze et aux sons voisins.

Il est plus que probable que les crins de l'oreille humaine interne ont pareillement des aptitudes vibratoires exclusives et spéciales, et, on peut le présumer, plus nuancées que celles des crabes. Mais alors, quel ouvrage, quel mécanisme, quel appareil que notre oreille!

Les hypothèses de M. Helmholtz cessent presque d'être des conjectures en présence des expériences confirmatives de M. V. Hensen. Mais à prendre l'oreille telle qu'on la connaissait avant eux, c'était un chef-d'œuvre. Il faut du génie pour bien analyser, pour bien comprendre cette merveille, et il n'en faudrait pas pour la produire! Soyons conséquents.

La vue.

Les bienfaits de la vue sont immenses. Depuis que l'homme réfléchit sur ses facultés et sur son organisation, il n'a jamais cessé de célébrer les services que l'œil lui rend. « Précieux comme la prunelle des yeux, » dit-il, lorsqu'il veut marquer le prix inestimable d'un objet.

Grâce à la vue, de la place quelconque où il se trouve il embrasse tout ce qui l'entoure. S'il est en présence d'un horizon libre, il atteint du regard de vastes lointains sur la terre; du côté du ciel, il plonge à des profondeurs indéfinies. A une distance, qu'il sait de bonne heure déterminer, il aperçoit non-seulement les couleurs, mais aussi la forme des corps, et calcule les intervalles qui l'en séparent.

De là, dans ses actes, une précision étonnante. L'œil dirige avec justesse la main de l'ouvrière appliquée à de fins ouvrages; celle de l'artisan dans tous les métiers; le tir de l'artilleur ou du fusilier, et le saut du chasseur qui bondit d'un pied sûr, d'une roche à l'autre, par-dessus l'abîme.

C'est à la science qu'il appartient de décrire l'appareil visuel et de donner une idée vraie des harmonies par lesquelles l'œil, sous la direction de l'intelligence, centuple nos puissances et corrige ses propres défauts. C'est à la science de dire comment l'homme, au moyen de l'œil, se crée des instruments d'optique qui étendent prodigieusement la portée de la vue, soit dans le sens de l'infini des espaces célestes, soit par rapport à l'infiniment petit.

En peu de mots, l'œil est un instrument qui concentre au fond de sa cavité les rayons de l'objet lumineux, et y forme une image de cet objet; cette image est l'impression visuelle. Le nerf optique la recueille et la porte au cerveau, où elle devient sensation dès qu'elle est perçue par l'âme.

Pour concentrer les rayons de lumière partis de l'objet visible, l'œil les brise. Ce brisement est appelé réfraction par les savants; il est opéré par certains corps, les uns liquides, les autres solides, plus épais que l'air, mais qui se laissent traverser par la lumière; ce sont les corps réfringents de l'œil. Sur un dessin de l'appareil visuel, il est aisé de suivre la marche des rayons lumineux et leurs réfractions successives.

Le globe de l'œil est une sphère creuse, renflée en avant, et remplie d'humeurs plus ou moins fluides.

Ce globe est entouré d'une membrane blanche, opaque, fibreuse, que vous appelez le blanc de l'œil, et que la science nomme la sclérotique; elle est percée, en avant d'une ouverture ronde qui répond à la partie colorée de l'œil, à ce qui en est le bleu, le noir, le châtain.

Sur l'ouverture de la sclérotique est enchâssée, comme un verre de montre, une membrane transparente appelée la cornée ; c'est à travers cette sorte de vitre que vous apercevez la couleur de l'œil de chacun.

Derrière la cornée est une cloison membraneuse, tendue verticalement, et qui est de couleur différente, selon les personnes ; c'est l'iris. Quand vous dites que quelqu'un a, par exemple, les yeux bleus, ces mots ne s'appliquent qu'à l'iris.

L'iris est percé d'un trou rond qui s'élargit à l'ombre et se rétrécit à la lumière ; ce trou est la pupille. Presque immédiatement après l'iris, vient le cristallin, qui est une lentille convexe des deux côtés, et semblable au verre d'une loupe. Le cristallin est transparent ; il est logé dans un sac membraneux : la capsule du cristallin.

Le fond de l'œil, jusqu'au rebord du cristallin, est tapissé d'une membrane molle et blanchâtre, appelée la rétine ; entre la rétine et la sclérotique est la choroïde. Cette dernière membrane est imprégnée d'une teinture noire qui donne à l'œil cette couleur foncée que l'on aperçoit par le trou de la pupille, et que l'on nomme, en conversation, le noir de l'œil.

La rétine est couverte, comme un pavé de mosaïque, de papilles microscopiques. Ces papilles sont les bouts de petits bâtonnets et de petits cônes, qui sont les extrémités singulièrement nombreuses du nerf optique ; c'est par ces extrémités que la rétine reçoit l'impression transmise aussitôt au nerf optique, duquel la rétine semble n'être que l'épanouissement.

Voilà en quelque sorte les cloisons de l'œil. Maintenant en voici les chambres.

Entre la cornée, ce verre de montre du devant de l'œil, et l'iris, il y a un espace ; c'est la chambre antérieure de l'œil. Elle est remplie par l'humeur aqueuse, liquide, transparente.

Derrière le cristallin, entre cette lentille et la rétine, est une autre chambre, la chambre postérieure de l'œil ; elle est occupée par l'humeur vitrée, et celle-ci est contenue dans une membrane fort mince, appelée hyaloïde.

Les rayons de lumière entrent par la cornée, traversent l'humeur aqueuse, pénètrent par la pupille, passent par le cristallin, puis par l'humeur vitrée, et vont dessiner sur la rétine l'image de l'objet. Dans ce trajet, les rayons subissent des brisements divers, dont le résultat final est la formation de l'image, qui est renversée ; nous la voyons droite cependant. La science n'a pas encore apporté d'explication satisfaisante de ce phénomène. Il est très-probable que l'image peinte sur la rétine sert seulement à produire l'impression et qu'elle n'est nullement vue par nous.

Remarquez les avantages de la puissance de réfraction de l'œil. Grâce à cette faculté, cet organe, si petit, réduit les images et proportionne les impressions à sa capacité limitée. De la sorte, le spectateur embrasse de vastes spectacles, et la petitesse de l'image ne nous empêche pas de voir les objets avec leur grandeur propre, sans doute, encore une fois, parce que les images rétiniennes ne sont pas vues et n'ont d'autre effet que d'agir sur les extrémités nerveuses.

Il est un autre point bien digne de nous intéresser. L'œil a été justement comparé à l'appareil photographique ; mais combien il est supérieur à cet instrument ! En effet, sans l'aide de vis, de plaques mobiles, sans l'intervention de la main, l'œil mesure lui-même la quantité de lumière qu'il a besoin de recevoir, et règle, selon le cas, sa propre force de réfraction.

Et d'abord, s'il lui faut de la lumière, pas trop ne lui en faut. La cornée transparente, placée tout en avant, admet un certain nombre de rayons lumineux; mais polie et brillante comme elle l'est, elle en réfléchit, en élimine, en congédie certains autres, qui sont de surcroît. Premier triage.

Les rayons entrés par la cornée et qui ont traversé l'humeur aqueuse tombent en partie sur l'iris; celui-ci absorbe ceux qu'il reçoit. Il n'arrive au cristallin que les rayons qui pénètrent par la pupille; et encore cette ouverture se resserre-t-elle en présence d'une lumière trop vive. Inversement, elle s'élargit lorsque la lumière est faible et que la vision exige qu'il en pénètre davantage dans l'œil; cette pupille est un portier intelligent qui tantôt entre-bâille la porte et tantôt l'ouvre toute grande, selon le besoin. Les chats et les animaux qui chassent la nuit ont la pupille très-dilatable. C'est que, dans l'obscurité où ils se meuvent, obscurité qui n'est jamais complète, tous les rayons de lumière qui restent leur sont utiles, et leur pupille se fait grande pour les laisser passer tous. Ainsi, l'iris et la pupille, chacun à sa façon, opèrent un second triage lumineux.

Ce n'est pas tout. Les rayons qui parviennent à la rétine, s'ils étaient réfléchis en tous sens par une surface blanche, produiraient des jeux de lumière préjudiciables à la vision. Mais la choroïde, placée sous la rétine, est teinte d'un pigment noir, je l'ai dit, et ce pigment éteint un nombre suffisant de rayons. Troisième triage.

Enfin, et c'est là le comble de la merveille, l'œil est pourvu d'un appareil au moyen duquel l'homme, presque toujours sans s'en douter, *accommode* sa vivante lunette à diverses distances. Vous n'en savez rien, n'est-ce pas? Eh bien, apprenez-le, et admirez!

Oui, le cristallin, la lentille de l'œil par excellence, est muni de petits muscles appelés, muscles ciliaires. Dès que ces petites cordes tirent sur le cristallin, celui-ci se recourbe sur lui-même comme le bois d'un arc que l'on tend ; sa convexité augmente ainsi, et l'on peut voir de plus près. Que les muscles ciliaires se relâchent, le cristallin redevient moins convexe, et l'on voit de plus loin. Donc, à l'état de santé visuelle, on devient, à volonté ou instinctivement, un peu myope ou un peu presbyte.

Tâchez, si vous osez, d'attribuer cette disposition si ravissante à l'imbécile hasard, dont la vertu dominante est de ne rien prévoir, et d'agir à tort et à travers!

Mais il y a autre chose encore. Le globe de l'œil est soigneusement protégé de tous côtés par l'arcade ciliaire, les paupières, les cils; il repose sur un doux lit de graisse où des muscles spéciaux le meuvent en tous sens : en haut, en bas, à droite, à gauche; il y glisse sans frottements dangereux; ces mouvements, outre leur utilité, communément appréciée, en ont une autre qui est capitale et dont il va bientôt être parlé. Ajoutons que les sourcils arrêtent la sueur qui coule du front et qui gênerait la vision, que les paupières en se rapprochant tempèrent l'excès de la lumière, et que les cils sont un excellent filet qui empêche d'arriver sur le globe de l'œil les poussières fatigantes dont l'air est plus ou moins chargé. Est-ce ou non de la prévoyance?

L'œil était donc considéré, jusqu'à ces derniers temps, comme un organe d'une perfection à défier toute critique, et en parfaite harmonie avec la lumière, les couleurs, les formes, les distances; mais voilà que récemment on lui a cherché noise. On l'a étudié de plus près et on l'a trouvé très-défectueux.

Ne vous épouvantez pas cependant et n'allez pas maudire ces savants dont la curiosité effrénée ne connaît pas de barrières. Ils ont eu raison d'analyser plus attentivement l'organe de la vision. Leur analyse en effet a prouvé que les imperfections d'ailleurs incontestables de notre œil étaient amplement compensées, et que le remède placé à côté du mal les neutralise et rétablit la belle et bienfaisante harmonie.

Les esprits difficiles ne me croiraient peut-être pas. Je donnerai donc des preuves et ce sont les maîtres de la science qui me les fourniront.

Qu'on ne m'en veuille pas si je cite encore le maître allemand dont j'ai déjà parlé. La vérité est vraie, d'où qu'elle provienne. D'ailleurs notre sagesse désormais (sagesse, hélas ! autrefois trop rare) doit être de prendre à nos ennemis ce qu'ils ont d'excellent — quitte à leur laisser leurs défauts — et à nous corriger des nôtres.

M. Helmholtz, joignant les observations de plusieurs autres grands observateurs à ses propres travaux, a exposé sans détour les imperfections physiques de notre sens de la vue. Je ne puis reproduire ici son long réquisitoire : il suffira de choisir l'essentiel.

Premièrement : les images qui se forment au fond de l'œil ne sont pas toutes nettes et vivement éclairées. Il y a sur la rétine, pas exactement au centre, mais un peu vers la tempe, un espace appelé la tache jaune. Cette partie de l'œil est extrêmement sensible, mais elle est très-restreinte. Les images qui s'y dessinent ont une grande netteté ; celles qui sont formées aux environs sont de moins en moins claires et distinctes à mesure qu'elles s'éloignent de la tache jaune. Aussi, presque toujours, l'image reçue dans l'œil est-elle comparable à un dessin dont la partie centrale serait très-finement achevée, tandis que le reste ne serait que grossièrement esquissé.

Voilà un des défauts de l'œil. Il paraît grave, puisqu'il semble condamner l'homme à n'apercevoir clairement qu'une fraction des objets.

Que répond la science ? Ceci : le peu de précision de l'image et le nombre restreint des points très-sensibles de la rétine sont largement compensés par la mobilité de l'œil. Cette mobilité permet d'amener successivement et très-rapidement chacune des parties de l'objet sur la tache jaune. Ainsi l'œil, tel qu'il est construit, nous rend les mêmes services que si la netteté du champ était partout la même. Par une habitude de tous les instants, notre attention est comme rivée au point du regard et le mouvement de l'œil est devenu inséparable de celui de l'attention.

On le voit : l'harmonie se fait sans cesse entre l'œil et l'objet, et le défaut se trouve déjà corrigé dès les premières années de la vie. Cet accord est l'œuvre de l'attention. Or l'attention est une faculté que possède l'âme d'agir sur la perception et sur les organes qui en sont les instruments. Je signale ce rôle de l'être invisible qui se nomme lui-même *je* ou *moi*. Le moi se sert de l'œil, il le gouverne, il l'ajuste aux objets ; et le savant M. Helmholtz reconnaît que la sûreté et la netteté de notre vue dépend surtout de la manière dont nous nous en servons.

Autre défaut. L'homme a deux yeux. Chacun de ces organes reçoit une image ; et les deux images semblent se fondre en une seule, puisque nous n'avons qu'une image de chaque objet. Notre vision, quoique binoculaire, ne paraît donner en dernier résultat qu'une perception.

Longtemps on a attribué ce résultat unique d'une double vision à la constitution même de l'appareil optique. On croyait, et quelques savants croient encore, que l'unité des deux images a pour cause la fusion des nerfs différents en un seul nerf central. Ce n'était pas exact.

En fait, nous voyons deux images et elles sont différentes. Placez votre index droit entre les deux yeux, près du nez : l'œil gauche apercevra le dedans du doigt; l'œil droit en apercevra le dos, si vous fermez tour à tour l'œil droit et l'œil gauche. Si vous les gardez ouverts l'un et l'autre, chacun verra pareillement un côté distinct du doigt.

Cette différence est nécessaire à la perception de la rondeur du doigt. Elle est le principe sur lequel est fondé la construction du stéréoscope. Cet instrument fait voir en relief des images plates, parce que les deux épreuves photographiques mises au fond de l'instrument ne sont pas exactement pareilles. Elles imitent un peu la différence qui existe entre les deux images du doigt tenu verticalement près du nez.

Des expériences concluantes établissent que, dans l'appareil visuel, les deux images du même objet ne se fondent pas, ne se *fusionnent* pas matériellement. En réalité donc il y a deux images pour un seul objet. Donc notre appareil visuel est infidèle et imparfait, malgré sa réputation de perfection irréprochable.

La science résout cette objection qu'elle a elle-même soulevée. Elle répond que la fusion des deux images n'est pas opérée sans doute par une harmonie mécanique préétablie, mais qu'elle se fait cependant. Comment se fait-elle ? — « Par un acte de conscience. »

Pour la seconde fois, on avoue que l'imperfection de l'œil est compensée, et que cette compensation est l'œuvre d'un acte de l'âme. Quant à nous, peu nous importe de quelle façon l'harmonie a lieu. Elle s'établit, tel est le point capital. Et, puisque cette harmonie est l'ouvrage de l'âme, il est évident qu'il y a entre les actions de l'âme et l'œil une harmonie native. L'homme se sert de cette relation pour la compléter, pour créer l'harmonie entre l'œil et l'objet. Mais il n'a créé ni son âme, ni ses yeux, ni les rapports naturels qui les lient, ni les possibilités d'harmonie dont il tire parti. Tous ces éléments d'harmonie, tous ces moyens d'accord ont été mis en lui par quelqu'un qui est plus puissant que lui.

Examinons encore une difficulté. Le rôle le plus important de la vue est de donner la perception des distances. L'exactitude de cette perception est la condition nécessaire de la précision de nos actes et de nos mouvements. Si ma main passe à côté de l'objet que je veux saisir ; si, en franchissant un fossé, je tombe au milieu, faute d'en avoir mesuré d'avance la largeur à l'aide de la vue, mon œil est un guide impuissant ou un éclaireur perfide.

Et effectivement, quand il y a désaccord entre l'œil et la main ou la jambe, je me trompe. Prenons un exemple. Qu'un bâton soit à moitié plongé dans l'eau, et que la partie qui est dans l'air me soit cachée ; en essayant de saisir brusquement la partie immergée, je la manquerai et passerai à côté. Mais que j'avance la main lentement de manière à voir d'abord ma main *dans l'eau* près du bâton *dans l'eau*, je le saisirai sans erreur. C'est que l'image de ma main et l'image du bâton auront subi, en entrant dans l'eau, des réfractions pareilles ; c'est que je les verrai dans l'eau, séparées ou rapprochées comme je les aurais vues dans l'air. Or cela, je le fais avec sûreté après une très-courte expérience.

Ainsi la perception visuelle s'adapte à la perception tactile et se laisse vérifier par elle. L'accord entre le tact et la vue repose sur une vérification continuelle que permet la vision de nos mains.

Dans ce cas, comme dans le précédent, c'est l'expérience qui crée l'harmonie : mais elle la crée en s'appuyant sur une harmonie antérieure qui existait d'avance entre la main et l'œil, entre l'œil, la main et l'âme. L'âme connaît les faits ; elle connaît jusqu'à un certain point ses organes et leur jeu simultané ou corrélatif. Elle gouverne en conséquence ses instruments de perception. Or, encore une fois, ce n'est pas elle qui a fait ses yeux, ni ses mains, ni son intelligence, ni les rapports qui les unissent, et enfin ce n'est pas elle qui s'est faite elle-même. La cause de son existence, l'ouvrier qui a forgé les outils qu'elle emploie, est plus haut qu'elle.

Le célèbre physiologiste auquel j'ai emprunté ces objections contre la perfection de l'œil et les explications qui les résolvent conclut en ces termes : « Il me semble que l'intelligence plus complète des phénomènes, loin de tuer notre enthousiasme, ne fait que l'augmenter, en le justifiant. »

Est-ce clair ? La science augmente notre enthousiasme. Et pour qui ? Pour l'œil sans doute et pour sa perfection sans cesse naissant de son imperfection même, — mais mille fois plus pour l'ingénieur incomparable dont la puissance aussi grande que paternelle a donné à l'homme le merveilleux sens de la vue.

Le tact et le toucher.

Le tact vérifie à chaque instant les perceptions de l'œil : il est l'auxiliaire de la vue. Quelles harmonies et quels avantages naissent de là, on vient de le voir. Toutefois le tact n'est pas réduit à un rôle secondaire : il a ses fonctions à lui. Il est instrument de perception et instrument d'action. Il fait percevoir pour mieux agir, mais sa vertu propre est l'action. En ses parties les plus parfaites, il est l'outil par excellence, l'outil qui tantôt se suffit à lui-même et tantôt façonne, sous les ordres de l'intelligence et de la volonté, les outils artificiels par lesquels il prolonge et multiplie son activité.

Même sans le concours de l'œil, le tact fait connaître plus ou moins exactement, — par exemple, aux aveugles et aux voyants qui sont dans les ténèbres, — les dimensions, la forme, la température, le poli ou les aspérités, la résistance, le mouvement des corps.

Si nous allons des extrémités au centre, du dehors au dedans, le premier élément du tact est la peau, cette enveloppe qui couvre extérieurement le corps humain.

La peau se compose de deux couches principales : le derme et l'épiderme.

Le derme est la couche la plus profonde de la peau. C'est une membrane blanchâtre, souple, élastique, très-résistante malgré sa souplesse. Elle est traversée par des fibres musculaires qui la meuvent, la tendent, la plissent. Elle est parsemée d'une multitude innombrable de petites saillies, nommées papilles de la peau, qui sont extrêmement sensibles et qui abondent en certains endroits, surtout dans la paume de la main et au bout des doigts. Les papilles sont les extrémités des nerfs du tact et les organes les plus délicats de ce sens.

Les nerfs du tact naissent ou de la moelle épinière ou de la base du cerveau par deux racines. C'est leur racine postérieure qui transmet les sensations.

Sur le derme s'étend l'épiderme, couche extérieure de la peau. C'est une espèce de vernis à moitié transparent qui se moule sur toute la surface du derme. L'épiderme est percé de petits trous nommés pores, par où s'exhale la sueur. On y voit aussi d'autres ouvertures qui donnent passage aux poils, aux cheveux et aux ongles.

L'épiderme n'est pas sensible; l'impression se fait sur le derme, à travers l'épiderme, mais non par lui. L'expérience montre que l'épiderme protége le derme et qu'il tempère les impressions dont la délicatesse du derme ne supporterait pas la trop grande vivacité : c'est un modérateur. Aussi, partout où la peau est exposée à de fortes pressions ou à des frottements nuisibles, l'épiderme s'épaissit. Le talon qui porte le poids du corps a l'épiderme épais et dur. Quand la main exécute des travaux durs, l'épiderme y devient calleux; les impressions s'émoussent sur ce cuir, et ne produisent que des sensations obtuses. Le forgeron sent peu la dureté du fer et l'ardeur de la fournaise. L'harmonie s'établit utilement entre ses mains et son travail. Chez les personnes adonnées à de fins ouvrages, l'épiderme reste mince et les sensations sont très-subtiles.

Le derme et ses papilles, et les nerfs du tact, ne constituent que le tact passif, c'est-à-dire le tact recevant les impressions qui lui arrivent. Quand le tact va au-devant des impressions, quand il les cherche, les multiplie, les diversifie, sous l'impulsion de la volonté et sous la direction de l'intelligence, il devient actif et prend le nom de toucher.

Les instruments du toucher sont le bras, l'avant-bras et la main.

Pour n'être pas trop long, je n'insisterai que sur les harmonies de la main, qui est un chef-d'œuvre. On y distingue le poignet ou carpe, le métacarpe et les doigts.

Se tourner en tous sens, prendre les objets, les palper, se mouler sur les corps, ce sont autant de mouvements qui exigent une rare flexibilité : le toucher la possède. Il s'y trouve une quantité de gonds, de charnières, de petites cordes qui font tourner les os sur les charnières et sur les gonds.

Déjà assez mobile, le poignet a huit petits os, dont les jointures permettent de tourner la main, et, passez-moi le terme, de faire avec elle le moulinet presque sans remuer le bras.

Le métacarpe, c'est-à-dire la partie qui est entre le poignet et les doigts, est une rangée de petits os longs, en nombre égal à celui des doigts avec lesquels ils sont joints, articulés. Quatre de ces os, unis par leurs deux bouts, sont peu mobiles ; mais le cinquième os, support du pouce, est détaché du métacarpe par en haut, et se meut librement sur le carpe.

Le pouce n'a que deux os, les autres doigts en ont trois, appelés phalanges. Réunis bout à bout dans chaque doigt, ces os sont munis de muscles fléchisseurs et extenseurs, qui les ploient ou les déploient, et qui composent la plus grande partie de la chair de l'avant-bras. Le pouce peut rejoindre aisément le bout des doigts et fermer ainsi la main en forme de cercle. Cette remarquable harmonie vous met à même de serrer, de prendre, de pincer. La main est à votre gré un étau, une tenaille, une pince, un crochet. Le poing fermé est un marteau ; la main ouverte est un support ou un battoir ; un peu recourbée, elle s'arrange en manière de petite corbeille, et au besoin, elle se creuse comme une coupe et porte à vos lèvres l'eau de la source. Chaque doigt sert au musicien de soupape à fermer les trous de la flûte, de petit marteau à frapper les touches du piano, de presse à serrer les cordes du violon.

Vous avez là, au bout de vos bras, cet instrument sans pareil, roi, maître, producteur de tous les instruments, et vous ne vous demanderiez pas à qui vous le devez? Vous vous extasiez à la vue des merveilles qu'il accomplit, ou plutôt que l'homme accomplit avec cet outil ; mais vous êtes bien convaincu que l'homme est incapable de se donner ou de se redonner à lui-même un bras et une main vivante. L'ouvrier de cet outil de chair et d'os est donc infiniment plus habile et plus puissant que l'homme.

Remarquons maintenant combien les pièces nombreuses de cette machine sont dociles, promptes à obéir, unies et concordantes dans l'obéissance. Dès qu'il est donné, l'ordre de l'âme est aussitôt compris et exécuté ; l'habileté et l'obéissance de la main croissent avec l'habitude. On dit d'un homme adroit : il fait de ses mains tout ce qu'il veut. — Et, chose admirable, il le fait sans savoir comment, sans connaître, même grossièrement, l'anatomie de ses membres. Une harmonie innée est établie entre sa volonté et ses mains. Il profite de cette harmonie, il la rend de plus en plus étendue et féconde en œuvres diverses; mais il l'a trouvée toute prête dans sa propre organisation. Avouez donc que cette harmonie est quelque chose de merveilleux, ou plutôt de vraiment divin.

§ 5.

Le pied, la station, la marche.

Sans offenser mon lecteur, j'oserai affirmer qu'il n'a jamais réfléchi à l'harmonie qui existe entre la main et le pied. C'est là cependant un autre sujet d'admiration et de reconnaissance envers le fabricateur souverain, comme le nomme notre la Fontaine.

Et d'abord, entre les mains et les pieds, il y a une étroite harmonie de ressemblances anatomiques. La cuisse, la jambe, le pied, répondent trait pour trait, os pour os, au bras, à l'avant-bras, à la main. De simples modifications partielles de forme et de dimension ont fait sortir du même type, du même dessin, un organe de préhension et de toucher, d'une part, et de l'autre un organe d'équilibre, de station, de marche. Encore un exemple de cette économie de moyens qui atteste, dans l'ouvrier, l'intelligence et la sagesse; encore un exemple de ces ressemblances qui décèlent une pensée constamment d'accord avec elle-même.

Mais l'harmonie entre les membres supérieurs et les inférieurs réside encore dans la remarquable concordance de leur action respective.

L'homme exécute une multitude d'actions et de travaux en se tenant debout, sans autre base, sans autre appui que ses deux pieds. Comment le peut-il? Pour plusieurs raisons, dont la première est que, debout, il garde l'équilibre.

L'équilibre d'un corps pesant s'établit lorsque ce corps s'appuie sur un objet résistant, par toute l'étendue de sa surface la plus large. Ainsi ma lampe est en équilibre sur ma table par son pied, qui est sa plus large surface. Mais l'équilibre d'un corps pesant a lieu d'une autre façon : par exemple, lorsqu'il est placé de telle sorte qu'une partie de sa masse s'abaissant vers la terre, la partie opposée également pesante s'élève d'autant. Dans ce cas, le poids d'une des deux parties contre-balance le poids de l'autre. On appelle centre de gravité le point autour duquel ces parties se contre-pèsent réciproquement. Il suffit de soutenir le centre de gravité pour soutenir toute la masse.

Mais pour soutenir le centre de gravité, c'est assez que la base de sustentation soit placée verticalement au-dessous du centre. Or on appelle base de sustentation l'espace occupé par les points qui servent d'appui à la masse sur l'objet résistant, ou l'espace compris entre ces points. La base de sustentation de ma lampe est l'espace que couvre son pied rond. C'est parce que cette base est placée verticalement sous le centre de gravité de ma lampe, que celle-ci ne tombe pas.

Maintenant, si le corps d'un animal est en équilibre sur ses pieds, c'est que la ligne verticale passant par le centre de gravité de l'animal tombe dans l'espace délimité ou couvert par ses pieds. Évidemment plus cet espace est large, plus facilement l'animal prendra l'équilibre. C'est ce qui a lieu pour les quadrupèdes, dont les quatre pieds marquent les angles d'un carré long, en dehors duquel la ligne d'équilibre ne va pas tomber ordinairement, de sorte que leur centre de gravité, quoiqu'en se déplaçant plus ou moins, reste toujours verticalement au-dessus de la base de sustentation.

Or l'homme n'a que deux pieds, et il s'y tient parfaitement en équilibre; c'est que ses pieds longs et larges, plus longs et plus larges que ceux de beaucoup d'animaux, lui font une base de sustentation étendue. Son centre de gravité peut subir certains déplacements sans que la verticale abaissée du centre tombe en dehors de cette base. Les Chinoises, auxquelles on comprime et on rapetisse mécaniquement les pieds, se tiennent difficilement debout et gardent mal l'équilibre.

D'autres conditions sont nécessaires à l'équilibre de l'homme: elles ont été remplies. Pour soutenir le poids du corps, les membres inférieurs doivent rester fermes; s'ils fléchissaient, comme le font les jambes des hommes ivres, la chute du corps s'ensuivrait. Aussi avons-nous des muscles extenseurs qui tiennent nos jambes et nos cuisses contractées et tendues, pendant que nous conservons la station verticale. Cette contraction a sa fatigue. C'est pour cela que l'on voit les personnes obligées de se tenir debout se pencher tantôt un peu sur une jambe, tantôt un peu sur l'autre.

Le tronc et la tête ont pareillement besoin d'être maintenus en équilibre au-dessus des membres inférieurs. Il ne faut pas que la colonne vertébrale plie sous le poids des bras et des organes contenus dans la poitrine, qui tendent à la courber en avant. Aussi les muscles du cou agissent-ils en arrière et tiennent-ils la tête d'aplomb sur la colonne dorsale, tandis que les muscles de celle-ci résistent aux parties pesantes qui pourraient la faire ployer.

Par cet ensemble de ressorts, l'homme, solidement établi dans la station droite, a la libre et complète disposition de ses mains. Celles-ci, dispensées de pourvoir à l'équilibre du corps, n'ont qu'à suivre les commandements de la volonté et à servir les conceptions de l'intelligence.

Et elles le font même pendant la marche. Tout en cheminant le soldat charge son arme, vise, tire, recharge ; le laboureur sème son grain ; le curé lit son bréviaire, et cependant la marche est une chute continuelle en avant : oui, mais c'est une chute sans cesse conjurée, pendant laquelle le centre de gravité se déplace et se replace à chaque pas, et crée un équilibre progressif. Le bassin, les cuisses, les jambes, les pieds, exécutent avec accord les mouvements nécessaires ; le tronc et la tête prennent instinctivement la position variable qui peut y aider. Ils sont, à propos, des balanciers, des contre-poids. Si vous gravissez une pente, votre corps se porte en avant ; si vous la descendez, il se roidit, il se cambre en arrière. Il y a harmonie dans vos mouvements, parce qu'il y a harmonie entre toutes les pièces de votre machine. Or cette harmonie est si parfaite, qu'on peut vous défier d'en imaginer une à la fois plus simple, plus savante et plus efficace.

§ 4.

La voix.

Les sens étendent prodigieusement les puissances diverses de l'homme ; ils le mettent en communication avec la nature terrestre et avec les mondes astronomiques, avec les animaux, avec ses semblables. Un autre moyen lui a été départi de rayonner autour de lui-même, d'accroître sa vie physique et morale en y ajoutant une portion de la vie physique et morale d'autrui ; en un mot d'associer son âme aux âmes qui ressemblent à la sienne. Ce moyen, c'est la voix.

La voix a trois formes distinctes : le cri ou son inarticulé, le son articulé ou la parole, et le chant. Sous ce triple aspect, la voix est soumise à l'empire de la volonté. Celle-ci agit sur les organes vocaux et en varie à son gré les effets, en les appréciant à l'aide de l'oreille. La voix, l'ouïe, la volonté et l'intelligence qui éclaire la volonté, composent ensemble une harmonie de la plus merveilleuse beauté.

L'instrument vocal, c'est le larynx, qui fait partie du canal de la respiration. Produire le son n'est autre chose que pousser d'une certaine manière, à travers le larynx et la bouche, l'air contenu dans le poumon. Lorsque vous respirez simplement, il n'y a ni cri, ni son, ni parole. Donc celui qui crie, parle ou chante, modifie d'une certaine façon l'air qu'il envoie au dehors.

Cette modification s'exerce au moyen du larynx, qui est placé à l'entrée du canal aérien, sous la base de la langue. C'est une petite boîte formée de cartilages et suspendue à un certain os, appelé os hyoïde, lequel porte la langue. Trois sortes de cartilages constituent les parois de cette caisse résistante : le thyroïde est en avant ; le cricoïde par côté ; les deux cartilages aryténoïdes soutiennent, dans le pharynx, les orifices de la glotte.

La glotte est l'ouverture du larynx. Il importe de bien comprendre le rôle et le jeu de cette ouverture. Le larynx communique par en haut avec l'arrière-bouche ou pharynx ; par en bas, avec la trachée-artère. La communication a lieu par la glotte. Si celle-ci était toujours également ouverte, l'air qui vient au poumon y passerait silencieusement. Mais la largeur de l'ouverture peut varier à une infinité de degrés. Tout est là.

Comment varie-t-elle? La glotte est une fente pratiquée d'avant en arrière dans le tube du larynx. Cette fente a des lèvres qui tantôt se rapprochent et tantôt s'écartent. Elles sont formées par deux grands replis membraneux, disposés à peu près comme les bords d'une boutonnière. On appelle ces replis les ligaments inférieurs de la glotte ou les cordes vocales. Un petit muscle les rapproche ou les écarte, selon qu'il se contracte ou se relâche. C'est donc ce muscle qui, en agrandissant ou rétrécissant la fente de la glotte, tend ou détend les cordes de la voix.

Que se passe-t-il alors? Une chose qui vous est si familière que vous n'y prenez par garde. Quand vous voulez siffler avec vos lèvres, que faites-vous? Vous les rapprochez et vous y lancez l'air de vos poumons. Pour obtenir une note aiguë, vous serrez les lèvres ; pour donner une note basse, vous les desserrez un peu. Autant en faites-vous avec la glotte, dans le larynx. Les lèvres de la glotte, comme celles de la bouche, ouvrent à l'air une issue tantôt plus large, tantôt plus étroite. Mais ce n'est pas tout : elles vibrent au passage de l'air, et d'autant plus vite et plus souvent qu'elles sont plus tendues. Ce sont ces vibrations répétées qui, de l'air expiré, se transmettent à l'air ambiant et engendrent le son.

Et, en effet : on sait, en musique, que plus une corde est tendue, plus elle vibre rapidement et plus sont aigus les sons qu'elle rend. Inversement, moins elle est tendue, plus lentes sont les vibrations et plus basses les notes. Aussi pour élever la voix, chacun, qu'il soit ou non musicien, serre la glotte ou, si vous voulez, en tend les cordes ; pour chanter ou seulement pour parler plus bas, il élargit la glotte, ce qui revient à détendre les cordes de la voix. Cependant, à vrai dire, le larynx ressemble plutôt à un hautbois, à un instrument à anche, qu'à un violon ou à tout autre instrument à cordes. Mais au fond, la languette métallique du hautbois ou anche produit les sons de la même manière que la corde du violon, c'est-à-dire en vibrant et en communiquant ses vibrations à l'air.

Tel est le mécanisme de la voix. J'omets à dessein quelques détails qui seraient superflus, et je vous prie de réfléchir un peu sur cette petite caisse musicale que vous portez dans votre gosier, et qui a son complément dans la bouche, les dents et les lèvres. Car il est à peine besoin de faire observer que le palais, les dents, les lèvres, contribuent par leurs mouvements et leurs positions à modifier de mille façons les émissions de voix.

L'enfant à sa naissance ne sait que crier. Peu à peu, il apprend à parler. C'est une éducation qui dure assez longtemps ; mais enfin elle commence, se poursuit et s'achève. Un certain jour, il arrive à prononcer ces deux syllabes : papa. Et les parents de se réjouir, parce que ces deux syllabes annoncent l'aurore des harmonies de l'âme. Maintenant, comptez les actes que contient la prononciation de ce petit mot si court.

D'abord il a fallu que le bambin entendît quelqu'un articuler devant lui cette parole. Il a donc ouï et retenu : ce sont deux actes d'intelligence. C'est par son oreille qu'il a entendu : il y a donc eu pour lui sensation avant la perception. Ensuite, il a imité les personnes qu'il avait entendues ; et cette imitation, après des tâtonnements nombreux, a consisté à donner à la glotte une certaine ouverture ; à y chasser l'air du poumon ; à serrer les lèvres, puis à les desserrer deux fois tout en respirant comme il convenait. Sa volonté a donc commandé des mouvements précis au poumon, au larynx, à la langue, aux lèvres. Je pense qu'il est impossible de contester ces faits.

Mais voici ce qui en résulte : rien que pour dire : papa, l'enfant a fait travailler de concert, a mis en harmonie active son intelligence, sa volonté, son poumon, son larynx et sa bouche. L'aurait-il pu, je le demande, si une harmonie organique et intellectuelle n'avait pas relié d'avance les unes aux autres toutes les puissances, toutes les pièces anatomiques, toutes les fibres, tous les muscles dont il s'est servi ? Est-ce que, quand il est né, son larynx n'était pas rattaché à son poumon ; sa glotte à son larynx, sa bouche à son larynx et à sa glotte ; sa langue, son palais et ses lèvres au reste de sa bouche ? Est-ce que ses dents, qui ont poussé plus tard, ne se

sont pas mises, en poussant, en harmonie, en juste
arrangement avec ce qui les avait précédées dans la
constitution de l'organe vocal ?

Cette harmonie, quel en est l'auteur ? L'éducation ?
Mais l'éducation, l'expérience, lui ont appris qu'il possédait ces organes et qu'il pouvait s'en servir : elles ne
les lui ont pas donnés, pas plus qu'elles n'ont créé ces
choses, ni les rapports qui les unissent. Quant à ses parents, ils savent de reste qu'en lui transmettant la vie
ils n'étaient que des intermédiaires dominés par des
lois qu'ils n'avaient pas établies et auxquelles ils sont
impuissants à rien changer. Ils n'ignorent pas davantage que si leur enfant était né incapable de parler,
il ne serait pas en leur pouvoir de le doter de la parole.

L'harmonie exquise en vertu de laquelle l'enfant
parle, harmonie où tout concourt au but et où tout est
combiné pour l'atteindre, avant même que le petit être
s'essaye à parler, a évidemment une cause intelligente et
une, qui a constitué avec une intelligence admirable et
une puissante unité l'organisation de l'enfant. Cette cause
n'est pas l'homme ; vous sentez qu'elle surpasse l'homme
mille et mille fois par le génie qui conçoit et par le
pouvoir qui crée. A plus forte raison cette cause n'est-elle pas quelque être inférieur à l'homme lui-même,
quelque animal, quelque substance chimique, quelque
misérable petit tas de molécules matérielles.

J'ai choisi un exemple très-simple afin de rendre facile et claire l'étude des harmonies de la voix et de la
parole. D'autres exemples plus compliqués seraient plus
intéressants encore, mais n'ajouteraient rien à la solidité
des conclusions. Je laisse au lecteur le soin de s'observer
lui-même quand il chante, quand il tient un discours

suivi.. Il constatera avec quelle promptitude, quelle flexibilité, quelle unanimité les différentes pièces de l'organe vocal exécutent ses ordres ; avec quelle précision la voix suit les indications de l'oreille ; avec quelle aisance il arrive à gouverner les instruments si nombreux de la parole et du chant. Il dira sans doute, et très-justement, que l'éducation, l'expérience, l'habitude, en multiplient et en agrandissent les effets. Mais il sera bien obligé de confesser que ces instruments, si bien construits les uns pour les autres, et pour son intelligence, et pour son âme, et pour associer son âme à celles de ses semblables, sont une œuvre infiniment plus qu'humaine.

CHAPITRE VI

LA FAMILLE

La famille existe naturellement. L'homme et la femme, par l'accord de leurs ressemblances et de leurs dissemblances, composent le couple humain. La famille, le couple humain assure la conservation de l'espèce. Entre la continuation du genre humain et la constitution naturelle de la famille au moyen du couple humain, il y a une harmonie préétablie tellement évidente qu'il est impossible de la nier ; tellement belle et profondément conçue qu'elle proclame l'action toute-puissante d'une intelligence parfaite.

A ne parler que des facultés de l'âme, l'éducation, les relations sociales, l'organisation personnelle même, modifient souvent le caractère distinctif soit de l'homme, soit de la femme. Ces causes renversent quelquefois les différences et les ressemblances. Il y a des unions où c'est la femme qui se trouve prendre et remplir le rôle du mari. Cependant la distinction des caractères subsiste dans la plupart des cas. En quoi consiste-t-elle ?

Il n'est pas nécessaire d'être un grand observateur pour reconnaître que la femme est douée d'une puissance exquise de sentir et de s'attacher. Elle éprouve vivement les émotions agréables ou pénibles qui l'atteignent. Ses souffrances sont profondes et la jettent dans le trouble; ses joies la ravissent et la font rayonner. Mais si elle ressent à ce point ce qui la touche, elle est émue jusqu'au fond du cœur des douleurs dont elle est témoin. Les souffrances, les chagrins, les malheurs des autres, retentissent en elle et deviennent comme siens. Elle excelle à compatir et à consoler. Et ses sympathies ne restent pas stériles : elle va d'instinct au-devant de l'infortune ; elle se complaît à soigner, à soulager, à guérir. Elle aime, il est vrai, elle recherche même les plaisirs brillants, les satisfactions délicates. Toutefois ce penchant à goûter les choses fines et à sentir les nuances, bien dirigé par l'éducation, est une sauvegarde pour elle et peut lui servir à élever, à contenir, à améliorer ceux qu'elle entoure de son affection.

Mais elle a besoin par-dessus tout de vivre pour d'autres. Faible, elle appelle, ou du moins elle désire un protecteur. Ne croyez pas pourtant que ce désir soit en lui-même égoïste; non. C'est à se dévouer qu'elle aspire. Mais elle préfère se dévouer pour un être digne, noble, capable de lui apporter un surcroît d'existence honorable et intelligente. Si elle rencontre un tel être, ou si elle croit l'avoir rencontré, rien n'égale son courage, sa patience, son élan à se sacrifier.

Se dévouer, se sacrifier, c'est agir énergiquement dans le sens de ses attachements et de ses sympathies. Que l'on ne dise pas que ce double penchant à l'affection et au dévouement n'est que le fruit de l'éducation.

Certes, le devoir et le mérite d'une bonne éducation est de cultiver ces tendances et de les éclairer afin qu'elles ne s'égarent pas. Mais l'éducation ne les produit nullement : toute sa vertu se borne à les gouverner. Dès son enfance, la jeune fille s'attache et soigne. En attendant mieux, elle aime passionnément des joujoux ou des animaux. Elle se réveille la nuit pour envelopper chaudement d'ouate et de soie son petit chien ou même sa poupée. Ne souriez pas : le philosophe constate ces faits et les interprète. Qu'il y entre une part d'imitation, j'en conviens. Mais les affections vives et sincères ne sont point pures singeries. On ne pleure pas uniquement pour faire comme les autres ; on ne souffre pas simplement pour le plaisir de souffrir à l'exemple d'autrui. Il y a dans ces naïves explosions d'un cœur d'enfant des preuves évidentes d'une organisation spéciale. La femme est ainsi faite par nature ; elle naît avec ces penchants, qui sont d'avance en harmonie avec une vie entière. Celui qui les lui a données, comme une première dot, a la vue plus haute, plus longue et plus étendue que nous.

Un autre penchant caractérise essentiellement l'âme féminine : c'est la curiosité, et une certaine curiosité qui diffère de celle des jeunes garçons. On a grand tort de n'y voir qu'un défaut. C'est le penchant d'une intelligence qui a besoin de connaître et de s'instruire. On ne blâme pas la jeune enfant d'éprouver la faim du corps : pourquoi la blâmer de ressentir la faim de l'esprit? Si cette faim se trompe et se jette sur des aliments malsains, détrompez-la et éclairez-la. Cette faim est dévorante, tant mieux! Bien satisfaite, elle fortifiera l'âme ; elle établira entre celle qui l'éprouve et l'honnête homme qui saura l'apaiser par d'utiles enseignements une harmonie singulièrement noble : l'harmonie du savoir et des pensées. Elle donnera à la femme une clairvoyance, une perspicacité dans la conduite de la vie, que l'homme possède rarement au même point. Cette curiosité qui, mal cultivée, s'épuise en perquisitions mesquines et en misérables commérages, peut devenir une des lumières de la famille, quand elle s'applique à observer sérieusement les caractères, les personnages suspects, les dangers possibles. Encore un penchant, excellent en lui-même, qui engendre de véritables harmonies, qui existe de naissance et qui est l'œuvre d'une puissante et sage prévoyance.

La femme a les mêmes penchants que l'homme, sans cela ils ne pourraient jamais former l'unité morale qui est leur destinée. Mais ces qualités, l'homme les a autrement. Il naît sensible à la douleur ; toutefois, quand il y cède, on dit qu'il est faible et qu'il ressemble à une femme. Peu porté à la résignation muette et douce, il se retourne et s'arme contre la cause de ses douleurs. Dans la jeunesse, il ne dédaigne pas de plaire par le charme personnel ; ce désir cependant dure peu : il lui faut d'autres succès, d'autres triomphes. Il les cherche dans l'action par le travail et par la lutte ; dans l'exercice plus large de l'intelligence, par l'étude difficile et par la recherche méthodique.

Son penchant à l'action militante se trahit dès les premières années. Il s'essaye aux exercices où brille la force physique ; et aux jeux enfantins de la guerre, où il goûte tantôt la joie de commander à une brigade de bambins, tantôt la satisfaction d'une victoire imaginaire. Le champ de ses efforts s'étend promptement au delà des limites de la maison. On sent qu'il cherche un plus vaste théâtre. Sa vigueur corporelle, supérieure à celle de la femme, l'excite à s'aventurer hardiment, entraîne son courage et annonce les traits particuliers de sa vocation virile.

A ces penchants répond la nature de son intelligence. Très-curieux, lui aussi, il l'est dans un autre sens. Questionneur infatigable, il veut réponse à tout ; mais il interroge sur les choses qui ont rapport à l'activité extérieure, à la nature, à la guerre. Le ressort des machines, la portée et la fonte des canons, la cause du tonnerre, voilà les problèmes qui l'attirent. La petite fille se pare d'une montre ; lui, il la démonte pour en connaître le mécanisme. Il brise ses jouets, quelquefois par caprice ou par exubérance d'activité, plus souvent afin de voir le dessous, le dedans. Savoir ne lui suffit pas : il veut en savoir plus long que les autres, et que l'on s'en aperçoive. Ce désir le soutient et l'enflamme : il travaille, il étudie. Plus il apprend, plus s'accroît son appétit de science. Son esprit s'élargit : il pousse en avant jusqu'aux idées générales. Son aptitude à les comprendre, à les embrasser, est, de l'aveu de tous, plus grande et plus naturelle que chez la femme. En revanche, il possède, bien moins que celle-ci, la vue des détails, la finesse des aperçus, l'instinct et comme la divination des caractères et des nuances.

Ainsi l'homme et la femme ne sont point pareils. Il n'est pas vrai non plus de dire que l'un est en tout supérieur ou inférieur à l'autre. Ce qui est exact, c'est que l'un a ce qui manque à l'autre ; c'est qu'ils se complètent en vertu de leurs différences mêmes. Chacun d'entre eux, obéissant à une impulsion bienfaisante, cherche dans l'autre ce qu'il n'a pas, parce que ce quelque chose qui lui est refusé lui est nécessaire. Isolés, ils sont incomplets ; réunis, quand ils comprennent leur nature et leur rôle, ils composent la plus belle harmonie vivante. Cette harmonie, qui l'a fondée? Eux, sans doute, en se choisissant ; mais ils se sont choisis tels qu'ils étaient ; et ils étaient nés homme et femme, c'est-à-dire organisés l'un pour l'autre par la puissance d'une sagesse divine.

C'est à eux d'achever l'œuvre divine en réalisant librement tout l'accord dont les éléments sont en eux. Pour peu qu'ils s'y prêtent et qu'ils y travaillent, l'harmonie providentielle s'accomplit de jour en jour entre leurs caractères, leurs pensées, leur conduite, leurs discours. Ils se corrigent, ils se redressent, ils se consultent. Sans être l'écho l'un de l'autre, on reconnaît qu'ils puisent aux mêmes sources leur savoir et leurs lumières, et que leur foi repose sur les mêmes principes. Mais il ne faut pas qu'au début ils aient été trop différents, au moins de ces différences qui deviennent promptement des contradictions inconciliables. Au point de départ, certaines ressemblances sont nécessaires. La difficulté est de les reconnaître et d'en tirer parti. C'est la part que l'ouvrier souverain nous a laissée pour nous associer à son œuvre et nous laisser le bonheur de la continuer.

Si parfaite qu'elle soit, l'harmonie entre les deux époux ne comble pas leurs vœux. Ils aspirent à une harmonie nouvelle. Étendre son être en le communiquant, c'est une loi commune à la nature animale. Le couple humain non-seulement l'accepte, mais il y cherche le bonheur domestique. S'il est une tendance providentielle, c'est celle-là.

Voyez la jeune femme qui n'est pas mère encore, comme elle désire le devenir ! Elle regarde d'un œil jaloux celle à qui cette joie est déjà donnée. Vainement on lui décrit les souffrances, les craintes, les tourments qui sont le prix de la maternité : elle n'entend pas, ou si elle entend, son cœur a d'avance réduit à rien vos tristes raisonnements. Cette confiance inébranlable dans l'excellence de la maternité, qui donc la lui a donnée ?

Continuons. Dès que son espoir d'être bientôt mère est assuré, elle rayonne. Aussitôt, quand aucune corruption n'a gâté son âme, la voilà qui prépare avec amour la couchette, les langes, les moelleuses et chaudes enveloppes. Les uns lui souhaitent un garçon, d'autres une fille. Elle a peut-être une préférence : cependant ce qu'elle demande, c'est un enfant. Comment le nommera-t-elle ? Quel nom sera assez beau pour lui ? Toutes ses facultés s'absorbent dans son attente et s'y concentrent.

Dès que l'enfant paraît au jour, dès qu'elle entend son cri, le premier mouvement de la mère est de prier qu'on le lui donne pour le presser sur son sein et le couvrir de caresses. Le second mouvement, profondément spontané, est de vouloir l'allaiter. A-t-elle tort ? Non, si aucune raison médicale ne s'y oppose. Elle devine son devoir ; et ce devoir repose sur une harmonie physiologique admirable. C'est d'abord un fait saisissant que cette mystérieuse montée du lait au moment où le lait est nécessaire. Cette coïncidence est, pour qui sait réfléchir, un spectacle des plus émouvants. Mais il y a plus : comme l'enfant lui-même, le lait a des âges différents. Il se fortifie, s'enrichit, se complète à mesure que les organes du nourrisson prennent de l'accroissement. Le premier jour, le lait est approprié avec une précision infaillible à l'état du corps naissant qu'il doit alimenter. Écoutons, sur cette harmonie si peu étudiée, si peu remarquée, les paroles de la science la plus attentive :

« L'enfant naissant, dit M. Bouchut[1], ne tire d'abord de la mamelle qu'un liquide jaunâtre peu abondant, connu sous le nom de *colostrum*, et qui, par sa nature, est très-propre à lubrifier la surface interne du conduit intestinal, à solliciter doucement ses contractions, à délayer le méconium, et par cela même à en faciliter l'expulsion. Ce liquide acquiert peu à peu l'apparence et les qualités du lait, et devient de plus en plus abondant. Si l'on différait de mettre l'enfant à la mamelle, outre qu'il perdrait les avantages qu'il doit tirer du colostrum, la grande distension des mamelles, qui a lieu à l'époque de la fièvre de lait, s'opposerait à ce qu'il pût teter. »

Ainsi son instinct ne trompe pas la jeune mère. Il est en parfaite harmonie avec les besoins et la situation physiologique de l'enfant. Il y a là des concordances, des simultanéités qui révèlent les calculs d'une prévoyance incomparable. Des gens d'esprit prétendent que ces harmonies se produisent ou toutes seules ou par les organes. Qu'elles se produisent toutes seules, cela n'a aucun sens. Si ce sont les organes qui créent ces harmonies, j'insiste et je demande : Quelle est la cause qui a créé les organes avec une sagesse et une intelligence aussi consommées ?

Plus délicate que l'homme, la femme, quand elle est bien portante, a toute la force qui lui est nécessaire pour élever son enfant. Elle le porte, l'allaite, l'habille, le soigne avec une adresse naturelle, sans le froisser, sans le blesser. Debout, et son cher fardeau sur les bras,

---

[1] *Hygiène de la première enfance*, p. 166.

elle compose un groupe harmonieusement ravissant. On dirait un seul être en deux personnes.

S'il tombe malade, son inquiétude est extrême. Vous trouvez qu'elle se tourmente à l'excès? Ne voyez-vous pas que cette sollicitude si vive est la sauvegarde de la faible créature qui l'excite? D'ailleurs, la jeune mère ne se borne pas à trembler et à gémir. Son dévouement égale sa crainte. Elle ne dort plus; elle oublie ses plaisirs, le soin de sa propre santé. Une force singulière l'anime, la soutient, la porte. Elle a des clairvoyances profondes : elle éclaire le médecin, elle applique les remèdes mieux que personne. Toutes ses énergies se tendent vers le même but. Cette harmonie de ses facultés appliquées au salut de l'enfant produit quelquefois le miracle impossible à l'art médical.

Elle admire son enfant : elle le trouve beau. On raille ce penchant des mères : il a son danger en effet; mais comprenez-le dans son excellence. Il est l'inspiration même du cœur maternel : il décuple son amour, et c'est l'amour qui crée et qui sauve. Celui qui a mis ce ressort dans l'âme maternelle savait ce qu'il faisait. C'est à l'éducation à en prévenir le mauvais emploi.

Et, au surplus, considérez cet autre prodige d'harmonie. Que l'enfant naisse débile, contrefait, décidément disgracié, une mère vulgaire ou misérablement vaniteuse le prendra peut-être en aversion. Mais une mère dont les penchants sont restés purs, une mère selon la nature, s'attachera d'autant plus tendrement à l'infortunée créature. Dût-elle être seule à l'aimer, elle le chérira avec passion. Sa pitié innée rétablira l'équilibre. Oui, mais d'où lui vient cette pitié?

Mais voici l'épreuve suprême : la maladie a été la

plus forte; l'enfant n'est plus. L'animal abandonne son petit qui vient de mourir. La mère de l'homme continue à aimer l'être qui lui a été ravi. Son affection trompée s'exalte jusqu'au transport. « Elle ne veut pas être consolée, » dit la Bible. Mot profond et vrai. Ne parlez pas à sa raison; sa raison ne comprend rien à vos paroles; elle ne les entend pas. Taisez-vous et pleurez avec elle. L'harmonie divine se maintient en elle par la douleur; mêlez-vous à cette douloureuse harmonie. Une loi souveraine avait voulu que la mère aimât trop pour aimer assez. Ses larmes sont le rafraîchissement de sa pauvre âme. Elle croit qu'elle en mourra; elle le dit. Mais non : Celui qui lui a envoyé et imposé cette torture lui avait d'avance donné des forces pour la supporter. Nous avons été créés en harmonie avec nos épreuves. Le premier accident brise nos machines artificielles; l'organisation humaine résiste aux plus violentes secousses, du moins quand nos excès ne l'ont pas usée. Cette harmonie est une des plus émouvantes et des moins remarquées.

Il est temps de parler des influences qui créent l'harmonie entre le père et l'enfant, — entre le père et la mère par l'enfant.

Bossuet a dit quelque part : « Le plus grand changement que Dieu fasse dans les hommes, c'est quand il leur donne des enfants. » Cette parole est-elle vraie?

Lorsque le vice n'a pas tari dans le cœur d'un homme les sources de l'affection, il désire voir l'union domestique recevoir son complément naturel; il souhaite la venue d'un être qui soit à la fois son image et celle de la compagne qu'il s'est choisie. Jusque-là quelque chose d'essentiel manque au groupe domestique. La maison est comme une ruche sans abeilles, selon le mot d'un poëte.

Dès que l'espoir est certain, l'homme en ressent une vive joie, qui diffère un peu de celle de la femme, mais qui pourtant est de même nature. La femme prépare un berceau, l'homme arrange toute une destinée. Aussitôt naît et grandit en lui la conscience de devoirs nouveaux. Il devient actif, tempérant, économe; il travaille plus et mieux qu'auparavant; il voudrait être riche, puissant, considéré, pour que son enfant fût assuré de trouver sur le seuil de la vie des forces toutes prêtes.

Ce n'est point assez : s'il laisse agir sur lui les influences bienfaisantes qui s'élèvent des berceaux et qui rayonnent du front des jeunes enfants, voici ce qui se passera en lui. Il voudra être meilleur par respect pour son fils ou pour sa fille. Plus ou moins confusément, il sentira qu'il doit devenir un modèle. Ce sentiment, très-faible au début, reçoit d'une volonté ferme de grands développements. Un père, tant soit peu conseillé par son instinct ou par quelque éducation, se garde de donner à ses enfants un dangereux exemple. Beaucoup s'oublient; mais, à moins d'être descendus à l'abrutissement, ils s'en repentent, ils en rougissent. On les blâme d'ailleurs, et on leur inflige sans hésiter le nom de mauvais pères. Un fait incontesté, c'est qu'en général la présence des enfants a la vertu de contenir les parents. Qu'ils obéissent plus ou moins à cette puissance, ils en répondent. Ceux chez lesquels le sentiment de cette responsabilité est impérieux ne se bornent pas à s'abstenir du mal ou à se cacher pour le commettre : ils tâchent d'être bons, honnêtes, irréprochables. C'est là le fruit d'une harmonie dont le principe est en eux;

et ce principe n'est pas l'ouvrage de l'homme, dont la puissance ne consiste qu'à le féconder.

Ce penchant, inné chez le père et aussi chez la mère, le travail de la raison le transforme en devoir sacré. Quand les parents violent ce devoir, le châtiment les attend. Ils ont désobéi à la nature et à l'ordre moral : une terrible harmonie naît aussitôt. Les enfants se mettent avec eux d'accord en cela qu'à leur tour ils désobéissent à l'autorité paternelle et maternelle. La première punition des parents est de n'être point obéis.

Voici la seconde : les enfants, comme des miroirs vivants, leur renvoient le reflet de leur inconduite, de leurs défauts, de leurs vices. Le père et la mère ont beau faire : cette image vengeresse les obsède. L'harmonie du désordre et du mal s'est faite entre eux et ceux que leur exemple a pervertis. Il accusent leurs enfants : qu'ils s'accusent eux-mêmes. Quelqu'un de plus puissant qu'eux a attaché, comme dit Platon, par des liens de fer et de diamant, la récompense à ce qui est bien, la peine à ce qui est mal. Nier cette harmonie est impossible. Il est non moins impossible de n'en voir la cause que dans l'homme. L'homme a pu troubler cette harmonie ou la consolider : il ne peut ni la créer tout entière, ni la détruire.

Plus encore que les parents l'enfant aspire à vivre. Cette tendance se manifeste dès la première minute de son existence, et à chaque instant l'énergie s'en accroît.

Il tend d'abord à vivre d'une vie surtout physique. Il cherche le sein de sa nourrice : il y boit le lait avidement. La souffrance, cet obstacle à la vie, lui est insupportable. Par ses cris il demande impérativement qu'on le soulage, qu'on le délivre du mal. Par ses mouvements il s'exerce à l'action. Il s'attache à ceux qui l'aident à être et qui lui épargnent la douleur. Première harmonie, purement animale, si l'on veut, mais pleine de force et qui est la conséquence de son organisation même.

Bientôt commencent à poindre ses tendances morales. Il sourit à ceux qui lui sourient; il se détourne à l'aspect d'un visage sévère. Un échange d'expressions muettes s'établit entre lui et ses parents. Peu à peu il apprend à articuler quelques mots : c'est un travail auquel sa nature l'excite et ses organes se prêtent. Son intelligence s'entr'ouvre ; l'aiguillon de la curiosité la stimule. Il cherche; il tâte, il examine ; il est lui-même son premier maître. Il écoute avec attention ce qu'on lui dit ; il essaye de le répéter. Il imite la voix, les gestes, les mouvements de ceux qui l'entourent. On se sert de cette disposition pour l'instruire : on ne la lui donne pas. Elle est en lui de par Celui qui a constitué son être.

L'affection des enfants pour leurs parents est intéressée. Longtemps ils reçoivent tout sans songer à donner en retour autre chose que des caresses. Ce qu'ils aiment dans leur père, dans leur mère, ce sont les protecteurs de leur existence, ce sont les êtres plus puissants qu'eux d'où leur vient la satisfaction de leurs besoins. Cependant deux germes dorment dans l'âme de l'enfant : le penchant à la reconnaissance et le sentiment du devoir. Quand on laisse ces germes sans culture, ils restent stériles ; on se hâte trop d'en conclure qu'ils n'existent pas. Voyez les jeunes âmes qu'un souffle affectueux réchauffe : comme elles cèdent à des soins intelligents! La gratitude éclôt et croît en elles : elle prend peu à peu la forme ravissante de la piété filiale. L'éducation achève de féconder la semence précieuse : la raison conçoit la loi sacrée du devoir envers les parents, la volonté l'accomplit, la tendresse en fait une heureuse habitude.

L'enfant a tellement reçu d'en haut le sentiment du bien et du juste, qu'avec un peu d'instruction il en vient à comprendre non-seulement son devoir, mais aussi le devoir de ses parents. Sans doute il consent à être gâté ; cela lui plaît, et son égoïsme en profite. Mais il accepte les reproches mérités et les châtiments justes. On le remarque chaque jour : les enfants élevés avec fermeté, — je ne dis pas avec une dureté cruelle, — aiment mieux leurs parents et s'y attachent davantage. Ils comprennent qu'un père sévère et juste leur est meilleur qu'un père faible : voilà pourquoi ils le respectent ; ils sentent qu'une mère sans molle complaisance les aime plus efficacement : voilà pourquoi ils la chérissent. Rien ne démontre plus clairement l'intime harmonie qui rattache les âmes à la notion du devoir et qui, par cette notion, les rattache entre elles. On a vu des fils impitoyables, après s'être perdus par la paresse et l'inconduite, reprocher amèrement à leurs parents de les avoir gâtés. Manifestation vengeresse d'une justice infaillible, qui n'entend pas qu'on la méconnaisse et qu'on brise les divines harmonies dont elle donne libéralement les principes, et dont elle veut que l'on étende les bienfaits.

Il est facile d'observer d'exquises harmonies dans les rapports des enfants entre eux. Qu'ils aient les uns pour les autres une affection naturelle et susceptible de s'accroître, c'est évident. Tout petits ils se donnent naturellement des marques de tendresse. Ils se cherchent; ils sont heureux d'être réunis, de s'amuser aux mêmes jeux. L'enfant unique, qui n'a que la société de ses parents, risque de tomber dans l'égoïsme et de vieillir trop vite. Les enfants d'une famille nombreuse apprennent à souffrir du mal des autres, à jouir de leurs joies, à mieux goûter les plaisirs de leur âge et à rester plus longtemps naïfs et jeunes.

Mais ce n'est pas tout : ils se développent entre eux sans se surexciter. L'aîné est pour le plus jeune un maître utile. De bonne heure il acquiert le sentiment d'une certaine responsabilité. Donner à son cadet le bon exemple lui paraît bientôt un devoir, et il y met volontiers un heureux orgueil. Il imite les vertus des parents ; il en transmet à son frère une image comme réduite et plus aisément imitable. C'est là un penchant précieux que l'on peut faire tourner à l'avantage des grands et des petits.

Regardez aussi les frères et les sœurs : entre eux combien d'harmonieuses relations ! Dans les familles honnêtes et unies, où les aptitudes natives sont cultivées et gouvernées au lieu d'être contrariées, ou livrées au hasard, ou faussées, les différences produisent l'accord. Quel est le frère qui ne comprenne que son caractère d'homme et sa force lui confèrent le rôle de protecteur ? quel est celui qui ne se montre pas inquiet des dangers qui menacent la vie ou la dignité de sa sœur, prêt à la défendre, prompt à la venger ? Mais voici qui est plus touchant encore et plus délicat : on a vu, on voit tous les jours tel frère dont la tenue et les discours sont loin d'être sans reproches. Dès que sa sœur paraît, son attitude se corrige, ses lèvres se purifient. La mystérieuse atmosphère d'innocence et de pudeur dont la jeune fille marche comme entourée enveloppe son frère et le transforme au moins momentanément. A l'aspect de cette pure enfant, il se contient, il se maîtrise. Et si au lieu de prendre en dégoût le foyer domestique, il l'aime et s'y complaît, cette douce influence de la sœur, fréquemment exercée et jointe à celle de la mère, fera de lui un être bon, noble et charmant. Qui donc a donné à la jeune fille cette puissance adorable de fascination, sinon Celui qui a doué le petit enfant du pouvoir inconscient d'améliorer quelquefois son père?

Ce pouvoir inné n'acquiert pas toujours chez la sœur sa complète vertu; mais, puisqu'il peut se déployer, c'est qu'il existe antérieurement à toute éducation. Il y a là un don de nature. Les sœurs sont souvent angéliques : le mot n'a rien d'excessif. L'ange du foyer intercède pour le frère coupable; elle obtient l'adoucissement de la peine qu'il a encourue; elle sait conquérir en sa faveur le pardon paternel. Fière de ses succès, jalouse de son honneur, elle ne souffre pas que l'on rabaisse ses mérites. Ne touchez pas à son frère : c'est un être sacré.

Il y en a qui renoncent aux joies du mariage pour sacrifier leur vie à la famille que le frère s'est créée. Leurs neveux ont alors deux mères. On ne sait pas assez ce qu'un tel dévouement impose d'efforts, de tact, de prudente réserve. Et pourtant les exemples n'en sont pas rares. Le zèle y est parfois indiscret, la bonne volonté maladroite; mais regardez au cœur; l'intention s'y dévoile dans sa pureté, et le penchant fraternel y révèle sa force innée.

D'autres adoptent pour fils, pour frères, les mendiants, les malades, les blessés. On les nomme *les sœurs* tout court, c'est-à-dire les sœurs par excellence.

Il y a des gens capables qui enflent la voix pour blâmer cet héroïque célibat : ils feraient mieux de réfléchir un peu et de comprendre que les pauvres et les orphelins ont eux aussi besoin de mères et de sœurs, et que les saintes filles qui leur en tiennent lieu obéissent à l'inspiration d'un merveilleux fondateur d'harmonies.

Il ne vous a pas échappé, je pense, qu'ordinairement l'affection des mères penche un peu plus du côté des fils, celle des pères du côté des filles. De même, quand il y a plusieurs frères et plusieurs sœurs, une amitié plus marquée va d'une sœur à un frère, d'un frère à une sœur. C'est presque toujours entre des caractères sensiblement opposés que se produisent ces attractions frappantes. Si l'on disait qu'elles sont le fruit du hasard ou d'un caprice, on aurait bien mal observé. Une loi y préside : les qualités s'échangent ainsi, les jeunes âmes se complètent, les défauts s'atténuent, les dissemblances se font équilibre, les contrastes composent d'harmonieuses sympathies où s'essayent et se préparent les affections plus profondes et les vertus difficiles de l'avenir.

La vieillesse est le soir de la vie. L'homme qui l'a atteinte sent approcher l'heure du dernier sommeil. Ses forces déclinent, son corps usé offre à la maladie des prises nombreuses ; sa mémoire s'affaiblit, ses autres facultés s'émoussent, son ouïe s'endurcit, sa vue se trouble, ses mains s'énervent, ses jambes se raidissent : il assiste à la destruction lente de lui-même.

Mais la vieillesse ne frappe pas tous les hommes avec une égale rigueur. Bien souvent, telle vie, telle vieillesse. Ceux qui ont vécu dans le travail régulier, la tempérance, la pratique des vertus, gardent longtemps leurs forces, leur intelligence, leur activité. C'est le contraire pour les prodigues qui ont dilapidé leur existence. Ceux-ci vieillissent avant l'heure et traînent leurs derniers jours sous le poids des infirmités. Entre la qualité de la vie et la manière dont elle va s'achevant, il y a une harmonie qui dépend beaucoup de notre volonté, mais qui n'en dépend pas uniquement et dont la loi nous est supérieure.

D'ailleurs les influences heureuses de la famille s'étendent à la vieillesse. L'homme auquel nul devoir impérieux n'a imposé le célibat, et qui, reculant devant les obligations de la famille, s'est soustrait aux soucis qu'elle apporte et aux épreuves qui l'accompagnent, en porte presque toujours la peine. D'abord il devient attentif outre mesure à ses douleurs personnelles, vraies ou imaginaires, parce qu'il n'en est pas distrait par les salutaires préoccupations de la tâche paternelle. Seul, livré à des soins mercenaires et intéressés, il est rempli de craintes, rongé de méfiances ; sa maison est vide d'affections ; quand il veut la fuir, la maladie lui en fait une prison où il languit et s'éteint dans le délaissement. Il n'a pas voulu ou pas su se dévouer assez : le dévouement s'éloigne de lui.

Mais changez ce tableau : placez le vieillard au sein d'un groupe d'enfants et de petits-enfants dont il est le centre ; dans un sanctuaire domestique dont il est le patriarche vénéré et chéri. Quelle différence ! Sans doute sa mort est prochaine, mais la vie palpite autour de lui, et il renaît à chaque instant dans ces êtres en pleine fleur qui lui renvoient son image rafraîchie. Plus vivement peut-être que le père, il se réjouit à la vue d'un nouveau-né. Il n'agit plus guère, mais d'autres, qui sont à lui et de lui, agissent sous ses yeux, et c'est pour le vieillard un spectacle délectable. Est-il demeuré un peu vif, un peu alerte, c'est lui qui veille sur les plus jeunes, qui leur donne quelques simples leçons, qui les gourmande doucement. Il se sent encore utile ; il songe moins à compter ses infirmités. Une similitude de faiblesse crée l'harmonie entre lui et les petits. Il retourne quelque peu à l'enfance ; qu'importe ? Voilà des enfants qui le cherchent, qui grimpent sur ses genoux, qui l'entourent de leurs bras, qui lui sourient et l'égayent. Finir peu à peu au milieu de ce dernier printemps que lui font ses petits-fils, ce n'est plus une destruction sinistre, c'est un bercement avant un sommeil. Que le vieillard soit pieux, il se dira que, s'il doit quitter ces vivantes harmonies, bientôt il en retrouvera d'autres qui lui avaient été ravies, et qu'une justice paternelle et divine les lui rendra toutes, avec le temps dans une existence nouvelle.

Puisque ces harmonies résultent primitivement de la constitution physique et morale de l'homme et de la femme, et puisque cette constitution admirablement intelligente ne peut être l'œuvre que d'une cause parfaitement bonne et prévoyante, concluez.

CHAPITRE VII

LA PATRIE

« Il n'est pas bon que l'homme soit seul, » dit la Bible. Il n'est pas bon non plus que la famille soit seule. Et ce n'est pas dire assez : la vérité est qu'il n'est pas possible que la famille soit seule ; et cela n'est pas possible parce que ce n'est pas naturel. Nulle part on ne découvre ni dans l'histoire ni sur la carte de l'univers connu de famille vivant isolément, si ce n'est par exception. Le groupe social le plus restreint est au moins une tribu.

Si les familles, même très-éloignées encore de l'état civilisé, se rapprochent, se réunissent, c'est qu'elles y sont poussées, — avant toute réflexion politique ou philosophique, — par un instinct, l'instinct de la conservation et de la défense. On se rassemble pour augmenter ses forces ; on augmente ses forces pour chasser, pêcher, cultiver, récolter, pour combattre les animaux redoutables, pour repousser l'ennemi commun.

Telle est là raison des petites sociétés primitives. Au fond, cette raison n'est autre chose que la tendance innée à conserver son être, à préserver de la destruction l'être de chacun et l'existence du groupe domestique. Si imparfaite et si grossière qu'elle soit, cette association rudimentaire est une harmonie. Cette harmonie a sa cause dans les penchants innés de l'homme, penchants qu'il ne s'est pas donnés et qui lui viennent de plus haut que lui.

Mais, dès que les familles se rassemblent, il ne faut pas croire qu'elles ne mettent ensemble que leurs engins de pêche, leurs canots, leurs armes, leurs forces physiques. Insensiblement, tous les éléments de la vie humaine entrent en association, et une fusion plus ou moins lente en opère le mélange. Croyances religieuses, culte, fêtes, mœurs, langue, chants de guerre, respect des morts, conservation des tombeaux, toutes ces choses morales, différentes au commencement, finissent par se ressembler. Ce sont des liens puissants; c'est comme un ciment qui retient étroitement joints les esprits, les cœurs, les âmes.

Ainsi s'organise et persiste cette personne collective appelée plus tard la patrie. Examinez chacun des liens qui en rattachent les éléments divers : ils dérivent tous des tendances innées de l'homme, de ces tendances qu'il a reçues, non créées lui-même. On dit que c'est la nature qui les a mises en lui; soit : mais qui a fait sa nature, sinon une intelligence capable de prévoir, des milliers de siècles à l'avance, ce que ces tendances produiraient de rapports, d'harmonies, de progrès?

A mesure que le temps marche, les premières harmonies ne suffisent plus. Les intérêts devenant plus compliqués, les besoins matériels et moraux plus étendus, il est indispensable de protéger les uns et les autres par des lois. Qu'est-ce qu'une loi? Dans sa signification la plus haute, la loi, c'est la patrie elle-même ordonnant à chacun de respecter la vie, les biens, la liberté, la conscience, la croyance de chacun et de tous, au nom de la justice.

Comprise ainsi, la loi garantit aux individus, aux familles, à la nation, la satisfaction du penchant qui porte l'homme à conserver et à développer sa vie, celle des siens et celle du pays. La loi est donc un principe d'existence, de paix et d'harmonie. La raison, qui la conçoit ainsi, conçoit aussi qu'elle est sacrée.

Attenter à la loi, c'est frapper la patrie au cœur. Frapper la patrie en violant la loi, c'est blesser tous ceux que la patrie couvre de sa protection. Violer la loi, c'est donc un crime. Plus la loi est importante, plus le crime est grand. Il faut aimer sa patrie, puisqu'elle est notre être même et celui de toutes les personnes qui sont le prolongement et le complément de notre être. Il faut respecter la loi, sauvegarde de la patrie, par amour pour la patrie et par respect pour la justice.

En nous s'affermit et s'éclaire par l'éducation le double amour de la patrie et de la justice. Il se manifeste avant tout par le culte de la loi. Mais nous aimons la patrie et la justice parce qu'elles sont d'accord avec toutes nos facultés. C'est donc l'auteur de nos facultés qui est en même temps l'auteur des énergies qui deviennent en nous peu à peu amour de la loi, intelligence et respect de la justice. Il nous a donc prédisposés, en nous faisant tels que nous sommes, à aimer la patrie. C'est de lui que descendent, dans le cœur des individus et dans l'âme des nations, les grandes et légitimes harmonies patriotiques.

Aussi, comme les âmes droites aiment leur pays et en respectent les lois, jusqu'à tout souffrir, même la mort, pour la mère patrie! Quel déchirement chez ceux que la guerre arrache à leur pays! Voyez les larmes, entendez les gémissements de l'Alsace et de la Lorraine. Quelle immense joie pour ces sœurs bien-aimées et pour nous, si elles retournaient au sein maternel!

Instinct inné, raison par nous cultivée, mais d'abord innée, c'est-à-dire puissance d'origine plus qu'humaine, telles sont les forces qui excitent l'homme à aimer passionnément son pays, telle est la voix qui le lui commande et l'y oblige.

Un véritable enfant de son pays l'aime jusqu'à obéir à ses lois même quand elles sont injustes, parce qu'une loi, tant qu'elle est loi, tient au cœur de la patrie. Quel plus grand patriote que Socrate! Il avait tout fait pour Athènes. Un jour, son génie et ses enseignements sont mal compris : on le condamne à mourir. Il est en prison légalement, mais injustement. Ses amis viennent et lui offrent les moyens de fuir. Que répond-il? Écoutez!

« Et si je fuis, que diront les lois?... Si tu nous dois la naissance et l'éducation, diront-elles, peux-tu nier que tu sois notre enfant et notre serviteur, toi et ceux dont tu descends? et s'il en est ainsi, crois-tu avoir des droits égaux aux nôtres?... Ou ta sagesse va-t-elle jusqu'à ne pas savoir que la patrie a plus de droit à nos respects et à nos hommages, qu'elle est plus auguste et plus sainte, devant les dieux et les hommes sages, qu'un père, qu'une mère et tous les aïeux ; qu'il faut respecter la patrie jusque dans sa colère, avoir pour elle plus de soumission et d'égards que pour un père? — Les lois me diront enfin : Socrate, si c'est une impiété de faire violence à un père, à une mère, c'est une impiété bien plus grande de faire violence à la patrie... En subissant ton arrêt, tu meurs victime honorable de l'iniquité, non des lois, mais des hommes ; mais, si tu fuis, si tu repousses sans dignité l'injustice par l'injustice, le mal par le mal, si tu violes le traité qui t'engageait envers nous, tu mets en péril ceux que tu devais protéger, toi, tes amis, la patrie et nous. — Voilà ce que me diront les lois. Laissons donc cette discussion, mon cher Criton, et marchons sans rien craindre par où Dieu nous conduit[1]. »

Pourquoi ce langage, mis par Platon sur les lèvres de son maître et que Socrate a dû prononcer, pourquoi ce discours héroïque, quoiqu'il date de plus de vingt siècles, est-il à la fois si émouvant et si imposant ? Parce qu'il est l'écho puissant et harmonieux de la voix intérieure qui crie aux hommes de tous les temps d'aimer leur patrie plus qu'eux-mêmes et de le lui prouver surtout en obéissant à ses lois.

Bien des circonstances concourent à la formation d'une patrie : la configuration du sol, la similitude de génie, de penchants, d'intérêts, de croyances. Une fois que la patrie est faite, quand elle a été consolidée par la durée, quand elle est reconnue, acceptée, chérie, défendue au prix de la vie par ceux qui se disent ses enfants, on doit la considérer comme fondée sur la nature des choses et des âmes ; en d'autres termes, elle est alors véritablement établie sur les plans mêmes, conformément aux desseins de Celui qui a créé les âmes et les choses.

C'est pour cela que, depuis les temps historiques, il y a toujours eu des patries. Il faut le proclamer haute-

---

[1] Platon, *le Criton*, traduction de M. V. Cousin, t. 1er, p. 147 et suivantes.

ment : la patrie est un organe providentiel de l'ordre du monde.

Voyons, en effet, où conduit le sentiment patriotique éclairé par la justice ; considérons les bienfaits qu'il produit, les vertus qu'il enfante.

Aux yeux de quiconque aime de cœur son pays, la patrie est une mère, la mère patrie, que Platon proposait d'appeler d'un seul mot admirable : *la matrie*. Tous les enfants de cette mère sont frères et sœurs, aux yeux du patriote véritable. Sa patrie lui est une grande famille et toutes les harmonies fécondes de la famille naissent entre lui et son pays ; elles font naître les vertus, les dévouements que suscite la famille, mais avec des proportions extraordinaires et souvent sublimes.

Ces mâles vertus éclatent dans toutes les situations de fortune, dans toutes les fonctions, dans les emplois les plus humbles comme dans les plus élevés. Elles paraissent particulièrement énergiques chez le soldat, chez l'officier. Mourir pour sa patrie est un devoir évident et simple : le militaire ne le discute pas. Il donne sa vie sans marchander. Il supporte le froid, le chaud, la faim, la misère, sans murmurer. Pourtant tous ces sacrifices sont contraires à l'instinct individuel ; mais celui-ci se tait, bien plus, il disparaît devant l'instinct patriotique joint à l'autorité impérative du devoir. Plus d'égoïsme dans le soldat : c'est un héros, c'est un martyr. Il n'y a rien de plus grand que ce qu'il fait, et cependant rien ne lui semble plus naturel. Donc, le sentiment patriotique élève l'âme du soldat à sa dernière hauteur. Au contraire, le lâche qui refuse son sang à son pays s'avilit, et le mépris de tous l'accable.

Dans l'ordre civil, celui qui aime son pays d'un amour de fils a le courage civil. Magistrat, il défend, il applique la loi, advienne que pourra, parce que la loi, c'est la justice parlant par la bouche de la patrie. Il brave la fureur de la foule déchaînée. Il est incorruptible, inébranlable. Il couvre de son corps la loi et le droit : il sait que par là il protége le cœur de la patrie.

Le plus simple citoyen, s'il adore son pays, fait tout ce qu'il fait, aime tout ce qu'il aime, dit tout ce qu'il dit par amour pour son pays et pour la justice.

Concevez un pays où ce juste amour de la patrie anime toutes les âmes, ce pays n'est qu'une seule âme, une unité vivante où l'harmonie centuple toutes les puissances. Ce pays est invincible devant l'ennemi, respecté par lui, redouté par lui. Un tel pays ne sera même pas attaqué ; s'il l'est et s'il a su se préparer des forces proportionnées au danger, il sera vainqueur.

Il y a mieux : les facultés qui lui ont été départies et qui sont son génie propre feront d'incroyables progrès. Chacun de ses enfants travaillera, étudiera, agira en vue de l'honneur et de la grandeur morale de sa patrie. Quelle que soit son étendue, ce pays sera considérable par la piété, la science, les mœurs. La liberté aura porté ses fruits, mais comment ? En réunissant en faisceau les ressources, les dons naturels, les énergies constitutives qu'elle serait impuissante à produire et qu'elle trouve d'avance octroyés à la nation par le formateur des mondes.

La patrie est donc un être collectif formé par les hommes, mais préparé, préformé par une sagesse admirable, infiniment supérieure à la nôtre. Son existence et son progrès sont nécessaires à l'individu et à la famille. Elle est non moins nécessaire à l'humanité.

Avant de le montrer, examinons un point. Lorsque

e travail des siècles et des institutions a découvert et fixé les limites des patries, celles-ci sont le résultat d'une harmonie profonde entre les éléments divers faits pour être associés et intimement fondus. La patrie est alors une harmonie vivante qu'on peut nommer justement une unité providentielle.

Cette unité peut-elle impunément être très-vaste, vaste par exemple comme notre globe tout entier, ou du moins comme la majeure partie de ce globe ?

C'est là une illusion. La patrie trop vaste n'a plus d'unité réelle, parce que l'harmonie ne saurait s'y faire. Les différences entre les parties de cette immensité sont trop nombreuses, les ressemblances trop faibles. Le sentiment patriotique s'y perd, s'y noie. Jetez un tonneau de vin dans un fleuve, est-ce que l'eau de ce fleuve aura la force du vin ? est-ce que le pêcheur ou le passant qui boira de cette eau en sera réconforté ? De même pour l'énergie patriotique : contenue en de certaines bornes, elle se conserve et enflamme les cœurs; dispersée, diffuse en des étendues énormes, elle s'éteint.

Une patrie démesurée peut subsister un temps, et encore avec les apparences plutôt qu'avec la puissance réelle de la cohésion. Bientôt elle se disloque ; ses membres, forcément rapprochés un instant, se divisent et vont former séparément des patries naturelles, c'est-à-dire de naturelles harmonies politiques, conformes à l'ordre providentiel.

C'est ce que les conquérants ne comprennent pas toujours. Ils s'imaginent que le feu, le fer et l'oppression suffisent à incorporer violemment des nations à leur nation. Oui, si ces dernières sont des nations énervées et déjà presque mortes, ou des peuplades barbares, ou des tribus sauvages. Non, si les vaincus sont des peuples pleins d'âme et de vie et dans lesquels brûle ardemment le sentiment patriotique.

Les patries dignes de ce nom, on ne les détruit pas. Elles persistent sous l'oppression, dans les chaînes, à la bouche des canons, et cela pendant des siècles. Un jour, tout à coup, elles se relèvent, et leur maître est chassé. Cela s'est vu, cela se verra. L'harmonie naturelle, providentielle, divine, reparait ; l'harmonie fausse, artificielle, contraire à la loi suprême, s'évanouit.

Que les conquérants y réfléchissent, si leur orgueil est resté capable de réflexion. Que les peuples qui ont servi leurs desseins y pensent aussi. Une folle espérance les berce. Leur œuvre est mauvaise : elle sera passagère. Ce qui viole les harmonies du droit et de la justice est condamné d'avance et, surtout de nos jours, ne saurait durer.

Mais que les peuples menacés y pensent de leur côté. La condition première de leur conservation, c'est l'unité qui rapproche, la sympathie fraternelle qui résiste aux passions de l'égoïsme, la tolérance mutuelle, les concessions réciproques qui font et refont à chaque instant l'harmonie sociale sur les bases mêmes de l'harmonie providentielle. L'amour de la patrie peut seul donner la durée à la patrie ; lui seul peut créer cette union des esprits, des cœurs, des courages, des vertus, qui est la vie d'un pays, sa fécondité et sa grandeur au dedans, sa puissance respectée au dehors. Un pays divisé est une proie toute prête pour qui veut la dévorer.

CHAPITRE VIII

L'HUMANITÉ

C'est la famille qui fait naître, conserve, élève quant au corps et quant à l'esprit de nouveaux individus qui remplacent ceux qui s'éteignent ; c'est elle qui assure la durée de l'espèce. Sans la famille, l'humanité disparaîtrait ou plutôt ne serait pas. Il y a donc une harmonie nécessaire entre l'existence de la famille et celle de l'humanité. Et cette harmonie est, on l'a vu, une œuvre divine dans ses puissances natives et dans ses lois essentielles.

D'autre part, sans la patrie, la famille serait isolée, faible, sans protection, sans sécurité, sans progrès intellectuel, moral, religieux. Sans la patrie qui organise les familles en groupes, les conserve, les associe, les gouverne, les défend, la famille végéterait ou finirait par s'anéantir, et avec elle, l'humanité cesserait d'être. Entre la patrie, condition de durée de la famille, et l'humanité, il y a donc une harmonie fondamentale. Cette harmonie a pour premier auteur l'auteur même de la famille. Ainsi, l'humanité ou la collection des patries, est, elle aussi, d'origine divine. Famille, patrie, ce sont là deux harmonies qui composent les deux éléments nécessaires d'une harmonie plus vaste, l'humanité.

Il importe de le redire souvent, de nos jours surtout, sans la famille et la patrie, l'humanité n'est qu'un mot absolument vide. Otez les organes qui forment un corps vivant, ce corps n'est plus rien. De même, supprimez la patrie et la famille, il n'y a plus d'humanité.

Cela étant, le simple bon sens avoue qu'aimer la famille et la patrie, c'est, à coup sûr, aimer l'humanité, puisque celle-ci n'est que l'ensemble des patries et des familles. Le même bon sens dit qu'aimer sa patrie et sa famille jusqu'à l'injustice, c'est-à-dire jusqu'à nuire à l'humanité, c'est un excès qui peut devenir un crime. Je dirai tout à l'heure comment on arrive au crime en commettant cet excès.

Mais avant toute réflexion et tout raisonnement, il y a un instinct inné qui porte l'homme vers l'homme, quelle que soit sa patrie. Un penchant naturel nous rend sensibles, nous Français, aux souffrances d'un Américain, d'un Persan, d'un Hottentot. Ce penchant est attesté par la voix de tous les âges. « Je suis homme, — disait un personnage de la comédie latine, — je suis homme, et rien de ce qui est humain ne m'est étranger. »

Cette sympathie est le premier lien d'harmonie des peuples entre eux. Cicéron l'appelait « *caritas generis humani*. » Le christianisme a prodigieusement développé ce sentiment et lui a donné une force immense sous le nom de charité. « Aimez-vous les uns les autres, » a dit Jésus-Christ.

Il faut que ce penchant soit bien puissant, il faut qu'il dérive d'une source plus qu'humaine, puisqu'il résiste souvent à la voix de l'intérêt et aux fureurs sauvages de la guerre. Devant un ennemi vaincu, les âmes restées humaines s'attendrissent. Nos sœurs de Charité, nos Françaises, nos Français, attachés ou non aux ambulances, nos médecins, nos soldats, soignaient naguère les Allemands blessés avec autant de bonté dévouée que les enfants de notre pays. Les Suisses, les Belges, ont accueilli, nourri, vêtu, consolé les débris dispersés de nos malheureuses armées. Les Anglais, les Américains, nous ont envoyé des vivres, des vêtements ; les Russes, les Grecs, ont suivi leur exemple. Voilà une harmonie qui touche jusqu'aux larmes. Certes l'homme, qui est né libre, peut ne pas céder à ce penchant ; il peut, quand il est sauvage, ne pas savoir encore y obéir. Il peut même, quitte à être taxé de férocité, s'acharner sur son adversaire désarmé. Mais ce penchant est en lui avant que l'éducation vienne le développer. Ce n'est donc pas l'homme qui le donne à l'homme, ni qui se le donne à lui-même.

Suivre ce penchant avec joie, le développer volontairement en son âme, c'est accomplir un devoir envers l'humanité ; c'est travailler, selon son pouvoir, à faire de l'humanité tout entière une grande famille de frères.

Mais j'ai dit que cette tendance a ses excès. Expliquons cela.

Il y a une manière fausse de comprendre le mot humanité. Un grand prélat, un cœur évangélique, Fénelon[1], a écrit : La patrie avant la famille ; l'humanité avant

---

[1] Voici les deux passages où Fénelon a fortement exprimé cette pensée :

« . . . Ce serait une chose monstrueuse de se préférer à toute sa famille, sa famille à toute sa patrie, sa patrie à tout le genre humain ;

la patrie. Il est important de bien entendre cette maxime.

Et d'abord que signifient ces mots : la patrie avant la famille? Afin d'être clair, prenons un exemple. La loi vous commande d'être soldat, de souffrir, de vous battre, de mourir pour la défense du pays. Elle vous ordonne par là de quitter votre famille à qui vous seriez très-utile en restant auprès d'elle. Cette loi, votre cœur et votre raison l'approuvent, parce que vous reconnaissez que l'on se doit à son pays encore plus qu'à sa famille. Le soldat déserte : il viole la loi du devoir envers le pays; il commet une injustice envers la patrie. Il est donc certain que, dans des cas nettement déterminés, la patrie passe avant la famille.

Autre exemple : L'État ne peut gouverner sans argent. Cet argent, c'est l'impôt qui le fournit. Le devoir envers l'État comprend donc l'obligation pour chacun de payer sa part d'impôt. Cela diminue un peu les ressources de la famille; cependant il est juste de toute justice que le pays exige et obtienne de chaque famille qu'elle subisse cette privation. Si vous refusez, si vous escamotez frauduleusement l'impôt dont vous êtes redevable, vous commettez à la lettre un vol au détriment de la patrie. Cela est mal. Il faut donc, pour être honnête citoyen, savoir consentir à priver sa famille de ce

---

car l'amour raisonnable, se réglant toujours sur le degré de perfection et d'excellence de chaque objet, commence par l'universel et descend par gradation au particulier.

« . . . Il n'est pas permis de se conserver en ruinant sa famille, ni d'agrandir sa famille en perdant sa patrie, ni de chercher la gloire de sa patrie en violant les droits de l'humanité. C'est sur ce principe qu'est fondé *le droit des gens et la loi des nations*. (Fénelon : *Essai philosophique sur le gouvernement civil*, ch. II. Œuvres complètes : tome XXII. Paris, 1824. Pages 329-332.)

qui est nécessaire au pays. Dans ce cas encore, la patrie passe avant la famille.

On fait un calcul stupide lorsqu'on s'imagine qu'être injuste envers sa patrie, que la voler en lui refusant l'impôt, c'est une manière d'être utile à la famille. Aider son pays par l'impôt de l'argent, comme le défendre au prix de son sang, c'est assurer l'existence, la force, la sécurité de la patrie et, du même coup, c'est garantir l'existence et la sécurité de la famille, puisque la patrie n'est autre chose que l'ensemble des familles. Refuser tout concours à son pays, c'est, autant qu'on le peut, l'exposer à être attaqué, envahi, vaincu, pillé, rançonné, démembré. Ce qu'on a eu la lâcheté ou l'avarice de ne pas donner par devoir et par patriotisme, l'ennemi vous l'arrache, le sabre sur la gorge. Plusieurs générations, nos jeunes frères, nos sœurs, nos parents, nos enfants, souffrent par suite de cette lâcheté et de cette avarice imbécile infiniment plus qu'ils n'auraient pâti de l'accomplissement du devoir et d'un courageux sacrifice. En réalité donc, il y a harmonie intime entre le devoir envers le pays et le devoir envers la famille.

Pour que cette harmonie soit parfaite, la patrie ne doit exiger de la famille que de justes sacrifices. Lorsque l'État, qui gouverne la patrie, accable les familles sous prétexte d'intérêt public, il y a abus d'autorité, despotisme, tyrannie. Voilà pourquoi, dans les pays libres, ce sont les citoyens eux-mêmes qui, par l'intermédiaire de leurs représentants, fixent l'étendue des charges à supporter. Mais en de tels pays on est d'autant plus coupable de ne pas obéir aux lois, que les lois sont faites par le pays lui-même, et que c'est le pays qui a décidé jusqu'à quel point la patrie devait passer avant la famille.

Maintenant quel est le sens de ces mots : « l'humanité avant la patrie? »

D'abord, il saute aux yeux que nul ne doit violer les lois de l'humanité au profit de son pays. Un pays ne se trouve pas assez grand : il s'empare du sol qui appartient au voisin et en asservit les habitants contre leur volonté. Cela crie vengeance. Par cet abus de la force, la justice est foulée aux pieds, et l'harmonie entre les hommes reçoit une atteinte mortelle; car le vaincu déteste son vainqueur et s'efforce de faire partager sa haine à d'autres peuples. On a vu de ces conquêtes iniques enfanter des déchirements qui ont duré des siècles.

C'est un crime pareil, plus grand encore, que de traiter les hommes comme des animaux. L'esclavage des nègres est un attentat contre la nature humaine. Et quand les pays à esclaves prétendent que la servitude des nègres est indispensable à leur prospérité, cet argument ne touche aucun esprit honnête. Pourquoi? Parce que c'est le langage de l'égoïsme ; parce qu'il n'est pas permis de mettre son intérêt au-dessus de celui de l'humanité. C'est ici surtout qu'il est vrai de dire : l'humanité avant la patrie.

Celui-là donc — peuple ou individu — qui s'abstient scrupuleusement de commettre l'injustice envers l'humanité, obéit à la fois au noble penchant qui porte l'homme à aimer l'homme, et à Celui qui a créé ces penchants et qui, en nous douant de sympathie, aide notre volonté à respecter la justice.

Le devoir strict s'arrête là. Au delà de cette limite commence le dévouement. La conscience de chacun est juge de la mesure dans laquelle il doit se dévouer à l'humanité. Un passant tombe dans la rivière ; un autre s'y jette après lui et risque sa vie pour le sauver : c'est admirable ; c'est un exemple à suivre. Un missionnaire quitte pays, parents, amis, et va éclairer les sauvages au péril d'être massacré par eux : c'est sublime. Un soldat court délivrer un peuple étranger qu'un autre peuple opprime ; c'est héroïque. Cependant, il ne peut pas y avoir de loi écrite qui m'ordonne de guetter ceux qui se noient, de me faire missionnaire, ou d'aller verser mon sang pour l'indépendance de tous les peuples, et qui édicte des peines contre ceux qui ne le font pas. Chacun est libre d'en agir ainsi ; nul ne peut y être contraint d'une façon générale. Dans chaque cas particulier, il faut que le pays lui-même, légalement consulté, décide qu'une partie de l'armée ira soutenir une nation amie. Dans ce cas, c'est la patrie qui commande ; obéissance lui est due, car, nous l'avons vu, désobéir à la loi du pays, c'est ébranler l'harmonie providentielle qui assure l'existence collective des familles.

En dehors des circonstances déterminées dont je viens de parler, et des autres cas semblables, que peuvent signifier les mots : « l'humanité avant la famille ? »

S'ils signifiaient par hasard que ni la famille ni la patrie ne sont nécessaires et qu'il faut les dissoudre, ou les abandonner, ou les supprimer comme des institutions surannées, ces mots seraient une erreur monstrueuse, sinon un blasphème.

Nous pourrions nous contenter de répéter une fois encore que la famille et la patrie étant les éléments, bien plus, les organes de l'humanité, les détruire, c'est préparer l'anéantissement de l'humanité elle-même. Mais sur ce sujet, et en ce moment, il est indispensable d'insister.

Qu'on y prenne garde : s'il n'y a plus que l'humanité, il n'y aura plus qu'une immense patrie composée de l'universalité des peuples de la terre. Cette patrie gigantesque ne vivra pas sans lois, car cela est impossible. Ces lois, qui les fera? Une assemblée de députés nommés par le monde entier? Est-ce praticable? Mais supposons une chambre législative universelle : est-ce que les lois qu'elle portera conviendront à tous les peuples, à tous les génies nationaux, à tous les intérêts, à toutes les religions? Il est trop clair que non. Aussitôt nées, si elles parvenaient à naître, ces lois seraient violées. Il en résulterait d'effrayants conflits dont l'imagination ne peut se former une idée. Chaque nation ferait des efforts violents pour se ressaisir elle-même, pour s'affranchir, pour retourner à sa vie propre et à ses limites. Après avoir défait ce qui existait, on serait contraint de le refaire au prix de convulsions inouïes, de massacres répétés, de ruines accumulées. La dissolution de la famille et la patrie est un rêve criminel et absurde. Il ne se réalisera jamais.

Obéissons aux lois naturelles ; pour cela étudions-les sérieusement, patiemment, au lieu de forger à coups d'imagination de désastreuses chimères. Ces lois, on les découvre aisément dans notre constitution physique, morale, intellectuelle, religieuse. Elles sont plus fortes que toutes les folies que l'homme se permet en dirigeant mal sa liberté ; elles survivent à ses erreurs et à ses fureurs. Il y revient quand il recouvre la lumière de sa raison et quand il suit avec sagesse les mouvements légitimes de son âme et de son cœur.

Mais les racines de ces lois sont en l'homme sans qu'il les y ait lui-même implantées. Elles lui sont supérieures, elles lui sont antérieures. Elles révèlent une intelligence toute sage et toute-puissante contre laquelle il n'y a pas à se révolter, et qu'il est impossible de nier, car ce serait nier l'évidence.

Les harmonies humaines, comme toutes les autres harmonies, proclament donc avec une souveraine éloquence qu'il y a une intelligence supérieure à tous les êtres, créatrice et ordonnatrice de l'univers des esprits commé de l'univers des corps.

CHAPITRE IX

HARMONIES RELIGIEUSES

On a étudié, dans les chapitres précédents, l'univers visible et invisible, physique et moral. On a examiné tour à tour chaque règne de la nature, et les règnes dans leurs rapports mutuels. Dans chaque règne on a considéré les espèces diverses. Partout on a trouvé des relations frappantes qui rattachent entre eux tous les éléments, tous les genres d'êtres organisés et inorganisés, toutes les espèces, tous les individus, et les organes de chaque individu. Ces relations sont des harmonies incontestables qui font de l'ensemble des existences un ouvrage merveilleusement un dans sa diversité, un concert immense de forces et de vies, un ordre enfin.

Cet ordre a toujours plus ou moins excité l'admiration des hommes. Les Grecs nommaient l'univers le *Cosmos*, d'un mot de leur langue qui signifie ordre. La description de l'univers s'appelle aujourd'hui cosmographie.

Les savants de l'époque présente, quelle que soit la

divergence de leurs opinions, reconnaissent unanimement les harmonies de l'univers. C'est à la lumière de leurs travaux que nous avons analysé et décrit nous-même ces magnifiques harmonies.

Or comment se fait-il que les savants puissent les distinguer, les connaître, les embrasser? comment les autres hommes, quoique bien moins instruits, les remarquent-ils rien qu'en regardant la nature, et les admirent-ils plus vivement et plus sûrement quand les savants les déroulent sous leurs yeux?

C'est évidemment qu'il y a entre l'intelligence des savants et les lois du monde, entre l'intelligence moins exercée des autres hommes et ces mêmes lois, un rapport naturel, une correspondance préétablie. Un aveugle n'aperçoit ni la lumière ni les objets qu'elle éclaire. L'homme dont les yeux sont sains voit au contraire et la lumière et les êtres qui en sont éclairés. C'est que le voyant a ce qu'il faut pour entrer en rapport avec les corps qui réfléchissent les rayons lumineux. Ce rapport, c'est une harmonie, et cette harmonie a pour effet la vision.

De même, si nous percevons les relations diverses qui relient les êtres et les mondes les uns aux autres, c'est que nous sommes nés avec la faculté de les saisir. Il y a donc une harmonie naturelle entre notre intelligence et les harmonies de l'univers. L'univers est d'accord avec notre intelligence qui le réfléchit, le reproduit, et cela d'autant plus exactement que nous sommes plus instruits. Sans cette harmonie, l'homme serait en présence de l'ordre de l'univers comme l'aveugle en présence des couleurs.

Mais pensez mûrement à ceci : à mesure que les éléments de l'univers se sont déroulés devant vous, vous les avez comparés. C'est en les comparant que vous avez vu qu'ils se tenaient, qu'ils s'accordaient. A mesure que vous avez avancé dans la lecture de ce livre, vous avez retenu, au moins en gros, ce que vous aviez déjà lu. Vous avez rapproché par la pensée les astres de la terre, les astres entre eux, les êtres de la terre des éléments et de leurs propres parties, c'est-à-dire de leurs membres et de leurs organes, et vous avez envisagé leurs membres et leurs organes dans le rapport qu'ils ont avec certaines fonctions. Il vous a été possible de maintenir présents à votre esprit ces objets si nombreux, ou du moins de les rappeler successivement à votre souvenir. Vous en avez composé des groupes harmonieux, des ensembles, c'est-à-dire que vous en avez formé des unités collectives. Et au point où nous en sommes, vous êtes en mesure de composer, toujours par la pensée, une unité harmonieuse qui comprend la totalité des existences. C'est précisément cette unité totale, unique et harmonieuse que vous nommez : l'univers.

A quoi tient ce pouvoir que vous avez de résumer tant d'idées en une seule idée, l'idée de l'univers? A quoi tient le pouvoir que vous aviez, chemin faisant, de former comme des masses, des groupes, des bouquets, si vous voulez, avec les choses qui vous avaient paru ou semblables ou harmonieusement liées dans la nature? Ce pouvoir tient à ce que votre esprit est un. S'il était composé de plusieurs morceaux, de plusieurs parties, chacune de ces parties aurait peut-être connu quelque fragment de l'univers; mais comment tous ces morceaux d'esprit, ces fragments distincts d'intelligence auraient-ils réuni, concentré, unifié toutes nos connaissances de façon à en former une connaissance unique? C'eût été impossible.

Ainsi, par cela seul que votre esprit connaît plus ou moins l'unité harmonieuse de l'univers ; par cela seul que votre esprit est capable de dire : l'univers est un, par cela seul votre esprit est un, une chose simple, sans parties.

Mais il y a une autre raison pour laquelle votre esprit est certainement un, simple, sans parties. Vous ne vous sentez pas être deux, trois, quatre esprits. Jamais vous ne consentirez à dire : Mon premier esprit connaît la couleur, mon deuxième esprit connaît l'odeur, mon esprit numéro trois connaît le son de la trompette, mon esprit numéro quatre connaît la dureté du fer, et ainsi de suite. Vous êtes parfaitement sûr que c'est un esprit unique qui connaît odeurs, couleurs, sons et toutes choses.

Or un esprit unique ne peut être divisible, et les corps sont toujours divisibles. Votre esprit n'est donc pas un objet corporel. C'est une chose une, indivisible, invisible, immatérielle, qui se connaît elle-même sans avoir besoin pour s'apercevoir ni d'yeux ni d'oreilles. C'est là ce que l'on nomme une âme.

Grâce à son unité, l'âme est capable de comprendre l'unité du monde. Il y a donc une harmonie naturelle entre votre âme et votre esprit capable de connaître le monde en tant qu'il est unité, et ce monde que connaît votre esprit. Et cette harmonie, ce n'est pas vous qui en êtes l'auteur, car vous ne vous êtes pas fait vous-même.

Mais quoi ! pour connaître un peu, pour comprendre imparfaitement, comme je le fais, l'harmonie du monde, il est nécessaire que mon intelligence soit une ; et l'intelligence qui a conçu toutes les harmonies de tous les êtres, et qui les a créées, et qui les maintient, cette intelligence ne serait pas une? Cela ne se peut. L'auteur intelligent et puissant des harmonies universelles est donc une intelligence une, unique, indivisible. C'est donc aussi un être immatériel, un esprit, une âme.

Maintenant, cet ouvrier de l'univers, ma raison me dit qu'il est non-seulement une âme intelligente, mais qu'il est parfait, qu'il est la perfection même.

Voyons : essayez de croire qu'il est imparfait. Vous n'y réussirez pas. Votre raison vous répondra ceci : Si l'ouvrier de l'harmonieux univers est imparfait, au-dessus de lui il y en a un autre qui est parfait ; et c'est l'ouvrier parfait qui est le véritable ouvrier, non pas l'autre.

Chaque fois qu'un peuple, qu'un homme, qu'un savant, qu'un philosophe a pensé fortement à l'ouvrier de toutes choses, sachez qu'il n'a pu s'empêcher de lui attribuer la perfection, toute la perfection concevable.

Il y a donc dans la raison humaine une idée de la perfection.

Et chaque fois qu'on s'est demandé ce que c'était que cette perfection, on est arrivé à dire que cette perfection comprend l'intelligence, la puissance, la bonté, l'amour, la justice sans limites.

Prenez une de ces perfections, par exemple l'intelligence sans limites.

J'ai une idée de cette perfection, puisque j'en parle. Cette idée est incomplète assurément. Je ne sais pas, je l'avoue, comment l'intelligence parfaite connaît tout, le passé, le présent, l'avenir. Il est vrai, je ne comprends pas absolument un aussi grand objet. Mais il n'y a rien dans le monde que l'homme comprenne entière ment. Je ne comprends pas comment une graine produit une fleur, comment l'aimant attire le fer, comment d'un œuf sort un oiseau. Il n'est donc pas surprenant que je ne comprenne pas comment l'intelligence infinie connaît tout, absolument tout.

Mais si je ne comprends pas la perfection infinie dans sa grandeur, je conçois qu'elle existe, qu'il faut qu'elle existe; et ce que je ne conçois pas du tout, c'est qu'elle n'existe point.

Encore une fois, j'en ai donc une idée; et cette idée est le lien qui met mon esprit en harmonie intellectuelle avec la perfection divine.

Ce lien, qui l'a créé? Quel est l'objet qui, en agissant sur mon intelligence, y suscite cette idée et en est la cause?

Est-ce en me regardant moi-même que j'acquiers la notion d'un être parfait? Mais je suis imparfait, et il est trop clair que le spectacle de mon imperfection ne saurait produire en mon esprit l'idée d'un être parfait. Tout autre homme étant imparfait comme moi, quelle que soit d'ailleurs sa supériorité sur ses semblables, sera également incapable de me donner l'idée du parfait.

Est-ce l'aspect et la connaissance de l'univers visible qui imprimera cette idée dans ma raison? Pas davantage. L'univers visible, si grand, si beau qu'il soit, est un composé d'astres, de corps inanimés, de corps vivants. Tous ces corps sont finis, et avec une somme de choses finies on ne forme pas un infini. Le monde visible est donc fini, quoique immense. Ce n'est pas un infini, ce n'est qu'un tout indéfini, c'est-à-dire un tout qui a forcément des limites, bien que ces limites ne soient pas connues de nous. Mais ce qui est fini ne peut être infiniment parfait. Or l'idée que j'ai de la perfection est celle d'une perfection infiniment parfaite. Ce n'est donc pas le monde visible qui m'a donné l'idée de la perfection telle que je la conçois. Sans doute, le spectacle admirable de l'univers m'atteste l'existence d'une intelligence grande, prodigieusement plus grande que l'univers. Mais, s'il me prépare à concevoir l'infinie perfection de l'intelligence, comme le monde est fini, il faut qu'un objet autre que le monde, vienne compléter en moi ce qu'a commencé la contemplation du monde, et m'élève jusqu'à la notion de l'infiniment parfait.

Cet objet, sera-ce le monde des esprits pareils au mien? Les esprits pareils au mien sont imparfaits. Mettez tous ces esprits imparfaits ensemble, sans oublier les plus beaux génies, vous n'aurez toujours qu'un total d'êtres imparfaits. L'idée que j'ai de la perfection intellectuelle dépasse infiniment un semblable total. Ce total me suggère assurément l'idée d'une intelligence immensément grande, mais qui n'approche pas de la grandeur de l'intelligence parfaite. — Donc, le monde des esprits n'est pas la cause qui, en agissant sur ma raison, y produit l'idée que je conçois d'une intelligence parfaite.

Cependant cette idée doit avoir une cause. Dire qu'elle n'en a pas, c'est déraisonner. Mais elle ne peut avoir évidemment qu'une cause assez puissante pour la produire. Et cette cause, c'est de toute nécessité un être doué d'une intelligence parfaite. Oui, c'est l'intelligence parfaite qui seule, en frappant mon esprit de ses rayons, est assez puissante pour y susciter l'idée de la perfection intellectuelle.

Vous le voyez : il y a en vous, il y a en moi une certaine harmonie de connaissance entre notre esprit et un esprit infiniment parfait. Cette harmonie est un fait que personne ne peut nier ; et elle ne peut être l'œuvre que d'une intelligence parfaite.

Ainsi, nous en sommes sûrs, l'intelligence parfaite existe. C'est cette intelligence que l'on nomme Dieu ; Dieu existe donc aussi sûrement que j'existe.

Considérons maintenant une autre perfection, par exemple, la bonté infinie. Être bon, c'est concevoir le bien et aimer à le faire. Admettez-vous qu'un être parfait par l'intelligence ne connaisse pas le bien ? Non ; cela vous paraît impossible. Pensez-vous que connaissant le bien, il veuille le mal ? Non, car alors il serait méchant, et qui est méchant n'est pas parfait. La parfaite intelligence et la parfaite bonté vont donc ensemble et sont inséparables.

Mais où donc avez-vous pris la notion d'une bonté parfaite ? Quel est l'homme qui, en se considérant lui-même, aura l'audace de se déclarer absolument bon ? Cherchez dans l'histoire les personnages dont la bonté est universellement reconnue et que l'on propose pour modèles, un Socrate, un saint Vincent de Paul, vous les admirez, vous les aimez. Cependant vous concevez un être meilleur encore, infiniment meilleur, dont les bienfaits sont inépuisables, dont l'intention ne s'égare jamais.

Un tel être, vous ne le voyez pas parmi les hommes, et cependant vous le concevez, vous en avez l'idée, et j'en ai aussi l'idée puisque j'en parle. C'est en comparaison de ce modèle achevé que les bontés humaines vous semblent toujours incomplètes et bornées. Cette idée de la bonté accomplie ne s'est pas faite en vous toute seule. Une cause l'a nécessairement suscitée et la suscite en ce moment dans votre intelligence. Et cette cause, pour produire cette idée, doit avoir en elle-même tout ce dont elle vous donne la notion ; elle doit être elle-même la bonté parfaite. Donc il existe un être parfaitement bon, qui n'est autre que l'être parfaitement intelligent.

Dès que vous avez clairement conçu que cet être existe, si vous y pensez avec recueillement, vous l'aimez de tout votre cœur. Quelque grand que soit votre amour pour un frère, pour une mère, pour la patrie, l'amour que vous ressentez pour la bonté parfaite est encore plus grand. Vous aspirez vers l'être infiniment bon. S'il se montrait à vous, sa présence vous transporterait de joie. Quoiqu'il ne soit pas visible, vous comptez sur lui, vous espérez en lui, vous en appelez à sa bonté quand le malheur vous afflige. Entre votre faculté d'aimer, d'espérer, de sentir et cet être, il y a une harmonie naturelle et profonde.

Cette harmonie devient d'autant plus intime que vous méditez davantage sur cette infinie bonté. Mais cette harmonie existait d'avance en vous, puisque vous êtes né capable de la concevoir et, après l'avoir conçue, de l'aimer. Et c'est par elle que vous êtes venu au monde apte à y penser, à la désirer ; c'est cette bonté qui attire votre amour, comme la bonté de votre mère attire votre affection, mais avec une puissance infiniment plus grande.

Il y a donc un être dont l'intelligence et la bonté sont parfaites.

Cet être peut-il être injuste ?. S'il l'était, il ne serait ni intelligent, ni bon, ni parfait, car l'injustice est à la fois inintelligence, méchanceté et imperfection. Mais n'être pas injuste, cela ne suffit pas pour être parfait. La justice est une perfection et fait partie de la perfection. L'être parfait est donc nécessairement la justice même.

Nous avons tellement l'idée de la justice que, lorsque nous sommes témoins d'une injustice, nous sommes indignés, révoltés. Nous avons tellement l'idée de la justice et d'une justice parfaite, que, si justes que soient les juges humains, nous déclarons toujours leur justice imparfaite. Ainsi nous possédons une mesure d'après laquelle nous apprécions la justice des hommes. Cette mesure, c'est la notion qu'a notre raison d'une justice infaillible.

Puisque aucun homme n'est parfaitement juste, ce n'est pas à la vue des hommes que naît en notre raison l'idée de la justice. Cette vue ne fait que provoquer notre raison à concevoir le juste absolu. Mais c'est ce juste lui-même qui nous a créés avec une intelligence capable de le concevoir au-dessus et au delà de toutes les justices imparfaites et faillibles.

Que l'homme descende au fond de sa conscience. Quand il a commis l'injustice, est-il content de lui? Non; il souffre, il s'adresse des reproches, il se repent. Cette souffrance, il voudrait y échapper; il ne le peut. Elle le tourmente le jour, la nuit, toujours, partout. S'il était son seul juge, il s'absoudrait peut-être; il chasserait cette souffrance qui l'obsède. Alors même que ses semblables ignorent son action coupable, alors même qu'il se sent en sûreté et en possession de l'estime de tous, il continue à souffrir. Ceux qui ont violé la justice n'ont plus de repos. Il leur arrive quelquefois de s'accuser en rêve et d'avouer leur crime à haute voix pendant leur sommeil. Quelque chose de plus puissant qu'eux les punit, les torture. Ce quelque chose, ou plutôt ce quelqu'un, c'est la justice de l'être parfait qui les atteint jusque dans les ténèbres. C'est elle qui rétablit l'harmonie en punissant dans sa conscience celui qui a foulé aux pieds la loi du devoir, fondement de toute harmonie morale.

Au contraire, celui qui a accompli son devoir, celui qui a aimé et respecté la justice, fût-il méconnu, persécuté même par ses concitoyens, fût-il condamné à mourir, celui-là trouve au fond de son cœur une joie sans égale. Cette jouissance ne lui manque jamais; elle le console, le soutient, le relève. Il se sent en harmonie avec la justice parfaite, et ce sentiment verse dans tout son être une force, un courage, une fermeté qui peuvent l'élever jusqu'à l'héroïsme. Il sait supporter les supplices sans frémir, sans pleurer. Son énergie est complétée par la conviction que le juge infaillible le dédommagera; déjà il jouit de la récompense qui lui est réservée et dont la satisfaction de sa conscience n'est que le commencement.

Quand nous sommes sur le point d'agir, une voix intérieure nous crie : Sois juste ; rends à chacun ce qui lui appartient; fais ton devoir, arrive que pourra. On dit que cette voix est celle de la conscience; assurément. Mais qu'est-ce que la conscience morale? C'est une faculté de notre raison par laquelle nous connaissons la loi de justice. Cette loi de justice est-elle notre ouvrage? Est-ce seulement un ordre que l'homme se donne à lui-même, mais qu'il dépend de lui de respecter ou de mépriser, d'établir ou de renverser?

S'il en était ainsi, celui qui a commis un crime se débarrasserait du remords qui l'obsède, comme en été on quitte un vêtement trop chaud. Il se dirait : Après tout, c'est moi qui m'étais imposé cette règle; elle me gêne : eh bien! je la supprime. Et là-dessus il vivrait en paix. Mais non ; il ne peut ni supprimer la loi de justice, ni se dérober à la torture du remords. Ce n'est donc pas lui qui a écrit cette loi, ce n'est pas lui qui se l'est donnée. Elle commande d'en haut à toutes les consciences ; elle juge ceux qui jugent ; elle condamne ceux qui ont injustement condamné. Tous les scélérats de la terre uniraient en vain leurs efforts pour l'effacer, pour l'abolir : elle demeure intacte, éternelle, inébranlable. Elle est donc l'œuvre d'un législateur plus parfait, plus fort que tous les hommes.

La loi de justice n'est autre chose que le commandement intimé à la liberté de l'homme par l'être infiniment juste. C'est cet être, raison, justice et sagesse parfaite, qui ordonne à l'homme de pratiquer la vertu ; c'est cet être qui, en dépit du coupable, inflige au coupable son châtiment intérieur. C'est cet être qui répand dans la conscience de l'homme de bien une satisfaction qu'aucune autre n'égale, et qui fait que l'on meurt sans crainte.

Pour révéler à la conscience la loi de justice, pour commander à la liberté d'accomplir cette loi, pour infliger à la sensibilité la brûlure du remords ou lui verser les délices de la satisfaction morale, il faut nécessairement qu'il y ait un législateur souverain et parfait, un juge infaillible. Ce juge, c'est Dieu.

Revenons maintenant sur nos pas et reconnaissons la route qui nous a conduits à cette affirmation : il existe un être parfait en intelligence, en bonté, en justice : cet être est Dieu, donc Dieu existe.

L'idée que j'ai naturellement de la perfection me porte à concevoir l'être parfait. Quand je l'ai conçu en vertu de cet élan de mon esprit, quand j'ai écouté cette harmonie intellectuelle qui est en moi l'écho de la perfection, ma raison ne peut s'empêcher de déclarer que la cause de cette harmonie est Dieu, la perfection vivante.

L'idée que j'ai de la perfection me porte naturellement à concevoir une bonté parfaite. Quand j'écoute l'harmonie qui s'établit entre la bonté parfaite et mon âme, je sens que mon âme aime et désire cette bonté qui l'attire. Et j'avoue que la cause de cet attrait est un Dieu, la bonté parfaite et vivante.

L'idée que j'ai de la perfection m'incline naturellement à concevoir une justice parfaite. Lorsque je médite sur cette justice infinie, je reconnais que mon être moral tend à se mettre tout entier d'accord avec le juste, à se conformer à sa loi souveraine. En effet, j'aime la justice ; l'injustice me révolte ; je souffre de mes propres injustices ; je suis intérieurement heureux quand je suis juste autant que je le puis. Ce sont là autant d'effets dont la cause première n'est autre que l'être parfaitement juste, auteur de la loi morale.

Ainsi toutes les facultés de mon être sont autant de puissances qui me portent harmonieusement à affirmer Dieu. Pour le nier, il faut que je lutte contre toutes ces forces, ou que je les aie énervées, ou qu'elles n'aient jamais été cultivées. Mais ces forces sont en moi. J'y obéis ou j'y résiste ; je les cultive ou les néglige ; j'en augmente ou j'en affaiblis l'énergie ; mais elles sont en moi de par un être qui me surpasse autant moi-même que l'infinie perfection surpasse l'âme imparfaite et bornée.

Dieu existe donc. Il possède toutes les perfections. Je n'en conçois que quelques-unes ; celles sur lesquelles je viens de méditer ne sont même qu'une partie de ses infinies puissances. Suis-je libre de ne pas écouter les voix qui m'annoncent son existence et ses attributs? Oui, je suis libre de détourner les regards de ma raison de cette divine lumière. Je suis libre de ne pas penser à Dieu, de ne travailler ni à le mieux concevoir, ni à l'admirer, ni à réaliser en moi quelque lointaine image de ses perfections. Cela dépend de moi. Mais en usant de cette liberté, je sens que je manque à poursuivre le but suprême de mes facultés. Je sens que je fais mal et que je me fais mal à moi-même. Je sens que je me soustrais à une obligation sacrée et que je méconnais ce que je dois à l'être parfait.

J'ai donc des devoirs envers Dieu. Ma raison me l'affirme. Quels sont ces devoirs?

Je les trouve écrits dans ma nature même. Ne l'oublions pas : nous avons constaté dans notre âme la présence de l'idée du parfait, une tendance à méditer sur cette idée, un besoin impérieux d'en chercher la cause. Cette idée, cette tendance, ce besoin, nous nous sommes assurés que Dieu en était l'auteur. Nous sommes maintenant convaincus que si Dieu n'existait pas, nous n'aurions en nous ni cette idée, ni cette tendance, ni ce besoin. Éclaircir cette idée, développer cette tendance, aviver ce noble désir, c'est continuer par nos efforts ce que Dieu a commencé en nous; c'est conformer notre volonté à la sienne.

Nous avons donc un premier devoir envers Dieu : travailler à le connaître autant que l'esprit humain en est capable.

Dès que nous avons réfléchi à la bonté divine, nous sommes portés à l'aimer. Cette tendance est l'effet de l'attrait qu'exerce la bonté infinie : elle est par conséquent l'œuvre de cette bonté. En suivant cette tendance, en la fortifiant de plus en plus, nous inclinons notre puissance d'aimer du côté où la perfection l'attire, et nous agissons conformément aux desseins de Dieu. Or, cela, nous nous sentons obligés de le faire.

Voilà donc pour nous un second devoir envers Dieu : travailler à l'aimer autant que le cœur humain en est capable.

On l'a établi : le goût inné de la justice, l'aversion naturelle pour ce qui est injuste, le bonheur qui suit l'action vertueuse, la cuisante souffrance qui succède à une mauvaise action, l'idée première de la justice parfaite, toutes ces choses sont en nous l'œuvre d'un Dieu infiniment juste. Céder à ces tendances, écouter ces avertissements, se modeler soi-même sur le type de la justice, c'est agir d'accord avec la volonté divine et se mettre en harmonie avec la pensée de Dieu. Non-seulement l'homme peut se conduire ainsi, mais sa raison lui dit qu'il le doit. Dans un langage admirablement simple et fort, on dit que c'est là servir Dieu.

Troisième devoir : faire le bien, pratiquer la justice en vue d'en réaliser ici-bas l'idée que Dieu a mise en nous.

Si ces devoirs sont sacrés, tout ce qui en assure l'accomplissement est sacré pareillement.

Or il y a un fait très-remarquable ; le voici : on ressemble de plus en plus aux personnes dans la société desquelles on passe sa vie. Ceux qui fréquentent des êtres vicieux et abjects, et rien que de tels êtres, deviennent semblables à eux par le vice et par l'abjection. Ceux qui recherchent l'amitié et la conversation des hommes instruits, honnêtes, sages, généreux, en reçoivent peu à peu une heureuse empreinte. Leur esprit s'éclaire, leur jugement devient droit, leur conduite s'ennoblit.

Cette influence s'étend à toutes les manières d'être de ceux qui la subissent. On en vient à imiter involontairement la voix, le langage, l'attitude, les gestes, les mœurs, à partager les affections, les antipathies, les goûts de travail de ceux avec lesquels on vit, surtout quand on les aime. Les enfants copient leurs parents ; les domestiques copient les maîtres ; les ignorants font ce qu'ils voient faire aux hommes plus savants, plus riches, plus puissants qu'eux.

Si, au lieu d'un homme, toujours imparfait, même quand il mérite de servir d'exemple, on avait toujours présent devant soi l'être souverainement parfait, cette influence s'exercerait non moins infailliblement, mais avec une puissance proportionnée à la perfection du modèle. Elle serait immense ; elle l'est effectivement. Celui qui pense assidûment à l'intelligence, à la bonté, à la justice infinie, celui-là sent sa faiblesse, il a conscience de ses défauts, de ses vices. Il est rarement content de lui. Il éprouve le désir de ressembler un peu moins à un être avili, un peu plus à l'être sans défauts et sans vices. Il fait effort pour s'améliorer ; et, à mesure qu'il avance, ce travail lui est moins pénible. Son âme contracte l'habitude de créer en elle-même une ressemblance harmonieuse avec la perfection. Celui qu'il fréquente ainsi par la méditation le marque de son empreinte divine. En doutez-vous ? Essayez, mais essayez chaque jour, essayez longtemps. Vous subirez une transformation lente mais sûre, et vous en serez ravi.

Au contraire, l'homme qui ne regarde jamais du côté du modèle sublime, se croit aisément irréprochable. Il s'imagine valoir autant que les meilleurs; il croit les surpasser. Satisfait de ses mérites, il ne travaille plus à se perfectionner, il n'avance plus; bientôt il recule, il se gâte, parce que l'influence de ce qui est la perfection n'est ni cherchée, ni aimée, ni acceptée par lui. Puisque la pensée constante de l'être parfait et l'amour ardent de cet être nous rendent moins imparfaits, c'est un devoir de contempler souvent ce modèle en lui-même et dans les œuvres où sa beauté se reflète. C'est là l'adoration. L'adoration est donc un devoir envers Dieu. Elle est une partie du culte intérieur.

Ce culte comprend un autre devoir. L'être parfait est tout-puissant, car la toute-puissance est une perfection. Les dons que la Toute-Puissance nous a faits, il est évident qu'elle peut les augmenter. L'influence qu'elle exerce sur mon âme, il est certain qu'elle peut l'accroître. Or un penchant naturel, universel, porte les hommes à demander au Tout-Puissant de les aider à grandir en vertu. Ce penchant est conforme aux desseins providentiels puisqu'il nous entraîne dans le sens même de ces desseins. Il faut donc l'exciter, le cultiver, le suivre. Donc c'est un devoir de prier l'être parfait qu'il nous seconde dans nos efforts à devenir plus intelligents, meilleurs, plus justes. Je dis qu'il nous aide, qu'il nous seconde : en effet, la prière sans l'effort, sans le généreux vouloir, sans le travail personnel, ne porte pas ses fruits. Le secours est la récompense de la demande accompagnée d'effort. *Aide-toi, le Ciel t'aidera.* Mais chacun peut éprouver que l'effort accompagné de la prière est aussitôt plus efficace. C'est donc un devoir de solliciter le secours divin dans le combat pour la vertu. C'est le second devoir du culte intérieur.

Constatons maintenant un autre fait, ou plutôt une autre loi d'harmonie par influence.

Lorsque les hommes sont réunis, ils font plus fortement ce qu'ils font, ils éprouvent plus vivement ce qu'ils éprouvent. Il semble alors que la force des autres s'ajoute à la force de chacun et l'augmente par une harmonieuse contagion. Le sentiment des autres exalte, échauffe le sentiment de chacun. En voulez-vous des exemples : ils abondent. Les soldats qui vont au combat s'excitent mutuellement à l'héroïsme. Tel qui seul serait peut-être timide, devient un lion parmi ces lions. Les spectateurs d'une belle tragédie se communiquent leur enthousiasme. Une même étincelle jaillit et enflamme toute une salle à la fois. Celui qui entre dans une maison en deuil partage instinctivement la tristesse dont elle est remplie.

De même, au milieu d'une assistance qui adore et qui prie, le sentiment religieux s'échauffe, la pensée pieuse acquiert plus de force, de gravité, de profondeur. C'est de là qu'est né le besoin de prier et d'adorer ensemble, d'écouter ensemble un orateur qui parle des perfections de Dieu. C'est par là que les grandes âmes qu'embrasent le courage, le patriotisme, la foi, font rayonner autour d'elles le feu qui les anime. Elles enflamment des populations, des foules, des armées.

Telle fut Jeanne d'Arc. A sa voix, les faibles et les timides se sentaient tout à coup forts et vaillants. Elle avait conscience de son pouvoir ; elle s'en servait avec une habileté inspirée. Quelques lignes de son histoire mettront en vive lumière cette vertu communicative des sentiments supérieurs qui n'apparut jamais plus puissante que chez elle :

« Rentrée en ville, — écrit M. Henri Wallon, — elle employa les loisirs qu'on lui faisait à se mettre plus intimement en rapport avec la population, en lui communiquant, avec sa foi en Dieu, sa confiance dans la victoire, et en la préparant à braver les Anglais dans leurs forts, si les Anglais continuaient à rester sourds à ses invitations.

« Et d'abord elle voulut donner satisfaction à l'empressement populaire. Les Orléanais se portaient en tel nombre vers son hôtel qu'ils en rompaient presque les portes. Elle parcourut à cheval les rues de la ville, et la foule était si grande sur son chemin, qu'à grand'peine pouvait-elle s'ouvrir un passage : car le peuple « ne « se pouvait saouler de la voir. » Tous admiraient sa bonne grâce à cheval, sa tenue militaire ; et ils sentaient qu'elle ne se trompait pas lorsque, tournant vers Dieu leur confiance, elle allait répétant sans cesse : « Mes-« sire m'a envoyée pour secourir la bonne ville d'Or-« léans [1]. »

Certes, il fallait que l'action exercée par cette simple fille des champs fût prodigieuse puisque aujourd'hui, après plusieurs siècles, la seule lecture d'une page de sa vie suffit à produire dans les cœurs de généreux tressaillements. Eh bien, l'excitation féconde qu'éprouvaient les Orléanais en la voyant, chacun l'éprouve à des degrés divers dans la partie religieuse de l'âme, au spectacle d'un temple rempli d'une fervente assistance qui adore.

Or, dès qu'il est démontré que le culte extérieur

---

[1] *Jeanne d'Arc*, par Henri Wallon. T. Ier, p. 66. 2e édition. Paris Hachette et Cie, 1867.

alimente et fortifie le culte intérieur, par cela seul le culte extérieur est un devoir. On y puise la chaleur et l'énergie religieuses. Ce culte développe la plus haute, la plus imposante des harmonies morales, l'accord des âmes dans la reconnaissance et dans l'amour envers l'être parfait, père de tous les êtres. Il met l'esprit fini en union plus étroite avec l'esprit infini, l'âme imparfaite en communication plus intime avec l'âme divine et lui imprime un peu plus de ressemblance avec son modèle accompli.

Mais le culte public ne saurait exciter ces mouvements de l'âme, si l'âme n'y est pas préparée et si elle s'y refuse. Il faut le redire : la pensée de Dieu, l'amour de Dieu, l'aspiration vers la perfection divine sont innés à l'homme, et ces tendances proclament l'existence du Créateur de notre organisation intellectuelle et morale qui seul a pu nous faire capable de tendre vers lui. Cependant ces inclinations précieuses ne sont d'abord que de vagues commencements. Sans culture, ils restent à l'état de commencement, et l'âme qui les renferme est religieusement stérile. Mais nul n'a le droit d'en conclure que ces germes providentiels n'existent pas. Un grain de blé que le laboureur laisse dans son grenier ne donne naissance à aucun épi. On ne s'avise pas de dire pour cela que ce grain est impropre à pousser et à fructifier. On le sème, et la semence qu'il contient, peu à peu fécondée, porte son fruit. De même l'âme, privée absolument d'éducation, semble parfois vide de toute idée de Dieu et de toute inclination vers l'être parfait. Que l'on fasse pour cette âme ce que le laboureur fait pour son grain de froment : elle aussi, elle grandira, elle s'épanouira en fleurs et se chargera d'épis. On y verra éclore la conception du parfait, l'affirmation de son existence et les sentiments admirables qui en dérivent.

Les savants raisonnent mal lorsqu'ils disent : il y a des sauvages qui n'ont aucune idée de la divinité, donc cette idée n'est pas primitivement dans la raison humaine; c'est une invention des pontifes et des philosophes.

D'abord d'autres savants nient le fait. Ils soutiennent que les peuplades les plus grossières ont toutes quelque notion plus ou moins confuse d'un être supérieur au monde et tout-puissant. Sur ce point, l'enquête des voyageurs n'est pas terminée, et certains témoignages ont besoin d'être vérifiés. Mais peu importe. Supposez, si vous voulez, que tels ou tels sauvages n'ont encore fait voir aucune ombre de sentiment religieux : admettez même cela comme certain. Que prouverait cela? Une seule chose, c'est que ces pauvres êtres sont encore engourdis dans leur ignorance primitive, et que, comme le grain de blé de tout à l'heure, aucun rayon n'est venu féconder leur esprit. Qu'on soumette plusieurs générations de ces créatures à une éducation même très-élémentaire. C'est alors seulement qu'il sera permis de conclure. Jusqu'ici l'épreuve a donné le plus souvent des résultats positifs. Et l'on peut défier l'éducateur le plus habile de donner l'idée de Dieu à une intelligence qui en serait née incapable. Il aurait beau faire, il ne serait pas compris.

Mais il n'est pas nécessaire d'attendre que l'on ait épuisé ce genre d'épreuves. Le monde civilisé est là. Dans ce monde, combien de millions d'hommes ont l'idée du parfait? Or cette idée ne saurait en aucun cas être artificielle. Pour l'inventer, il faut d'abord l'avoir, ou tout au moins avoir une raison capable de recevoir la lumière qui vient de l'objet divin. Nous l'avons montré : l'action de Dieu sur la raison peut seule susciter cette idée. N'y eût-il dans l'univers qu'un homme ayant cette idée, Dieu serait prouvé, car il n'y a que Dieu qui produise l'idée de Dieu.

CHAPITRE X

DIFFICULTÉS

LE MAL, LE DÉSORDRE, LA DÉSHARMONIE DANS L'UNIVERS
ET DANS L'HOMME

Jusqu'ici on s'est appliqué, dans ce livre, à mettre en lumière les merveilleuses harmonies de l'univers visible et invisible, physique et moral, social et religieux. La conclusion de ces méditations, toujours appuyées sur la science, c'est qu'il existe un Dieu unique et de nature spirituelle, parfaitement intelligent, puissant, bon et juste, paternel et prévoyant, auteur, organisateur et conservateur du monde et infiniment digne du nom de Providence.

Cependant si ce Dieu est si bon et si juste que rien n'égale ni sa bonté, ni sa justice, comment y a-t-il ici-bas tant de mal, tant de désordres, tant de misères? Comment cette terre, où nous naissons pour souffrir et mourir, mérite-t-elle le nom de vallées des larmes?

Cette objection s'élève dans les âmes les plus pieuses; elle a toujours préoccupé les esprits les plus religieux. Il est indispensable de l'examiner avec recueillement.

C'est un devoir d'y réfléchir d'abord afin de se répondre à soi-même et afin de répondre aussi à ceux qui croient y trouver des raisons de douter soit de l'existence de Dieu, soit de sa bonté providentielle.

Le mal et le désordre sont tellement évidents, qu'il serait absurde d'en contester la réalité, trop souvent poignante. Avouons que le mal existe. Reste à en concilier l'étendue et la persistance avec le gouvernement d'un Dieu inépuisablement bon. Là est le nœud de la difficulté.

Une première règle est à observer. Lorsque deux vérités sont également certaines et qu'elles semblent se contredire, a-t-on le droit de nier l'une ou l'autre? Nullement. Deux vérités certaines doivent absolument, nécessairement s'accorder. La vérité n'est jamais en contradiction avec la vérité. Si une vérité en contredit une autre, ce n'est qu'en apparence. Le devoir de tout esprit qui pense est de chercher à dissiper cette apparence fausse et de réfléchir jusqu'à ce qu'il y ait réussi. A supposer qu'il n'y parvienne pas, la raison commande de continuer à tenir ces deux vérités pour vraies et d'avouer seulement qu'il n'en aperçoit pas l'harmonie.

Ainsi n'eût-on aucun moyen d'expliquer la coexistence de la bonté infinie et du mal dans l'univers, il faudrait néanmoins déclarer et croire que Dieu existe et qu'il est parfaitement bon.

Mais l'intelligence humaine n'en est pas réduite à cette extrémité. Au lieu de prendre les choses en bloc, au lieu de n'attacher ses regards qu'aux malheurs qui accablent, qu'aux désordres qui épouvantent, que l'on consente à étudier le monde avec un soin patient; on le comprendra mieux et l'on verra s'éclaircir plus d'une obscurité troublante.

Pour nous orienter au milieu des complexités du problème, distinguons et tâchons de résoudre les questions suivantes.

1° Le mal dans le monde l'emporte-t-il sur le bien ?

2° Le mal et le bien moral sont-ils en vue du bien et du mieux ? Le progrès peut-il en sortir ?

3° Le mal physique est-il en vue du bien et du mieux ? Le progrès peut-il en sortir ?

§ 1er.

Le mal dans le monde l'emporte-t-il sur le bien ?

Les hommes, auxquels il échappe de s'écrier que le monde et la vie n'offrent que mal et désordre, peuvent être sincères au moment où ils parlent. L'excès du désespoir arrache de ces cris. Cependant, si, ayant repris leur sang-froid, ils se demandent ce que c'est que le mal et le désordre et en quoi ils consistent, ils n'oseront répéter cette affirmation, tant elle est fausse.

Pour tous les esprits qui comprennent le sens des mots, le mal est le principe de la désorganisation, de la destruction, de l'anéantissement. Le mal, par rapport à chaque être, c'est ce qui arrête son développement, ce qui enraye ou brise les ressorts, ce qui détruit les conditions harmonieuses de sa vie. Le mal produit le désordre, et le désordre amène la décomposition, la ruine, la mort.

Si donc le mal l'emportait dans le monde sur le bien, qu'arriverait-il ? Rien ne durerait un jour, une heure, une minute. Aucune harmonie ne s'établirait ; car dès qu'elle commencerait d'être, le principe contraire l'anéantirait aussitôt. Le système des mondes astronomiques ne se serait pas fondé ; l'équilibre des sphères ne serait pas établi. A plus forte raison cet équilibre n'aurait-il pas duré des milliers de siècles. Il n'y aurait aucune relation régulière entre les planètes et le soleil ; aucune entre le soleil et la terre : pas de succession de jours et de nuits ; pas de retour périodique des saisons. Il n'y aurait aucun lien entre les divers règnes de la nature, ni entre l'homme et les autres êtres, ni entre l'homme et l'homme. Ou plutôt il n'existerait ni soleil, ni planètes, ni terre, ni lune, ni règnes, ni animaux, ni hommes, car l'existence de ces êtres a pour condition une multitude d'harmonies permanentes. Il n'y aurait que le chaos, si toutefois il y avait quelque chose.

Mais faisons une supposition moins absolue. Admettons que, le monde ayant subsisté jusqu'aujourd'hui, subitement, à l'heure qu'il est, le mal l'emporte sur le bien et qu'il en triomphe. Ce serait l'anéantissement instantané de toutes les lois conservatrices de l'univers. Soudain, les lois universelles de l'attraction disparaissant, les astres se heurteraient et se briseraient l'un contre l'autre dans un épouvantable pêle-mêle. Ou bien, la gravitation persistant par hasard, mais toutes les autres lois étant réduites à néant, la lumière s'éteindrait, la chaleur cesserait d'être et d'agir, et c'en serait fait des existences végétales et animales.

Il n'y a pas à se récrier ni à regimber : voilà, — entre autres choses, — ce qui arriverait forcément si le mal dans le monde était un seul moment plus fort que le bien.

Il est donc clair comme le jour que le pessimisme n'est pas soutenable et que ceux qui le défendent ou bien ne croient pas un mot de ce qu'ils disent, ou bien n'y ont jamais réfléchi.

Mais voici qui est plus significatif. Il n'y a pas de jour, pas d'heure où l'homme ne prouve, par toutes ses aspirations et par tous ses actes, qu'il estime le bien, dans l'univers et dans la vie, infiniment plus grand et plus puissant que le mal.

De tous les sentiments humains, quel est celui qui ne le cède à aucun autre en force et en ténacité ? N'est-ce pas le sentiment de la conservation ? Et cet instinct dominant, qu'est-ce autre chose que l'amour de l'être, que l'attachement à la vie ? On aime mieux souffrir que mourir. L'horreur de la mort est profondément enracinée dans le cœur de l'homme. Chaque journée est une lutte contre les forces ennemies qui menacent notre existence. Le malade, le blessé, se soumettent à des opérations atroces pour échapper à la mort. Les infortunés qui lâchent pied dans ce combat et qui abandonnent la vie sont l'exception. On les considère comme ayant la raison affaiblie.

L'homme aime la vie pour lui-même ; il l'aime aussi pour les êtres qui lui sont chers. Qu'un de ces êtres soit en péril, sur-le-champ il engage une lutte héroïque contre la mort autour du lit du pauvre malade. Pour vaincre cet adversaire redouté, il n'est pas d'armes qu'il n'emploie. Soins, veilles, remèdes, médecins, recours ardent au Père de la vie, tout est mis en œuvre, imploré, invoqué. Il faut sauver le patient coûte que coûte. Le sauver, entendez-vous ce mot ? Et le sauver de quoi ? De la mort. Et pourquoi ? Afin de lui conserver la vie. La vie est donc un bien.

Si elle est un mal, pourquoi donc voulez-vous la conserver à ceux qu'elle abandonne? Si elle est un mal, pourquoi se crée-t-on une famille, pourquoi donne-t-on le jour à des enfants? Le jour d'un mariage est une fête; le jour d'une naissance, une joie. Une famille nombreuse est un spectacle qui enchante. L'idée que son enfant peut mourir est insupportable à une mère. Elle se révolte contre le danger que court le fruit de ses entrailles; elle veut qu'il vive; elle l'ordonne; elle espère contre toute espérance et quand tout le monde autour d'elle se prend à désespérer. Demandez-lui donc, pessimiste, si c'est un mal qu'elle entend infliger à son fils bien-aimé en lui conservant l'existence!

Le plus terrible châtiment édicté par les lois humaines est la peine de mort. La peine! comprenez-vous? Perdre la vie est donc le pire des supplices. Et remarquez que les juges ne prononcent cette peine qu'en tremblant, et qu'on n'ose en frapper le coupable que pour préserver la vie des honnêtes gens. Ainsi la mort n'est ici qu'un moyen de protéger la vie.

Celui qui meurt au service de sa patrie accomplit le suprême sacrifice. Il donne ce qui lui est le bien par excellence, afin de défendre le sol natal, l'honneur du pays, la sûreté des foyers, bref la vie nationale et les conditions de cette vie. Il paye le bien de tous au prix de son bien personnel. Il veut que sa patrie vive; il croit donc que la vie est bonne à sa patrie; il le croit jusqu'au sang.

Chacun veut être, conserver l'être, étendre son être; chacun désire vivre, développer sa vie, s'assurer une longue vie. Chacun prouve par là qu'il considère la vie comme une carrière où il y a plus de biens que de maux. A ceux qui prétendent le contraire, leurs paroles, leur conduite, leurs affections donnent d'éclatants démentis.

Notre première question est résolue. Oui, dans le monde et dans l'homme le mal est moindre que le bien, — le bien plus grand et plus fort que le mal. Maintenant le mal et le bien sont-ils en vue du mal, doivent-ils finalement aboutir au mal? Ou, tout au contraire, le mal et le moindre bien sont-ils en vue du bien et du mieux, aboutissent-ils au bien, au mieux, au progrès?

§ 2.

Le mal et le bien moral ont-ils pour fin le bien, le mieux, le progrès?

Considérons d'abord l'homme. Ses puissances diverses, son intelligence, sa faculté d'aimer et de jouir, sa volonté, son organisation physique sont un mélange de bien et de mal. Tâchons de voir clair dans ce mélange; attachons-nous à le débrouiller.

L'individu est un objet d'étude moins complexe que la société. Examinons d'abord l'individu.

L'homme naît intelligent. Qu'est-ce que l'intelligence? C'est un pouvoir de connaître ce qui est et d'arriver par là à la vérité qui se définit : l'exacte connaissance de ce qui est. L'intelligence tend naturellement vers la vérité, qui est son but et son bien. Personne ne doute que la vérité ne soit un bien pour l'intelligence, ou, ce qui est tout un, pour l'homme en tant qu'intelligent. Celui qui connaît mieux la vérité, qui connaît plus de vérités que ses semblables, on le déclare supérieur à ses semblables, on le juge plus riche du côté de l'esprit. On estime que cette richesse est une force, une puissance, une lumière, en un mot, un bien non-seulement pour celui qui la possède, mais aussi pour tous ceux avec lesquels il la partage et doit la partager.

Or l'homme est ainsi fait que plus il connaît la vérité, plus il brûle de la connaître. C'est une soif dont l'ardeur augmente à mesure qu'on l'étanche. Mais si la vérité est un bien, une plus grande somme de vérités est un plus grand bien, un mieux. En sorte que l'intelligence est en moi d'abord en vue de ce bien qui est la vérité, puis encore en vue d'un bien plus grand, le progrès dans la vérité et par conséquent dans la science.

Le bien de l'intelligence est donc en vue du bien et du mieux. L'intelligence est constituée en vue de son progrès. Elle est donc perfectible.

A l'exercice de l'intelligence s'attache un plaisir vif. On aime à connaître pour la joie de connaître. Ce plaisir stimule l'âme à chercher, à interroger, à apprendre, et à augmenter ainsi le bien particulier de l'esprit. Cette joie est plus intense chez le savant qui, au lieu de se contenter de la vérité déjà trouvée, découvre de nouvelles vérités. Archimède découvre le principe de physique qui porte son nom : il sort de son bain et court sans vêtements dans les rues de Syracuse, en criant, dans un transport d'allégresse : « Je l'ai trouvé ! je l'ai trouvé ! » A ce degré, le plaisir de connaître est un bonheur. A tous ses degrés ce plaisir, qui est un bien, excite l'homme à connaître mieux et davantage. Les joies de la connaissance sont donc en vue du bien et du mieux personnel de l'individu. Et comme les connaissances se répandent, elles sont un bien pour tous ceux à qui les savants les communiquent.

Mais si l'intelligence a ses biens, elle a aussi ses maux. Faut-il dire que ses maux sont aussi en vue du Bien et du mieux et ont pour fin son progrès ?

Les maux de l'intelligence sont : la peine du travail, l'ignorance et l'erreur.

L'homme ne s'instruit pas sans effort ; et l'effort est pénible. La connaissance de la vérité ne lui est accordée qu'au prix du labeur. Ce travail est toujours fatigant, surtout dans les commencements. Depuis le simple écolier qui se tourmente pour retenir sa leçon, jusqu'au savant qui use ses forces et risque sa vie pour faire avancer d'un pas la connaissance des faits ou celle des lois qui les gouvernent, quiconque étudie est condamné à peiner.

Sans contredit, le travail intellectuel, comme tout autre, est toujours dur aux débutants. Était-il possible qu'un être borné tel que l'homme fût exempt de cette douleur ? Est-il juste de dire que Dieu aurait dû l'en dispenser ? Ce qui est certain de toute certitude, c'est que Dieu est la bonté parfaite. Il n'a donc pas pu prendre un mauvais parti. Sa bonté étant prouvée, s'il nous a soumis à la souffrance, c'est que cela était sage et nécessaire. Cette souffrance est une épreuve. Voyons comment en sortent ceux qui l'acceptent avec courage et soumission.

Chacun sait par expérience que le travail n'est pénible que dans le principe. Il n'y a que les premiers efforts qui coûtent : cette vérité est proverbiale. L'exercice rend l'application de plus en plus aisée ; l'habitude en fait une occupation facile. Il y a plus : cette occupation devient insensiblement un besoin dont la satisfaction nous cause un plaisir vif, pur, sans remords. Les hommes laborieux sont heureux de travailler. Ce bonheur qu'apporte le travail est en lui-même un bien précieux. À ce bien s'ajoutent les fruits du travail et le contentement d'avoir accru son être moral en développant son intelligence.

Au contraire, l'oisiveté, douce d'abord, est bientôt insipide, insupportable. Le paresseux ne tarde pas à ne savoir que faire de ses journées vides ; il les remplit d'actions mauvaises, de jouissances grossières et viles ; il se corrompt et tombe dans l'ennui et dans le dégoût de toute chose. On a vu des hommes, devenus incapables de travailler, tomber dans une langueur maladive, prendre la vie en horreur, demander chaque jour à l'ivresse l'oubli d'eux-mêmes, et aboutir enfin au suicide.

Le travail est si bon, si sain, si fortifiant, qu'une des plus rudes punitions pour les prisonniers est d'être condamnés à l'oisiveté forcée. Ils supplient à genoux qu'on leur donne des livres, des outils, une tâche. Par le travail, ils redeviennent meilleurs et plus heureux.

Ainsi, de quelque côté que vous envisagiez le travail intellectuel et la peine virilement supportée, c'est une épreuve providentielle qui est en vue de notre bien, puisque le bien en sort aussi naturellement que l'eau sort de la source.

Mais l'ignorance est un malheur et beaucoup d'hommes y sont plongés.

C'est un autre aspect du problème. Tant que l'ignorant l'est sans le savoir et sans en souffrir, son ignorance ne mérite pas d'être appelée un malheur. Un petit pâtre qui garde des moutons et qui ne pense qu'à dénicher des oiseaux et à se baigner dans le ruisseau voisin, ne souffre pas de son ignorance. Dès qu'il en souffre, — et il faut lui souhaiter qu'il en souffre, — il est par là-même excité à s'instruire. C'est un coup d'aiguillon, comparable à la faim. S'il souffre vraiment de la faim de connaître, il voudra nourrir son esprit et s'instruira à tout prix. On objectera que les moyens d'apprendre sont rarement à sa portée. Cela n'est que trop vrai, et le devoir des plus éclairés et des plus riches est de l'aider à s'instruire. S'il le désire, s'il le veut sincèrement, s'il ne peut y parvenir et s'il en souffre cruellement, cette souffrance n'est pas méritée. Et nous verrons bientôt qu'un dédommagement divin est dû à quiconque a souffert innocemment.

Quant à l'ignorance volontaire, c'est la paresse volontaire, c'est la lâcheté volontaire. Elle porte avec elle sa punition ; l'ignorant qui s'est complu dans son ignorance est condamné à des erreurs, à des mécomptes, à des humiliations qui l'avertissent du devoir de s'éclairer. Ces avertissements ne sont jamais tardifs, surtout de nos jours. C'est à chacun de les écouter et de les comprendre. On étudie alors, on travaille, on devient un homme par le jugement et le savoir. On croupirait indéfiniment dans sa crasse intellectuelle, sans ces épines salutaires que la Providence a attachées aux flancs engourdis de l'ignorance. Cette souffrance est pour notre bien et nous contraint à le poursuivre.

Cependant, en dépit de tous les progrès de l'art d'étudier et de connaître, l'homme, même l'homme de génie reste sujet à l'erreur. Or l'erreur n'est pas seulement un défaut de richesse intellectuelle ; ce n'est pas seulement, comme on dit, un manque-à-gagner, c'est un mal réel ; quand l'erreur est considérable, quand elle porte sur de grands objets, c'est un fléau. Comment soutenir que ce fléau est en vue du bien et du progrès?

Certes oui : l'erreur en elle-même, l'erreur en tant que mal n'enfante que le mal. Mais l'erreur, à la bien comprendre, n'est pas exclusivement un mal.

L'erreur, c'est l'esprit de l'homme prenant pour vraie une connaissance qui est fausse. On doit distinguer le cas où celui qui se trompe n'a pas le moyen de reconnaître son erreur, du cas où il a le pouvoir de la constater et de la corriger.

Un pauvre paysan a une idée fausse que ses ancêtres lui ont léguée. Il la juge vraie, il en fait l'une des règles de sa vie, et il devient victime de son illusion. C'est positivement un malheur; mais impuissant, comme il l'est, à se désabuser, il est innocent, et le mal qu'il souffre n'étant pas mérité, la justice exige que pour ce mal gratuit réparation lui soit tôt ou tard donnée. D'autre part, les hommes instruits qui le rencontrent ou l'approchent sont tenus de l'éclairer autant que possible. Ils y sont intéressés, car la même erreur qui l'a porté à se nuire à lui-même, peut l'entraîner à nuire aux autres. S'il commet quelque crime, toujours par suite de cette erreur, les tribunaux humains devront mettre son ignorance en ligne de compte et ne lui demander qu'autant qu'il lui aura été donné. Les malheurs qu'entraînent ces erreurs involontaires sont la leçon faite par les événements aux riches de savoir qui ne s'inquiètent pas assez de répandre leur richesse. En face de ces désordres, la société éclairée, si elle cède aux penchants providentiels, est émue à la fois de pitié et de crainte. Elle s'attache à distribuer aux pauvres abusés la lumière qui leur manque.

Disons plus : elle a le devoir de le faire. L'accomplissement consciencieux de ce devoir sacré de l'assis-

tance intellectuelle, serait le bien sortant du mal de
l'erreur, selon la loi de Dieu. Ce n'est pas la faute de
Dieu, — qu'on nous passe ces mots, — quand les indi-
gents vieillissent et meurent dans la superstition, dans
le mensonge, dans l'erreur féconde en actions criminelles. Les crises sociales qui ébranlent le monde sont
des avertissements divins assez terribles, assez clairs.
Que ceux qui ont des oreilles pour entendre, les entendent; que ceux qui ont une raison pour les comprendre,
les comprennent. Et surtout: que personne ne se flatte
que plus les foules sont ignorantes, plus il est facile
de les gouverner; sur ce point, l'erreur désormais n'est
plus permise.

Dans beaucoup de cas, l'homme possède les moyens
de connaître son erreur, et de l'abandonner. Le principal de ces moyens, c'est de ne jamais s'endormir définitivement dans des idées acquises; c'est de vérifier sans
cesse les fondements de son savoir; c'est de ne pas croire
par infatuation ou par paresse que l'on sait ce que l'on
ne sait pas. L'amour-propre, dit Pascal, est un excellent instrument à nous crever agréablement les yeux.
On s'imagine avoir tout appris en se promenant; on
néglige d'étudier. Tandis que tout homme rangé et sage
fait chaque soir le compte de son argent, combien con-
naissez-vous de personnes qui se demandent chaque
jour ce qu'elles ont appris de solide, et en quoi elles se
trompent? Une foule d'erreurs sont notre ouvrage. Et
pourtant, mille circonstances devraient nous avertir que
nous nous égarons. Ces indications nous sont des lumières.
Mettons-les à profit. Acquérons la vraie mesure de notre
valeur intellectuelle. Le sentiment exact de ce que nous
pouvons excitera notre esprit à se fortifier lui-même, au
lieu de faire le procès aux hommes et à la Providence.

17

L'erreur est donc un mal ; mais comme c'est l'intelligence qui commet l'erreur et que l'intelligence a la faculté de se juger et de se redresser elle-même, le remède est à côté du mal. En outre, la peine, la déception, le mécompte qui est attaché à l'erreur est non-seulement un frein et un remède, c'est encore une excitation à mieux gouverner son esprit. En sorte que l'erreur, tantôt sous forme de châtiment, tantôt sous forme de stimulant et d'épreuve, porte et produit de quoi nous éloigner d'elle et de quoi nous rapprocher de plus en plus de la vérité.

Apprendre de l'erreur à fuir l'erreur et à chercher le vrai, c'est mieux comprendre la Providence ; c'est s'épargner beaucoup de souffrances, surtout de ces souffrances qui nous viennent de notre faculté d'aimer.

Aimer, est-ce un bien, est-ce en vue du bien ?

Aimer est bon à l'homme : c'est l'extension de son être en dehors de lui-même. Une sainte du moyen âge définissait Satan : un malheureux qui ne peut plus aimer. Aimer est un bonheur. Voilà pourquoi on aime sans effort, avec un élan de nature, son père, sa mère, son pays. Voilà pourquoi l'homme parvenu à la force de l'âge se crée une famille, et pourquoi tout ce qu'il souffre pour elle lui semble doux. « Amour, a dit un poëte, tous les autres plaisirs ne valent pas tes peines. »

L'amour n'est pas seulement une joie ; c'est une force. A celui qui aime, rien n'est difficile. Il brave les dangers, la douleur, la mort. L'amour enfante l'héroïsme. Il rend l'âme fertile en vertus sublimes. Il est donc un bien ; il produit, plus sûrement que toute autre puissance, le mieux et le progrès. L'égoïste qui n'aime que soi, est le plus stérile des êtres. C'est un frelon dans la ruche humaine. C'est aussi un malheureux.

Après n'avoir longtemps chéri que sa personne, vient un moment où sa vie n'est qu'un désert, il se maudit alors ; mais il est trop tard. Ne pas aimer, est un mal ; haïr est presque toujours un supplice, si ce n'est quand on hait le mal.

Mais l'objection est celle-ci : nos affections les plus pures sont troublées par bien des souffrances. Pourquoi le Dieu bon a-t-il mêlé aux délices du cœur tant d'amertumes, tant de poisons ?

Sans répéter qu'une loi vraiment divine ne peut être ni mauvaise ni injuste, allons au fond des choses.

Les souffrances de l'affection, comme celles de l'intelligence, sont ou méritées ou imméritées. Supposons-les imméritées et prenons des exemples frappants.

La douleur dont souffre celui qui aime d'une affection pure, quand elle est imméritée, l'éprouve, le trempe, l'élève au-dessus de lui-même et le rend plus fort dans les combats de la vie, pourvu qu'il ait compris la haute signification de la douleur.

Avez-vous observé les personnes qui ont peu souffert, qui sont nées dans l'aisance et auxquelles presque tout a facilement réussi ? Dès qu'un mécompte leur arrive, dès qu'un malheur les menace, — que ce malheur soit public ou privé, — elles tombent dans un abattement qui fait pitié. Inquiètes, troublées, quelquefois éperdues, elles passent le jour à craindre, la nuit à frémir. Vous les plaignez et vous dites : « Voilà un homme qui n'a pas assez souffert. La bonne fortune l'a gâté, la vie heureuse l'a amolli. » N'est-ce pas comme si vous disiez : « Mieux vaut à l'homme être éprouvé et devenir courageux et ferme, que de jouir toujours et de rester timide. » Vous proclamez par ces mots la sagesse divine, dont les sévérités paternelles n'ont d'autre fin que notre progrès moral.

Mais une pauvre mère qui a enduré des tortures pour mettre au jour son enfant, qui a veillé, peiné pour le nourrir, l'élever, le guérir et qui le voit périr en pleine fleur, ne subit-elle pas une destinée inutilement cruelle? Où donc est le bien dans un tel mal?

Ce malheur en effet serait une criante iniquité si l'existence présente était la seule. Et voilà une des raisons pour lesquelles nier l'immortalité de l'âme, c'est commettre une erreur violente que ni le cœur ni l'intelligence ne sauraient supporter. Cependant, même ici-bas, cette poignante épreuve, pour qui en pénètre le sens, contient un bienfait. L'âme si rudement atteinte s'épure et se sanctifie. Elle comprend mieux que la vie actuelle est non en vue du bonheur, mais en vue du devoir. Puis sa tendresse un instant refoulée, se répand ensuite avec effusion sur les pauvres, sur les orphelins, *pour l'amour du cher être qui s'est envolé*. Ce cœur se tourne aussi vers Celui qui seul possède la puissance de cicatriser cette blessure. Je n'invente rien; j'affirme, parce que cela est, que les âmes qui ont passé par les flammes de cette douleur, peuvent en sortir agrandies, entourées de cette auréole, de ce quelque chose d'achevé que le malheur seul sait donner.

Quelquefois aussi, pourquoi ne pas l'avouer? les peines de l'affection sont méritées. Il en est que l'on attire soi-même sur sa tête. Alors l'homme seul est responsable, et selon le mot de Platon : « Dieu est hors de cause. » Une mère frivole a couru aux fêtes et laissé son petit enfant à la maison aux soins d'une servante. Un mal subit l'a pris. Celle à qui l'on avait confié la faible créature avait, à l'exemple de sa maîtresse, couru au plaisir et déserté son poste. Abandonné, l'enfant n'a pas été secouru, il a succombé; et l'on accuse Dieu!

Un père insouciant et dissolu a étalé devant les yeux de son fils une vie de désordres. Le fils imite ce modèle et se perd. Et le père accuse Dieu!

Un peuple vaillant et bien doué, mais trop ami du luxe, du plaisir, de ses aises, s'en est remis à un seul chef du soin de défendre le sol, de protéger l'honneur, d'assurer la gloire de la patrie. Sécurité, grandeur et gloire, tous ces biens lui échappent. Et ce peuple accuserait Dieu?

Plus juste, c'est soi-même que l'on accuse. Avec plus de réflexion et de clairvoyance, on s'étonne au contraire que de pareilles tempêtes n'éclatent pas plus fréquemment sur les familles et sur les nations. On remarque combien de ressources sont encore laissées aux imprudents ou aux coupables pour racheter le passé et préparer un nouvel avenir. On constate que, si la nature humaine est vouée à la douleur, elle a des forces surprenantes qui lui permettent de n'y pas succomber, et d'en faire sortir une prodigieuse amélioration d'elle-même.

En effet, cette douleur morale qui a son origine dans nos affections déçues ou brisées, écrase rarement celui qu'elle a frappé. Le temps émousse peu à peu la pointe aiguë du dard. Les larmes rafraîchissent la blessure cuisante. On n'oublie pas, et pourtant insensiblement on se calme, on se console. Et si l'on a de la raison et de la piété, on puise dans les leçons de la douleur, ce maître impitoyable mais bienfaisant, des enseignements dont il dépend de chacun de tirer l'amendement de sa vie, la correction de ses défauts, l'agrandissement de ses dons naturels et l'heureux développement de ses facultés.

Les puissances de l'âme sont si étroitement associées et fondues, elles sont tellement, malgré leur diversité, une seule et même âme, qu'en étudiant les biens et les maux de l'intelligence et de l'amour, j'ai, malgré moi, traité des biens et des maux de la volonté. Je pourrai donc être plus bref sur ce dernier sujet.

L'homme est libre et il est fini. Sa liberté est un pouvoir de mal faire autant qu'un pouvoir de bien faire. Le don de cette liberté imparfaite et faillible n'est-il pas semblable à celui que ferait un père à son fils d'une arme mortelle aux autres et à l'enfant lui-même?

Se servir à son gré de son corps, de ses membres, de ses organes de perception; — suivre ou ne pas suivre l'impulsion de ses penchants, obéir à sa raison ou lui résister, agir librement en un mot, c'est une puissance qui fait de l'homme l'être le plus élevé, le plus noble de cette terre. Que ce pouvoir soit bon en lui-même, qu'il devienne une source de biens selon l'usage qu'on en fait, il est impossible de le nier.

D'abord la libre action physique, le mouvement, l'exercice corporel sont des plaisirs. L'enfant s'y livre spontanément avec joie, et par là, ses organes s'assouplissent et se fortifient. Il y puise la croissance facile et la santé, ce bien particulier du corps. L'homme fait y trouve le même plaisir et de non moindres avantages. Son activité physique, habilement dirigée par l'intelligence, constitue le travail qui lui procure le profit, quelquefois la richesse, qui le préserve de l'ennui et l'éloigne du vice. Sous ce premier aspect, l'activité libre est créée en harmonie avec le bien de l'homme et avec son progrès matériel.

La libre action morale et intellectuelle porte des fruits encore plus précieux. J'ai déjà parlé de la dernière.

Quant à l'action morale, à son plus haut degré, elle est la vertu. Une seule bonne action, une seule victoire remportée sur notre égoïsme est déjà une joie qui charme le cœur. Toutefois, une bonne action isolée ne fait pas plus la vertu qu'une seule hirondelle ou un seul beau jour ne font le printemps, selon la belle image d'Aristote. Mais il dépend de nous que le bien-faire se tourne en habitude, et l'habitude engendre la vertu, qui est la disposition constante à bien faire.

Pour fonder cette disposition vertueuse, l'effort est d'abord nécessaire. Mais quand on l'a courageusement établie en son âme, les actions nobles, honnêtes, généreuses jaillissent de l'âme naturellement. Elles donnent à l'homme un bonheur réel que rien ne peut lui ravir; voilà le bien de la liberté. Elles engendrent des vertus nouvelles, des progrès nouveaux; voilà le mieux de la liberté. Ainsi, votre liberté est incontestablement née en harmonie avec le bien qui enfante le mieux.

L'homme est profondément convaincu que sa liberté est un bien, et en vue du mieux. La preuve, c'est qu'i regarde comme un malheur tout ce qui gêne et entrave cette puissance de son être moral. La captivité, l'esclavage, la persécution, l'oppression par le despotisme et par la tyrannie, ne sont des calamités que parce qu'elles atteignent l'homme dans sa liberté.

Cependant la liberté porte dans son sein des maux qui lui sont propres et qu'il serait puéril de ne pas reconnaître.

L'être libre souffre de son impuissance à faire tout le bien qu'il conçoit; il souffre de la puissance qu'il possède de mal faire alors même qu'il vise au bien; il souffre enfin quand il fait sciemment et volontairement le mal.

Ne pouvoir accomplir tout le bien que l'on rêve, c'est une douleur, et pour les âmes généreuses, un supplice. C'est la conséquence forcée des limites de nos facultés. On en a tiré souvent un argument contre la bonté divine. On a dit : puisque l'homme ne pouvait naître capable de faire tout le bien qu'il conçoit, mieux valait ne le point créer.

Redisons-le sans nous lasser : l'être parfait est infiniment bon ; et il aurait été méchant, — ce qui est contradictoire et absurde, — s'il eût choisi le pire parti. Puisqu'il a créé l'homme imparfait, c'est qu'il était bon que, quoique imparfait, l'homme fût créé. Voilà qui reste inébranlablement vrai, quand même nous ne voyons pas l'accord des deux vérités qui semblent se combattre.

Cela bien entendu, essayons au moins d'apercevoir au fond de la difficulté, sous ces apparences troublantes, tout ce que notre raison est capable de saisir.

Je suis de nature finie. Ma libre action rencontre à chaque pas des obstacles qui la font trébucher, des barrières qui l'arrêtent. Cette impuissance m'afflige, m'irrite quelquefois, souvent me décourage. Cependant, à mesure que je connais mieux les limites de mes facultés, j'en souffre moins, parce que je cesse de tenter ce qui passe mes forces. Je me tourne alors à n'entreprendre que ce qu'il m'est donné d'exécuter.

Sincèrement, le champ ouvert à mon activité n'est-il pas très-grand encore, quoique restreint ? Et l'homme qui saurait tirer de ses puissances tous les fruits dont elles sont grosses, ne serait-il pas moins désolé de ne pas être tout-puissant ? Au total, celui qui réalise chaque jour tout son possible n'est-il pas plus heureux de son pouvoir que malheureux de son impuissance ? Une autre joie l'attend ; car, s'il est borné, il est perfectible. A chaque effort qu'il s'impose, il voit sa puissance grandir. Ne perdons jamais de vue ce caractère essentiellement providentiel de nos facultés : elles sont perfectibles. Cela veut dire qu'il dépend de nous de les agrandir continuellement, et de diminuer ainsi graduellement le mal de notre impuissance. Donc, notre libre activité toute bornée qu'elle est, lorsqu'elle s'applique à ce qui est possible, voit s'élargir le champ du possible. Quand nous voulons avec une énergie persévérante, le mal particulier de la volonté diminue, tandis que son bien s'accroît. Son bien, l'emporte conséquemment sur son mal et contient de quoi produire le mieux.

Il arrive à l'homme non pas seulement de manquer le but qu'il poursuit, mais d'en atteindre un mauvais où il ne tendait pas. Il lui arrive de faire le mal en voulant le contraire, et d'en souffrir cruellement. Son intention était innocente ; bien plus, elle était bonne ; or voilà que son acte est déplorable et que les conséquences de cet acte l'accablent. N'est-ce pas là un grand défaut d'harmonie dans la région des choses morales ?

Examinons. Celui qui a fait le mal en travaillant au bien, a des regrets ; il n'a pas de remords ; et le remords est la douleur la plus profonde que cause l'usage malheureux de la liberté. Cependant les regrets sont encore une peine très-vive. Or, en droit, cet homme qui n'a cherché que le bien et qui n'a fait le mal qu'involontairement, n'a mérité aucune peine. La souffrance du regret peut donc paraître lui être injustement infligée.

Oui, si vous la considérez comme un châtiment. Mais ce n'est qu'une épreuve, une excitation à redoubler d'étude et d'attention dans l'exercice de la liberté.

Instruit par ce chagrin, l'homme s'examine ; il se demande s'il a été assez prudent. Il s'observe désormais davantage et se gouverne mieux. Les conséquences douloureuses de nos fautes involontaires sont la leçon de notre avenir et la condition de notre progrès. On peut les comparer à ces flambeaux que l'on place la nuit au bord des trous et des fondrières pour que le passant les évite. Sans doute, même en surveillant avec vigilance la marche de sa liberté, l'homme s'égare encore. Il a du moins réussi à s'égarer plus rarement, à se rendre irréprochable et à devenir meilleur.

Lorsqu'il n'est pas une épreuve, le mal de la liberté est une expiation, un châtiment. Le châtiment a une signification morale sur laquelle on ne saurait assez méditer. L'homme assez intelligent pour préméditer une faute ou même un crime, est assez éclairé aussi pour prévoir qu'il en sera puni au moins par le remords, très-probablement à la fois par le remords et par la justice humaine. Il sait donc où il va. N'est-il pas vrai que, neuf fois sur dix, la crainte du châtiment suffit à empêcher la faute? n'est-il pas vrai que très-souvent la seule perspective d'une existence empoisonnée par le remords trouble le cœur d'un homme qui va devenir coupable, et retient son bras? Ou bien encore, on redoute la déconsidération, la honte, l'infamie. Mais ce sont là autant d'obstacles que la Providence a accumulés et dans l'âme de l'être libre et autour de lui. La peine, ne fût-elle que prévue, a déjà un effet de préservation salutaire. Elle est l'empêchement préparé par une sollicitude divine pour nous rendre le mal moins facile et moins prompt.

Mais que la faute soit commise, le crime consommé : alors le châtiment du remords intervient et, comme un ressort puissant, il repousse le coupable vers le bien dont il s'est éloigné. C'est une force mystérieuse qui tend à refaire l'harmonie entre la liberté et le devoir. Toutefois, chacun demeure libre de se raidir contre ce pouvoir invisible ; chacun demeure le maître de fermer l'oreille à cette voix sévère et de feindre d'y être sourd. C'est une forfanterie misérable dont il y a des exemples. Ceux qui l'affectent n'y gagnent que de se corrompre tout à fait. Mais ils l'ont bien voulu. Au contraire, c'est un grand avantage que de savoir écouter les reproches de la conscience. On se juge alors ; on garde le souvenir efficace de la douleur que l'on a ressentie. Cela seul est désormais un frein. Le châtiment venu de l'extérieur et qui nous est infligé soit par l'opinion, soit par la sentence des tribunaux, produit le même effet sur ceux dont la vie morale n'est pas éteinte. Le châtiment humain imite de son mieux la sévérité divine de la conscience. L'un et l'autre sont un secours pour la liberté, aux égarements de laquelle ils s'opposent.

On reproche aux lois humaines de punir plus qu'elles ne corrigent. Ce reproche est jusqu'à un certain point mérité. Certains coupables sortent des prisons et des bagnes pires qu'ils n'y sont entrés. Cette imperfection de la pénalité est de plus en plus comprise. On travaille à y porter remède. On espère que des mesures plus habiles et plus humaines rendront meilleurs les détenus. Cette pensée et ce travail prouvent que, dans l'esprit des sages amis de l'humanité, le châtiment, quand on l'applique avec la connaissance de l'âme et le désir de la purifier, peut la ramener au bien. D'heureuses expériences témoignent qu'il est possible d'arriver même à la perfectionner dans ces lieux d'expiation nécessaire.

Concluons donc que le mal de la liberté, dans ses formes multiples, est un mal sans doute, mais un mal en vue du bien et du mieux.

Le mal moral prend de temps en temps de vastes proportions, des formes générales; telles sont les guerres, les révolutions, les crises sociales. Ce sont là des fléaux terribles qui vont jusqu'à déconcerter les âmes et qui les portent à douter de la bonté de Dieu.

La guerre en elle-même est un mal. Ce qu'elle traîne à sa suite de calamités, est-il besoin de le dire? Les peuples devraient en conclure qu'il ne faut jamais s'y jeter qu'à la dernière extrémité. Si cette règle était observée, combien de maux seraient épargnés à l'humanité!

La guerre n'est nécessaire, elle n'est moralement permise que lorsqu'elle est juste. Elle n'est juste que lorsqu'elle a pour fin la défense de la patrie, du droit, du faible opprimé. Même dans ces cas, on doit, avant de s'y résoudre, épuiser les moyens de conciliation.

Est-elle reconnue juste et indispensable : l'humanité exige qu'elle soit courte. Pour cela, la plus grande prévoyance est imposée aux gouvernements, Être prêt à se défendre, c'est être capable de vaincre vite et d'abréger l'effusion du sang. Être prêt, c'est presque toujours empêcher la guerre, car on n'attaque pas celui qui est fort. A supposer que l'on ait le droit pour soi, et que l'on soit vainqueur, la guerre développe de mâles vertus, le courage, la constance, le mépris de la mort; elle exalte le patriotisme, elle lui infuse une vie ardente et puissante, car il est dans la nature de l'homme de s'attacher plus fortement à ce qui lui a coûté les plus grands sacrifices. Ainsi, dans l'hypothèse que j'ai dite, de ce mal de la guerre le bien peut résulter. Et nonlement le bien, mais un progrès considérable qui se marque principalement par une sécurité assurée, une prospérité féconde et, ce qui est le plus précieux, par la grandeur morale.

Est-on vaincu, quoique ayant raison : la guerre alors est une épreuve où la nation puise de profondes leçons, des lumières sur son état intime, de graves motifs de se réformer et de s'améliorer en toute chose pour rétablir sa puissance et ressaisir son droit. L'histoire en fournit des exemples mémorables. Pour un peuple qui sait réfléchir, la défaite n'est qu'un feu qui purifie et qui trempe l'âme de la nation.

Mais dans ces luttes sanglantes, l'innocent souffre et périt. Le faible, si préparé qu'il soit, est écrasé. Le vainqueur insolent lui ôte son nom, son drapeau, son langage. De tels maux ne sont-ils pas sans compensation? Dans ce monde, j'en conviens. Et encore, la fortune a ses retours. Mais quoi qu'il en soit, un dédommagement ne peut être refusé tôt ou tard par la suprême justice à un petit peuple violemment confisqué par des voleurs de territoires.

Mais voici maintenant la guerre injuste. Celle-ci, il faut la regarder en face pour apprendre à l'exécrer et à ne jamais la faire. Il faut lui arracher le masque dont elle cache son visage. Regardez-la bien : ce n'est qu'un brigandage, le plus grand de tous. C'est le crime avec des proportions gigantesques. Aussi ceux qui la souhaitent ont-ils soin de se la faire déclarer afin d'abuser l'univers et de lui persuader qu'ils sont attaqués, non agresseurs, et qu'ils ont pour eux le droit de légitime défense. Là est le comble de l'art. C'est le crime doublé d'hypocrisie.

Ce crime obtient parfois la victoire matérielle. Devant

son triomphe, le cœur de l'humanité frémit ; il déborde d'amertume. Où donc est la Providence, et que fait-elle? murmurent les gens de bien. Ils parlent ainsi parce qu'ils croient que la victoire d'un peuple injuste est un bien sans égal et sans mélange pour qui la remporte. C'est une erreur.

Même vainqueur, le peuple injuste se fait à lui-même un mal immense qui est, dès ce monde, son châtiment providentiel. D'abord son succès lui coûte cher. Avec l'argent des vaincus, le conquérant ne peut rendre la vie à tant de soldats que l'ennemi lui a moissonnés. Il a ses orphelins, ses veuves, la goutte de fiel au fond de la coupe où il se grise. Si ces cruelles guerres recommencent, les mères le maudissent bientôt, comme on l'a vu chez nous. Mais il y a plus ; la guerre injuste n'étant que la méconnaissance du droit et l'abus de la force, le peuple qui s'y livre se corrompt. Il confond la force avec la justice. Il va s'accoutumant au meurtre, à l'incendie, au pillage. Le soldat rapporte ces habitudes dans son pays. Vient un temps où il est un danger pour le vainqueur qui l'a perverti.

La guerre injuste a cette autre conséquence que le vaincu en accepte rarement le résultat. De là des haines qui se contiennent plus ou moins, mais qui persistent vivaces et terribles. Une telle guerre n'est jamais terminée. Le vaincu épie patiemment l'heure où il pourra se relever. Le vainqueur ne dort plus : il craint pour ses conquêtes et pour lui-même ; il sent que ce qui est édifié sur l'injustice n'a pas d'avenir. Il croit de son intérêt de frapper encore quelque grand coup. Et il recommence la guerre, aussi injustement que la première fois, mais avec ce désavantage que ses ruses sont percées à jour. D'abord désintéressés ou indifférents, les autres peuples s'alarment. Dans de telles inquiétudes, on les a vus s'unir et écraser le perturbateur pour rendre le repos au monde. Il dépend des nations fortes d'être aussi justes, modérées et sages, afin que l'histoire n'ait rien de tel à raconter. Mais plus on a été injuste, plus le présent est incertain et l'avenir difficile.

Le bien qui sort de là, c'est d'abord cette vérité que la gloire, quelque resplendissant qu'en soit l'éclat, ne doit jamais être achetée au prix de l'iniquité. Les désordres épouvantables de la guerre injuste apportent avec eux un autre bien. A la lueur des incendies qui embrasent les villes et les hameaux, l'idée du droit s'éclaire. Les peuples sentent la nécessité de mettre la justice au-dessus de tout ; ils comprennent qu'il faut s'unir et s'entendre pour la protéger contre l'égoïsme de ceux qui n'adorent que la force. Cette nécessité devient de plus en plus évidente. Le froissement que les âmes droites ont éprouvé en ces tristes derniers jours prouve que la guerre de proie se fait détester davantage chaque fois qu'elle reparaît. Cette malédiction qui la frappe la rendra désormais moins audacieuse et, espérons-le, moins fréquente.

A parler sans détour de nous-mêmes, nos cruelles défaites peuvent singulièrement nous servir. La France est parvenue à un très-haut degré de civilisation. Or qu'est-ce que la civilisation ? C'est l'ensemble des biens physiques, moraux, scientifiques, accumulés par des siècles de travail et de progrès. Mais plus on a de biens, plus on a de ressources, plus aussi on a de devoirs. Celui qui peut davantage doit davantage. Pensez-y fortement : une richesse de plus n'est qu'un instrument de plus. Un instrument, pourquoi faire ? Pour le mal ? Mille fois non. Pour le bien ? Évidemment. Mais le bien des biens, le bien premier et obligatoire, c'est le devoir.

Ainsi nous avons d'autant plus de devoirs que la civilisation nous a faits plus riches de toute manière.

Le devoir est le but souverain de la vie présente. Rien n'est plus permis que de goûter les jouissances innocentes et élevées qui reposent la liberté et la fortifient. Rien n'est plus légitime que de savourer les fruits du devoir accompli. Mais le peuple qui n'acquiert la richesse et qui ne s'en sert que pour jouir, non pour grandir, cesse bientôt et de jouir et de grandir. Il manque à la destinée humaine et il s'abaisse. Les catastrophes, lorsqu'il sait en pénétrer la signification, l'avertissent providentiellement de revenir à l'amour de la grandeur morale et à l'accomplissement du devoir. Au contraire, l'impunité le perd et le succès facile et répété l'aveugle et l'énerve. Le maître parfait dont les lois imposent aux peuples l'épreuve et le châtiment est un père, non un bourreau. Les liens qui attachent invariablement les souffrances nationales aux fautes nationales sont des harmonies réparatrices qui ramènent les peuples aux harmonies morales et religieuses. Il n'y a là ni fatalité aveugle, ni despotisme tyrannique : il y a amour et paternelle bonté.

Les grands ébranlements que l'on nomme révolutions semblent à certains esprits plaider la cause de la fatalité contre la Providence. C'est un profond sujet de méditations. Il y a des révolutions qui ont enfanté du bien ; beaucoup ont été plus funestes qu'utiles. L'histoire sait en découvrir les causes dans la conduite des hommes ; elle enseigne que c'est sur les hommes qu'en pèse la responsabilité. On est tellement convaincu que ce sont les hommes qui les produisent, que les partis se les imputent à l'envi. Ce que l'expérience enseigne, c'est que le bien que les révolutions amènent coûte cher. Ce bien se paye de secousses terribles et de calamités désastreuses. La sagesse dit aujourd'hui, avec une éloquence saisissante, qu'aux révolutions, il faut substituer enfin les évolutions.

Les évolutions, ce sont les perfectionnements graduels et lents qui transforment ce qui est au lieu de le renverser violemment, qui gardent avec soin du passé tous les éléments qui peuvent servir à fonder, à consolider, à enrichir l'existence future des sociétés. L'évolution, c'est le progrès patient, intelligent, mesuré. Au contraire, les révolutions sont la forme du progrès la plus brusque et la plus périlleuse. Trop souvent elles entraînent les peuples au delà du but et les contraignent ensuite à rétrograder. C'est une fièvre ; or, peuple ou individu, on n'a pas impunément la fièvre ; et quand on l'a presque continuellement, on s'y use et on y périt. La marche lente et calculée fait arriver plus tard au terme désiré ; mais où l'on parvient ainsi, on y reste, sans tristes retours en arrière, sans perte de temps, sans convulsions funestes. L'Angleterre marche de ce pas depuis deux siècles. S'en trouve-t-elle plus mal ?

Puisqu'un peuple voisin a pu se régler à ce point, il n'y a donc là rien qui passe la puissance humaine. Faisons comme ce peuple : cela vaudra mieux que d'accuser tantôt le destin, tantôt la Providence. La Providence a donné aux Français, non moins qu'aux Anglais, la raison pour juger, la mémoire pour se souvenir, l'intelligence pour constater et comprendre les événements de l'histoire, la volonté pour agir à propos. C'est assez pour faire des progrès, je ne dis pas sans efforts, mais sans folle impatience et sans secousses mortelles. C'est à nous d'user de nos facultés, de ne pas aimer nos défauts, de ne pas nous flatter misérablement les uns les autres. Nous verrions ainsi les révolutions diminuer, et le bien de notre pays croître de période en période par un progrès plus réel et au prix de maux beaucoup moindres.

Voilà pour la question du mal moral. On vient de s'assurer que cette espèce de mal ne l'emporte pas sur le bien, et que le bien et le mieux en peuvent dériver au contraire, à la condition toutefois que l'homme se serve courageusement de sa raison et de sa volonté.

En est-il de même du mal physique ?

§ 3.

Le bien et le mal physique sont-ils en vue du bien et du mieux?

Il est superflu sans doute de prouver longuement que la santé, la force physique, la richesse donnent à qui les possède un plus grand pouvoir de bien faire. A vertu égale, à science égale, un médecin vigoureux et riche visitera plus de malades et prodiguera soins et médicaments gratuits à un plus grand nombre de malheureux que son confrère chétif et besoigneux. A génie égal, un savant dont le corps est robuste, supportera mieux le travail, les veilles, les fatigues, les voyages qu'un homme délicat. Ainsi des autres. N'insistons pas. Le bon côté du mal physique est moins facile à montrer.

Ce mal atteint l'homme dans ses biens par la violence des éléments, les orages, les hivers rigoureux, les tempêtes, les grêles qui écrasent les moissons, la sécheresse qui les tue, les inondations qui les emportent ou les couvrent de boue. Ce mal le poursuit dans sa santé par l'invasion des maladies et par les accidents imprévus. Il le frappe dans sa vie. Comment voir là autre chose que des désordres, que des obstacles décourageants à l'accomplissement du bien, à la recherche du mieux, au développement régulier de notre destinée ?

Qu'un point essentiel soit bien entendu entre le lecteur et nous. On n'a garde de soutenir en ce livre que, malgré ces misères, tout est bien dans le monde. Ce serait absurde et révoltant. Mais ce que l'on croit fermement et ce que l'on s'efforce d'établir, c'est que les maux qui affligent l'humanité peuvent, en une certaine mesure, tourner à son bien et contribuer à son progrès. On ne prétend rien de plus. On examinera d'ailleurs, en finissant, si ce monde suffit à réaliser le bien conçu et souhaité par l'homme. Par exemple, je conçois l'harmonie nécessaire de la vertu et du bonheur. Je déclare d'avance que cette harmonie n'est point réalisée en ce monde. On verra ce qui en résulte. Quant à présent, il ne s'agit que d'une question : le mal physique est-il en vue du bien, pourvu que l'homme veuille et sache en user ?

C'est de ce point de vue que nous allons considérer le mal physique.

Du mal physique qui toujours le menace et qui chaque jour l'atteint, résulte pour l'homme la nécessité de bien connaître le monde matériel et de le transformer, à force de travail, en un docile instrument de son progrès. Les calamités physiques sont la révolte des choses encore indomptées. C'est une guerre à laquelle l'humanité doit répondre par la guerre de l'étude et du labeur.

C'est de là qu'est né le progrès des sciences théoriques et des sciences appliquées à l'industrie, à l'agriculture, au commerce, aux arts. Du gouvernement habile et sûr de la matière naît l'accroissement de la richesse et du savoir lui-même. Le progrès amène un redoublement de progrès. Une découverte engendre d'autres découvertes imprévues. Le savant ne trouve pas toujours ce qu'il cherche ; mais son investigation n'est pas inutile : il trouve souvent ce qu'il ne cherchait pas.

Le mal physique est un instituteur sévère, mais bienfaisant. C'est pour échapper au froid, à la faim, à la pauvreté que l'homme a graduellement appris à chasser, à cuire ses aliments, à forger le fer, à tailler le bois et la pierre, à bâtir des maisons, à construire des vaisseaux. Il est devenu de moins en moins faible, désarmé, souffrant ; de plus en plus habile, armé, puissant, capable de commander à la nature et de la subjuguer.

L'aiguillon de la souffrance a un auxiliaire dans la curiosité ardente de l'esprit. L'esprit à son plus haut degré de puissance est le génie. Le génie a inventé le paratonnerre, l'électricité et ses prodigieuses applications ; le génie a découvert la vapeur et sa force, et ses effets variés ; il a découvert la poudre à canon, utile ailleurs qu'à la guerre, et qui fait sauter les rochers et livre passage aux chemins de fer. Les ennemis physiques de l'homme ont été réduits à lui obéir, à le servir comme des esclaves. C'est en souffrant de leur violence que l'homme a appris d'abord à reconnaître leur force, puis à s'y soustraire, puis à la mesurer et à s'en faire un outil. Est-ce un bien ? est-ce un mieux ?

De terribles calamités le frappent néanmoins encore et le frapperont longtemps. C'est la preuve qu'il n'a pas assez étudié, assez répandu ses connaissances, assez appliqué et fécondé son savoir déjà acquis. Force lui est d'apprendre sans repos, d'étudier sans relâche. Il est puni quand il s'endort dans l'ornière creusée par ses devanciers. La nécessité lui fait sentir les lanières de son fouet. Bon gré, mal gré, il faut qu'il avance, qu'il grandisse, il faut qu'il se surpasse lui-même.

Par exemple, il sait qu'un volcan n'est pas éteint, qu'il se rallumera tôt ou tard. Après une éruption qui a détruit villes et villages, l'homme s'obstine à rebâtir sa maison sur ce sol gros de tempêtes de feu. Une prochaine éruption survient et châtie son obstination imbécile.

Il sait qu'en déboisant les montagnes, il enlève toute stabilité aux terres élevées, tarit les sources et décuple la violence et la fréquence des inondations. Il s'entête à jeter bas des forêts tutélaires. Un fléau plus terrible que les précédents le punira lui ou son fils. Est-il bien reçu à accuser la Providence ?

Il sait par la chimie, ou par l'expérience la plus simple, qu'en maniant sans précaution des substances explosibles, des liquides inflammables, il risque sa vie, celle de ses voisins, l'existence de tout un quartier. N'importe, il va au hasard et provoque des catastrophes.

Voyez au contraire quels sont les fruits d'un travail courageux guidé par la science. Les faits abondent. Prenons-en un seul. Les famines étaient autrefois terribles et fréquentes; et la peste venait après elles. De nos jours, dans les pays civilisés, il y a quelquefois disette, c'est-à-dire insuffisance et cherté des grains; mais de ces famines qui étaient pour le grand nombre un manque absolu de pain, il n'y en a plus. Pourquoi? Parce qu'une culture plus intelligente de la terre en a augmenté la fécondité; parce que, grâce aux chemins de fer et à la navigation par la vapeur, les pays qui récoltent trop envoient à temps des céréales à ceux qui n'en ont pas assez. Est-ce un progrès palpable? et la crainte des horreurs de la famine n'y est-elle pour rien?

La pauvreté n'a pas disparu cependant. Travaillons comme s'il était possible de la faire disparaître. L'amour de nos semblables et le devoir nous le commandent. Les progrès déjà accomplis nous y encouragent, ou plutôt nous y obligent. Les statistiques démontrent que, proportion gardée, le nombre des pauvres va diminuant et que les pauvres d'aujourd'hui sont moins misérables que ceux d'autrefois. Par où? Par le progrès du travail, de l'épargne, de l'assistance, du crédit, de la charité fraternelle, par l'influence heureuse de la science économique. Le mal physique secoue et réveille l'homme, le travail grandit, la science s'étend; le mal physique détermine la diminution du mal physique.

Mais la maladie, quel autre ennemi acharné de l'homme et quelle destinée que d'y être sans cesse exposé! N'était-il donc pas possible d'en exempter l'humanité?

Ce que Dieu pouvait faire, je l'ignore. Ce que je sais, c'est qu'il n'a pu ni se tromper ni mal faire. Ce dont je suis sûr, c'est que la maladie nous enseigne elle-même à la combattre, à la vaincre de plus en plus, à l'éviter quelquefois, et que, pour ce combat, la Providence nous a fourni des armes.

Distinguons les maladies individuelles des maladies générales qui s'abattent sur des contrées tout entières.

Le corps de l'homme est à la fois la condition de son existence terrestre et l'instrument de ses progrès dans tous les sens. Il a le devoir de le conserver, d'épargner, de fortifier cet instrument de son devoir. On ne sait pas assez combien il est rare que l'homme se rende compte de cette obligation et la remplisse.

Combien peu d'entre nous se préoccupent de connaître leur organisation corporelle! Et pourtant il est vrai de dire que chaque homme a son tempérament particulier, auquel ne convient pas ce qui convient à une autre complexion, et réciproquement. Chacun est averti dès la jeunesse des répugnances et des convenances de son tempérament par certains troubles dont il souffre quand il commet quelque excès. S'il en tient compte, s'il s'en souvient, ces désordres lui enseignent quelle doit être son hygiène personnelle; et en s'abstenant à propos de ce qui lui est contraire, il peut échapper à de graves maladies. Que s'il y tombe, et qu'il ait la chance d'en guérir, le souvenir de ces maladies est une excellente leçon pour son régime et sa conduite. N'est-il pas reconnu que, parmi les heureux qui n'ont jamais été malades, beaucoup succombent à la première indisposition sérieuse? C'est qu'ils se croient invulnérables, bravent follement le danger, et n'acceptent pas de remèdes.

Jusque-là les maladies par imprudence ou par ignorance sont des épreuves et des leçons. D'autres fois elles prennent le caractère d'un juste châtiment. Il n'est pas d'excès qui ne porte sa peine, pas même le noble excès du travail. Et sans entrer dans trop de détails, la passion des boissons alcooliques, aujourd'hui si lamentablement répandue, reçoit tôt ou tard un châtiment effroyable. Un des premiers symptômes des ravages qu'elle exerce est le tremblement nerveux. Puis arrive une perpétuelle insomnie, à laquelle succèdent parfois des rêves effrayants, des cauchemars pleins de terreurs. C'est ensuite la perte de la vue, l'épilepsie, la paralysie et enfin des troubles irrémédiables de l'intelligence. Bientôt la mémoire disparaît, la parole s'embarrasse; la pensée devient vague et confuse. Enfin se produit le délire furieux, ou bien une folie véritable, la folie alcoolique, la plus cruelle de toutes peut-être et celle qui aboutit le plus souvent au degoût insurmontable de la vie et au suicide[1].

Voilà le châtiment de ce vice honteux. La science crie chaque jour cela à toutes les oreilles. C'est à chacun à écouter sa voix.

Mais la science répand encore d'autres leçons dont il faudrait savoir profiter. La sobriété, la vie laborieuse et réglée sont d'admirables préservatifs contre les maladies et dispensent de recourir au médecin. La propreté est aussi un puissant moyen de conserver sa santé, de renouveler ses forces, de les accroître. On s'imagine que la propreté est chose malaisée et coûteuse ; on se trompe. Sans doute, tout le monde n'a pas le linge en abondance, ni des bains dans son appartement. Mais, qu'on nous laisse le dire avec une entière franchise de termes, — les moins riches ont bien un seau d'eau et un lambeau de toile à leur disposition. C'est assez : voilà un établissement de bains. Ceux qui chaque matin, même en hiver, et quand il gèle, entendez-vous? ceux qui ont le courage d'inonder rapidement d'eau froide leur personne tout entière, puis de la frictionner rudement, acquièrent une vigueur inattendue et bravent la rigueur de l'hiver. Ils n'ont pas besoin de s'exciter au travail par des libations d'alcool ou d'absinthe, qui sont de vrais poisons. Ils sont souples, ils sont agiles et sains. Voilà qui est simple et souverainement bienfaisant. Que ne le fait-on? La malpropreté est une source de maladies, et des plus repoussantes. Elle n'a d'autres cause que la paresse et l'ignorance. Que les maladies qu'elle cause et qui

[1] *Journal des Débats* du 4 février 1872, article de M. Ph. Richet.

sont trop connues pour que j'en parle, nous apprennent à pratiquer la pureté matérielle, auxiliaire indispensable de la pureté de l'âme.

On répondra que les maladies épidémiques frappent à tort et à travers et n'épargnent personne. Ce n'est pas exact. Il est avéré que le choléra-morbus, par exemple, a toujours fait plus de victimes parmi les individus affaiblis par les excès et surtout par la hideuse ivrognerie. Les blessures accidentelles et celles que l'on reçoit à la guerre s'enveniment et deviennent promptement gangréneuses chez les hommes adonnés à l'alcool. Ce qui est certain aussi, c'est que les gens tempérants, modérés, réguliers dans leur vie, fournissent beaucoup moins de victimes aux maladies épidémiques.

Au reste, à mesure que les maladies paraissent ou reparaissent, on les étudie avec une attention plus profonde, on arrive à les combattre plus efficacement et à en restreindre les ravages. Il est démontré que la santé publique s'est notablement améliorée par les travaux de la science, par l'assistance prompte donnée aux pauvres, par l'assainissement des villes, des hôpitaux, des rues, des égouts. Certaines maladies horribles ont disparu de la face du monde. Ce qu'on nommait autrefois la peste ne se reproduit plus. Épouvanté par les fléaux publics, cruellement instruit de la désolation qu'ils sèment, l'homme s'est redressé contre cet ennemi et lui a livré une guerre où le triomphe de la volonté et de la science est de plus en plus fréquent. Mais c'est à chacun de combattre pour son compte et de travailler bravement à assurer non-seulement sa conservation, — ce ne serait pas assez, — mais son progrès physique et celui de ses semblables.

Assurément, même en dépit des plus énergiques efforts, la maladie et les accidents affligeront souvent des innocents et des infortunés qui n'ont nullement pu les prévenir et qui périssent avant d'en pouvoir tirer aucun enseignement salutaire. Ceux-là même dont la vie est exemplaire ne sauraient se flatter d'y échapper toujours. Que dis-je? celui qui se dévoue meurt bien souvent victime de son dévouement : ses forces s'épuisent, la contagion le gagne; il sauve son semblable, et il périt.

Ces faits nous ramènent encore une fois à la souffrance et à la mort imméritées. C'est la question de la vie future qui reparaît. Nous y touchons.

Si grands en effet que soient les progrès de la science, de l'hygiène, de la moralité, du dévouement, la mort demeure inévitable. On peut réussir à prolonger la vie présente, mais non à supprimer la mort. La moyenne de l'existence humaine augmente constamment. On allonge la route, on en recule le terme; le terme n'en arrive pas moins infailliblement. S'il est une loi divine, c'est celle-là.

Puisque Dieu est la bonté parfaite, que signifie la mort? Qu'est-elle? Est-ce l'anéantissement définitif de notre être? N'est-ce que la fin d'une première existence et l'enfantement d'une vie nouvelle?

CHAPITRE XI

HARMONIES FUTURES

C'est à l'étude attentive des harmonies de notre constitution physique et morale que nous avons demandé des lumières sur la destinée présente de l'homme. Persévérons dans cette voie. Cherchons si ces mêmes harmonies nous offriront le moyen de dissiper quelques-unes des obscurités qui enveloppent le problème de la mort et celui de notre destinée future. Redoublons d'attention et de recueillement. Il s'agit maintenant de l'avenir définitif de l'homme.

Et d'abord, que le lecteur se remémore les raisons qui prouvent que la vie, quoique mêlée de beaucoup de mal, est cependant une carrière où le bien l'emporte sur le mal.

L'homme est né pour vivre : son organisation le proclame hautement, car elle est en profonde harmonie avec la vie. Il n'est pas en lui une seule faculté, une seule aspiration qui ne tende à l'être, à la continuation de l'être, au développement, au perfectionnement de l'être.

Et pourtant le bonheur complet n'est pas de ce monde. Cependant l'existence actuelle comporte un certain degré de bonheur. Que l'on réfléchisse, on reconnaîtra que le bonheur de chacun croît et se consolide à mesure que l'harmonie s'établit davantage entre chacune de ses puissances et le but qu'elle poursuit, et entre ces puissances elles-mêmes. Plus simplement, il est d'autant plus heureux que ses facultés s'exercent avec plus d'énergie, d'accord mutuel et de succès. C'est dire que la croissance de ses facultés est bonne et lui est bonne quand elles agissent et grandissent selon la loi divine du devoir.

Bref, l'homme conquiert le bonheur que la présente vie comporte en se perfectionnant lui-même conformément à la loi du devoir. — Et comme le devoir commande de perfectionner aussi, autant qu'on le peut, ceux sur lesquels on a de l'influence, le bonheur de cette vie croît selon que nous travaillons à accroître notre être et l'être des autres dans le sens de la perfection.

Tel est le but de la vie; tel en est le bien et le bonheur.

Si la vie est une carrière dans laquelle on peut bien agir, grandir, se perfectionner de plus en plus, et jouir de se sentir croître en perfection, la mort, qui interrompt ce perfectionnement et anéantit le bonheur qui en résulte, est donc un malheur. Et si la mort est pour nous la fin de toute existence, si elle nous précipite dans le néant absolu, la mort est un malheur sans aucune compensation. Parlons nettement : la mort sans lendemain serait, de la part de l'Auteur de la vie, une injustice et une cruauté.

Sans doute ce malheur injuste et cruel aurait des

degrés divers ; il serait plus ou moins connu, plus ou moins senti ; mais à ses différents degrés, mais plus ou moins vivement senti et compris, il resterait toujours une injustice indigne de la bonté divine.

On peut effectivement distinguer des différences dans les biens que la mort enlève à l'homme et dans les pertes qu'elle lui inflige. Il y a le bien de la vie à l'état de simple espérance et de promesse pour l'avenir. Il y a aussi le bien déjà réalisé, déjà acquis, chèrement payé et dont on est en pleine possession. Si le bien n'est encore qu'espéré, que promis, que possible, la perte sera moindre. Ce sera cependant une perte et par conséquent un malheur. La perte causée par une mort sans lendemain sera certainement grande à l'excès, si l'homme perd à la fois et des biens acquis déjà et des biens plus nombreux et plus précieux encore qu'il allait pouvoir acquérir.

A ce double point de vue, la mort suivie du néant serait une criante injustice ; et, ce que l'on ne remarque pas ordinairement, c'est que cette injustice serait d'autant plus révoltante qu'elle frapperait l'homme ayant longtemps et vertueusement vécu.

Des exemples rendront cette vérité claire comme le jour.

Un enfant meurt en naissant ou très-peu de temps après sa naissance. C'est une douleur cruelle pour ses parents, surtout pour sa mère, parce que, dans le sein maternel, une harmonie par la chair et le sang s'était établie entre ce petit être et sa mère, et que la mort brise cette harmonie. C'est, il est vrai, une mort que l'on déplore peu, parce que la vie n'était pas encore devenue pour cet enfant un bien fortement réalisé. S'il perd les espérances de la vie, il ignore qu'il les perd; et quant à des biens effectifs et réalisés, il n'en possédait pas encore. Mais considérez non ce qu'il sait ou ce qu'il sent, mais ce qui lui est enlevé. Sa fin si prompte est un malheur, car elle le prive des moyens de grandir en perfection et de jouir de son perfectionnement. Et comme il est innocent, il a droit à un dédommagement. La mort suivie du néant serait pour lui sans dédommagement : ce serait donc une mort injuste. Dieu ne se joue pas ainsi de la vie, dont il est le père infiniment bon.

Un jeune homme meurt en pleine fleur, à vingt ans. Cette mort est jugée bien plus malheureuse. Elle ravit à sa victime les brillantes espérances de l'avenir; elle lui dérobe le bénéfice de ses efforts précédents; elle lui arrache les biens que l'effort, l'étude, le travail lui avaient déjà conquis. Entre cette jeune âme et la vie, les harmonies s'étaient déjà multipliées, enrichies, amplifiées :

> Son beau voyage encore est si loin de la fin ;
> Il part, et des ormeaux qui bordent le chemin
> Il a vu les premiers à peine !

Mais il a en vu quelques-uns; il a goûté la douceur de ce spectacle; il s'est senti marcher, croître, devenir meilleur; de belles perspectives se sont ouvertes devant lui. Au moment de quitter la vie, il le sent et s'écrie lui aussi :

> Je ne veux pas mourir encore !

Si sa mort est un anéantissement, la vie l'a cruellement trompé. Dites si cette mort ne serait pas un malheur atroce? L'Auteur de la vie ne commet pas d'atrocités,

Ce jeune homme était comme rempli de palpitantes harmonies qui le portaient puissamment à prendre de plus en plus possession de l'existence. Qui avait mis en lui ces énergies naturellement lancées vers l'avenir? Qui avait donné à son âme ces fortes ailes? A quoi bon ces énergies pour tendre au néant et ces ailes pour l'y jeter! Ne voyez-vous donc pas que c'est absurde?

Un homme a cinquante ans. Il est dans toute la puissante maturité de son être. Par un travail d'un demi-siècle, il a transformé ses facultés en autant d'instruments de vertu. Il a élevé une famille, servi son pays, secouru ses semblables, développé son intelligence. Il est le centre et le lien d'un ensemble d'harmonies excellentes. Après de longues épreuves, il commence enfin à jouir quelque peu d'avoir invariablement aimé le bien et de l'avoir toujours accompli. Il se sent capable désormais de l'accomplir beaucoup plus sûrement encore. Mais une maladie mortelle le saisit et en peu de jours l'emporte.

Calculez l'étendue de sa perte. Son être était devenu grand par les affections nobles, par l'intelligence, par la vertu. Ces richesses morales avaient d'autant plus de prix qu'il les avait, pour une large part, créées lui-même. Ce bien, il l'aurait augmenté de jour en jour, si les jours lui avaient été laissés. Cet homme était ici-bas, à lui-même et aux autres, un organe admirable de progrès et de bonheur. Au moment où il va goûter la joie souveraine d'accomplir le bien facilement, rapidement, parce qu'il s'en est fait une habitude; — au moment où il va cueillir en abondance les fruits mûrs de sa belle vie, tout à coup il s'éteint. S'il tombait dans le néant, Celui qui l'a créé, Celui qui l'a formé capable de s'élever si haut et qui lui en a imposé le devoir, serait au-dessous du plus méchant des pères. Cet homme, en effet, était plus que jamais puissant pour la vie, en harmonie avec la vie ; plus que jamais il aspirait à être et à produire l'être. Ces puissances et ces harmonies qui s'accordaient non-seulement en lui-même, mais autour de lui, pour fonder l'avenir, vous voulez que l'Être éternellement et parfaitement bon ait décidé qu'elles périraient juste au moment où elles proclamaient et appelaient la vie? Y a-t-il sur la terre un ingénieur assez stupide pour briser en morceaux un merveilleux mécanisme, à l'heure où ce mécanisme vient d'atteindre sa perfection ? Non, n'est-ce pas? Et vous trouveriez naturel que l'Intelligence suprême commît les extravagances qu'un homme ne commet pas?

Mais si un homme meurt plein de jours, pourquoi déplorer sa mort? N'a-t-on pas raison lorsqu'on dit : Il avait fini sa carrière et obtenu son lot ; il en avait joui. Son heure était venue : qu'aurait-il fait ici-bas? Et qu'a-t-il besoin d'une autre vie?

Ainsi raisonnent les gens qui réfléchissent peu. Ils devraient cependant faire une remarque : c'est que les vieillards dont les facultés sont à peu près intactes ne trouvent jamais qu'ils ont assez vécu. Ils comptent bien durer encore. Combien? Ils ne savent pas ; mais ils travaillent, agissent, bâtissent, plantent et font des projets d'avenir, tout en parlant de leur fin prochaine. Ils estiment évidemment que la prolongation de leur vie est un bien pour eux.

Ils ont raison, s'ils sont restés capables d'avancer encore dans la voie de la perfection. Or, plus ils y avancent, plus leur anéantissement absolu serait inique et absurde. Insistons sur ce point.

Supposons qu'un homme ait vécu aussi bien qu'il est possible, qu'il ait atteint une grande vieillesse, et que ses organes et ses facultés soient sains. Quelle est la situation de ce vieillard par rapport à la vie? quelles sont les harmonies qui existent encore entre la vie et l'organisation de cet homme?

Ces harmonies sont à leur plus haut degré. Il a fait dans tous les sens des progrès considérables. Par cela seul qu'il en a fait beaucoup, il est capable, à ce moment, d'en faire beaucoup plus encore, et avec plus d'aisance et de certitude que jamais, car il possède maintenant l'art de se gouverner lui-même. Il a acquis ce qu'une longue vie peut seule donner : l'expérience. Avec cette expérience, il est apte à diriger aussi ses parents, ses semblables. Ainsi, en lui, tout est aujourd'hui plus que jamais apte à la vie, puissant pour la vie et pour la belle vie. Tout, dans cet homme, marche, tend, agit, aspire en sens inverse du néant. Si la mort le prend dans cet état et le précipite dans le néant, qu'en faudra-t-il conclure? Ceci, évidemment : que l'Auteur de la vie est en contradiction avec lui-même, puisqu'il anéantit un être qu'il avait créé pour la vie, et qu'il l'anéantit juste à l'heure où cet être est au plus haut degré capable de bien vivre. Dire que Dieu peut se contredire à ce point, c'est exprimer une impossibilité absolue. Donc il est impossible que ce vieillard soit anéanti par la mort.

On répond : Mais les vieillards sont pour la plupart faibles, infirmes, incapables de nouveaux progrès. La mort, même définitive, leur est une délivrance.

Examinons cet autre cas, et supposons que le vieillard infirme ait grandi jusqu'au jour, jusqu'à l'année où les maladies ont affaibli son corps et arrêté l'essor de son âme. Ce jour-là, cette année-là, la mort avait commencé sur cet homme son œuvre de destruction. Lorsque ce commencement de mort l'a saisi, il était apte à être, désireux de continuer à être, puissant pour l'être, puisqu'il avait développé de jour en jour ses facultés, qui étaient des forces tendant à l'action, à la vie, à l'être. Ce commencement de mort est donc venu ralentir, suspendre peut-être sa marche vers une vie plus longue à laquelle son âme était préparée et dont elle était capable et digne. Que cette mort lente, le détruisant pièce à pièce, le conduise définitivement au néant, nous verrons reparaître la même conclusion que tout à l'heure. Cette fois encore, l'Auteur de la vie n'aura produit et organisé la vie que pour aboutir à la détruire : il se sera misérablement démenti lui-même. Comment admettre cela?

La mort ne frappe pas seulement l'individu sur lequel elle s'abat : elle atteint aussi cette personne collective qui est la famille. La famille, on l'a vu, est une harmonie dont Dieu lui-même est le premier auteur. Il ne nous en livre, il est vrai, que les éléments ; mais il nous a pourvus des moyens de l'étendre, de la compléter, de la rendre de plus en plus semblable à une famille parfaite. Lors donc que le père et la mère ont donné le jour à un enfant, lorsqu'ils l'ont courageusement élevé, instruit, lorsqu'ils en ont fait une âme vertueuse et pieuse, autant qu'il était en eux, ils ont continué selon leurs forces l'harmonie divine de la famille. Au sein de cette harmonie, on était heureux dans la mesure terrestre, on s'améliorait mutuellement, on réalisait chaque jour un peu mieux l'idéal religieux et moral du groupe domestique. A l'heure où cette œuvre grandissait rapidement et s'épanouissait en belles fécondités, la mort enlève l'enfant. Un déchirement dont rien ne saurait exprimer les douleurs rompt l'harmonie si laborieusement formée.

Serait-ce pour toujours? Mais alors le Père des pères aurait donc moins de sollicitude et d'amour que les parents qu'il a lui-même inspirés? Tant de travail, de veilles, de peines, pour n'arriver qu'à la destruction? Tant d'union entre les âmes par l'accord des volontés, des sentiments, des pensées, pour ne produire que la séparation éternelle? Tant de regrets cuisants d'un passé si cher, tant de vives espérances, tant de confiance dans la bonté réparatrice pour tomber à la fin dans un abîme de déception et de désespoir? Est-ce possible, est-ce probable, serait-ce juste? Sondez les profondeurs de la tendresse divine, vous y trouverez que la famille n'est pas moins immortelle que les âmes qui l'ont quittée. Il n'y a qu'absence temporaire de celles-ci. Il y aura formation nouvelle de l'harmonie quelques jours interrompue. La justice le veut.

On aurait beau varier les exemples, on arriverait toujours au même résultat. Résumons donc les conséquences des faits précédents.

Pour l'innocent qui meurt en naissant, la mort sans lendemain est une injustice, car la promesse de la vie, les conditions de la vie, lui sont à la fois, par un jeu cruel, prodiguées et enlevées.

Pour l'homme qui a pris possession de la vie et qui déjà depuis longtemps y a grandi conformément au devoir, la mort avec le néant pour lendemain est une injustice plus criante encore. En effet : le néant le prendrait, s'il le prenait, alors que, selon la loi de Dieu, il s'est rendu lui-même plus puissant et plus digne de vivre qu'il ne le fut jamais. L'harmonie entre lui et la vie serait violemment détruite précisément à l'heure où cette harmonie aurait acquis le plus d'étendue, de force et de hauteur. C'est un non-sens.

Mais il y a plus, infiniment plus. S'il en était ainsi, la loi morale n'aurait pas de sanction suffisante. Les bons et les méchants, finalement confondus dans la même destinée, sombreraient par un même naufrage, et le néant les engloutirait. Le scélérat et le héros, l'assassin et le bienfaiteur de l'humanité, le brigand et le saint auraient marché par des voies diverses à un même terme, le rien.

A cela, certains esprits répliquent que chacun reçoit ici-bas le prix de ses œuvres et que la justice est satisfaite.

Est-ce exact? D'abord, on vient de le voir, nos puissances d'être et de vivre débordent de tous côtés les limites de la présente existence. La raison se refuse à comprendre que le néant soit infligé à des créatures dont toutes les énergies se portent à exister de plus en plus. Et comme l'homme de bien, en se perfectionnant chaque jour, multiplie en lui ses forces naturelles de vivre et de grandir par l'âme, si le néant le détruisait ni plus ni moins que le méchant, la perte de l'homme vertueux et son malheur définitif se trouveraient surpasser énormément la perte et le malheur du scélérat. Voilà une difficulté à laquelle on ne réfléchit pas assez.

Mais revenons à cette opinion que chacun est dès ce monde traité selon son mérite. Pour la juger, distinguons les diverses espèces de sanction attachées ici-bas à la conduite humaine, c'est-à-dire les châtiments et les récompenses que les méchants et les bons rencontrent dans le cours de la vie actuelle.

Il y a premièrement la sanction physique. On entend

par là les maladies, les infirmités, les pertes d'argent, la misère, l'abandon, qui punissent le débauché et le malhonnête homme dans son existence matérielle ; — et les biens, la santé, la prospérité, l'aisance, la richesse même dont jouit l'homme de bien.

Il y a ensuite la sanction morale. On nomme ainsi le remords qui tourmente le méchant et la joie intérieure que goûte l'homme vertueux.

Il y a la sanction sociale. C'est, pour le coupable, le blâme, la désapprobation, le mépris, l'exécration même de ses contemporains.; — pour l'homme de bien, c'est l'estime, l'approbation, la considération et parfois l'admiration et les bénédictions de ceux qui le connaissent.

Il y a enfin la sanction civile ou légale, l'action de la justice régulière, le jugement des tribunaux qui infligent aux coupables, selon les cas, l'amende, la prison, le bagne et même la mort ; — tandis que, dans presque tous les pays, il y a des récompenses, des honneurs, des grades, accordés par les lois spéciales à ceux qui ont rendu des services à leur patrie ou à l'humanité.

Comment soutenir, comment prouver que ces sanctions diverses ont, en cette vie, leur plein accomplissement? Comment démontrer que chacune de ces peines et de ces récompenses échoit invariablement à qui l'a méritée?

Sans doute, le châtiment physique atteint le plus souvent l'homme vicieux. Les victimes volontaires de la débauche sont innombrables. La misère s'abat habituellement sur les paresseux, les ivrognes et les voluptueux. Cependant, on en voit dont la constitution vigoureuse résiste à la violence et à la fréquence de leurs honteux excès. On compte bien des fourbes qui jouissent jusqu'à la mort des fruits d'une fortune indignement acquise.

A côté de ceux-là, des hommes probes, laborieux, sobres, sont en proie à des maladies imméritées. De braves gens languissent et s'éteignent dans la gêne, parfois dans l'indigence, malgré de longs et honorables efforts. La sanction physique est donc insuffisante.

La sanction morale l'est-elle moins ? Le remords suit généralement la faute ; on peut même dire que, dans les âmes qui ont gardé quelque droiture, il la suit toujours. Il est très-rare que ce supplice intérieur ne châtie pas le crime. Toutefois, cet organe si délicat qu'on nomme la conscience morale peut ne pas conserver sa sensibilité native. Il arrive qu'il s'émousse, qu'il s'endurcisse, puis enfin qu'il se pétrifie en quelque façon, à mesure que la raison du scélérat s'obscurcit par l'habitude et l'accumulation des actions criminelles. C'est un abrutissement moral dans lequel il ne souffre plus, parce qu'il n'a plus de scrupules. Il a conquis ainsi, à force de crimes, l'impunité de conscience. Au contraire, certaines personnes, scrupuleuses au plus haut degré, se reprochent le moindre manquement ; ont-elles commis une peccadille, les voilà malheureuses. Le progrès continuel dans la voie du bien rend l'homme vertueux sévère envers lui-même. Le regard toujours fixé sur la perfection, il mesure sans cesse la distance qui l'en sépare, et la trouve trop grande. Il se tourmente, il s'inquiète. Assurément, la joie, qui est comme le parfum d'une bonne vie, ne lui est pas refusée ; mais cette joie n'est jamais entière, jamais sans mélange. En eût-il d'ailleurs la complète jouissance, la mort viendrait tôt ou tard la lui ravir ; et une joie passagère, un bonheur sans lendemain, ne sont pas de véritables récompenses.

Quant à la sanction légale, ceux qui l'appliquent sont

en général plus éclairés et plus justes que les distributeurs capricieux, de l'éloge et du blâme. Mais ce sont des hommes, et, comme tels, même avec des lumières, même avec une volonté droite, ils sont sujets à s'égarer. Tantôt le coupable leur échappe ; tantôt de déplorables apparences, trop semblables à la réalité, les entraînent à condamner un innocent. A qui voulez-vous qu'en appelle un innocent mis à mort s'il n'y a ni juge suprême et infaillible, ni vie nouvelle où ce juge rétablisse les droits de la justice et de la vérité? N'y eût-il jamais eu qu'un seul innocent conduit à l'échafaud, c'en serait assez pour que la vie future fût nécessaire et démontrée.

Dans l'ordre des récompenses, les appréciateurs humains de l'effort et du mérite ne se trompent pas moins souvent. L'intrigant audacieux ravit la couronne due au savant désintéressé, à l'officier modeste, au soldat simple de cœur qui n'a pensé qu'à son devoir.

Ainsi, d'aucune façon la loi de la justice ne reçoit en cette vie son entier accomplissement. Il est donc de nécessité absolue que la mort soit suivie d'une vie nouvelle où l'harmonie soit faite entre le mérite et la récompense, le crime et le châtiment.

On objectera encore que l'homme de bien ne doit désirer aucune récompense; que la pure vertu agit par amour du devoir, sans motif intéressé; que réclamer ou seulement espérer un prix pour ses mérites, c'est ressembler à un mercenaire qui n'a qu'un salaire pour but. On en conclut que la pensée d'une rémunération future rapetisse les caractères et abaisse les âmes.

En raisonnant de la sorte, on se trompe plusieurs fois. D'abord on fait trop bon marché de la destinée de ceux qui, au lieu d'être récompensés en ce monde, sont au contraire persécutés, humiliés, honnis, punis comme des coupables, alors qu'ils sont ou innocents, ou vertueux. Ces infortunés n'acceptent pas la théorie hautaine et dure qui les condamne non-seulement à la vertu sans espérance, mais encore à la vertu suppliciée.

Certes, il est hors de doute que la vertu parfaite accomplit le bien pour le bien sans égard au prix qu'elle en recueillera. C'est là une vertu essentiellement noble et haute. Mais la vertu soutenue par l'espérance est encore une vertu. Et tenez, observez attentivement ceux qui se montrent si dédaigneux des récompenses divines : ils réclament plus haut que personne le salaire de leurs travaux terrestres. Ils entendent qu'on distingue promptement leur mérite et qu'on l'honore largement. Ne les en blâmons pas; mais n'est-ce pas une inconséquence et un démenti donné à leur doctrine?

Enfin, ils perdent de vue le point capital : c'est que Dieu est la justice absolue : c'est que Dieu, par cela seul qu'il est Dieu, rend à chacun selon ses œuvres. Sa perfection étant donnée, la justice en résulte naturellement. L'harmonie entre la justice parfaite et les récompenses futures, entre l'équité souveraine et les peines à venir est une conséquence de la perfection même de Dieu. Quiconque admet l'un des deux termes est forcé d'admettre l'autre.

Une certaine classe d'esprits croit avoir trouvé contre l'immortalité de l'homme un argument décisif. Il n'existe au monde, — disent-ils, — que de la matière. Or tout ce qui est matériel est composé et se dissout par la mort. Donc, l'homme, qui n'est que matière, comme tout le reste, est dissous, détruit par la mort. Il n'y a donc pas de vie future.

Sans doute, si l'homme n'était que matière, si sa

nature ne consistait qu'en une réunion de parties corporelles, la mort, qui défait cet ensemble, détruirait par là même l'homme et sa personne.

Mais il n'en est pas ainsi. Déjà nous avons montré que l'homme a une âme distincte de son corps. Redisons-le avec plus de force.

Chacun a en soi un principe qu'il connaît sans cesse. Il connaît ce principe intérieur sans se servir ni de ses yeux, ni de ses oreilles, ni de ses mains, ni d'aucun de ses sens. Ce principe est donc aperçu d'une autre manière que le corps. Il n'a rien de semblable à un corps : il est invisible, intangible. Bien plus, j'aperçois plus clairement cet être invisible quand je ferme les yeux et quand je me bouche les oreilles. Cet être n'est donc pas un corps.

Soyons plus attentifs encore. Ce principe intérieur, cet être que j'appelle moi, non-seulement je n'y vois rien de ce qui est corps, mais je le sens être parfaitement simple et indivisible. Quand je considère mon corps, je le vois long, large, étendu plus ou moins gros. Je comprends qu'on pourrait le couper en deux, en trois, en quatre, en cinq parties. Je puis parler de la moitié, du tiers, du quart de mon corps. Ces expressions ont un sens : elles répondent à quelque chose de réel. Puis-je pareillement parler du tiers, du quart, de la cinquième partie de mon âme? Mon corps est susceptible d'être placé dans une balance et exactement pesé. Mon âme est-elle pondérable? Nullement. Le principe qui est en moi, ou plutôt le principe que j'appelle moi, je le sens simple, je le sais simple. Ce principe n'est donc ni corps ni matière.

Regardez-le sous un autre aspect. J'ai la faculté d'agir, la faculté d'aimer, la faculté de penser. Mais ai-je une âme pour penser, une autre pour vouloir, une autre pour aimer? Non. Il serait ridicule et absurde de dire : mes âmes sont malades, mes âmes sont révoltées par l'injustice; — ou bien, ma première âme est très-vaillante, mais ma troisième âme est paresseuse. Je sens, je sais qu'une seule âme pense, veut, aime en moi. Mon âme est donc essentiellement une, comme elle est parfaitement simple, tandis que mon corps n'est pas simple et n'a pas la même unité.

Enfin, mon corps se renouvelle continuellement dans sa substance. Je suis astreint à prendre de la nourriture plusieurs fois par jour pour réparer les pertes que mon corps subit sans cesse. La peau tombe en petites écailles et se reforme, les cheveux poussent ainsi que les ongles, la matière des os et de tous les organes est emportée et remplacée par un courant qui ne s'arrête pas. C'est ce qui fait que le corps grandit, maigrit, engraisse, dépérit, reprend des forces, vieillit. A un certain nombre d'années d'intervalle, on n'a plus le même corps. Ainsi le corps n'est pas un être permanent, un être identique dans sa substance.

Tout au contraire, l'âme, quels que soient ses progrès ou ses défaillances, reste la même quant à sa substance invisible. Le moi que j'étais il y a dix ans, vingt ans, cinquante ans, est encore le moi d'aujourd'hui. Celui qui a commis un crime il y a vingt ans sait avec pleine certitude qu'il est à l'heure présente le même coupable qui s'est souillé de ce crime. Celui qui a accompli il y a trente ans une action d'éclat et qui en demande aujourd'hui la récompense proclame par là que son âme d'il y a trente ans et son âme d'aujourd'hui sont une seule âme identique à elle-même. Si l'on s'avisait de l'éconduire en lui disant : « Que réclamez-vous? Votre moi d'autrefois n'existe plus ; celui d'à présent est un moi nouveau qui ne mérite pas du tout ce dont l'ancien moi était digne ; » cet homme se mettrait en colère, et il aurait raison. L'âme est identique, reste identique à travers les années quant à sa substance. C'est le contraire pour le corps.

L'âme est donc immatérielle, simple, une, identique. Le corps est le contraire de tout cela. Le corps périt par la dissolution de ses parties ; l'âme, qui n'a pas de parties, n'est donc ni dissoute, ni détruite par la décomposition du corps. Sa nature lui permet donc de survivre à la décomposition du corps.

Cette raison ne suffirait pas pour qu'elle fût immortelle. Elle prouve du moins que la mort du corps n'entraîne pas la mort de l'âme.

Dieu, qui est tout-puissant, pourrait, s'il le voulait, anéantir l'âme de quelque autre manière. Mais Dieu est la justice parfaite. S'il faisait mourir l'âme au moment de la mort du corps, en la détruisant d'une autre façon, la loi de justice resterait inaccomplie. Or, il faut que cette loi ait sa sanction pleine et entière. Pour cela, il est nécessaire que l'âme survive au corps ; donc l'âme est immortelle.

Maintenant, en quoi consiste cette immortalité ?

On a prétendu que l'homme ne continuerait à vivre que dans ses enfants, dans sa postérité, dans l'humanité. Ce serait une immortalité dérisoire. C'est personnellement que l'homme fait le bien et le mal : il est juste qu'il soit puni ou récompensé personnellement. Si sa personne se perdait, se noyait après la mort dans une multiplicité d'autres personnes, ce n'est pas lui qui jouirait ou souffrirait de cette vie nouvelle, puisqu'il ne serait plus lui-même. L'immortalité conforme à la justice est forcément l'immortalité d'un être qui reste lui-même et qui se reconnaît être la personne qu'il était dans la vie déjà vécue. Sans cela il ne saurait ni qu'il est puni, ni qu'il est récompensé, ni pourquoi il l'est. La sanction morale n'aurait aucun sens.

On a dit encore qu'après sa mort, l'homme entrerait dans le sein de Dieu et qu'il serait à jamais confondu avec la substance divine. Cette erreur est semblable à la précédente. Confondu avec la substance divine, l'homme cesserait d'être une personne. Il n'aurait aucun souvenir de sa vie passée ; il ne saurait plus qu'il a bien ou mal agi. Cette fois encore la sanction morale revêtirait une forme inintelligible.

La vie future de l'homme sera donc une existence essentiellement personnelle, consciente de soi-même, gardant toujours présent le souvenir de la vie antérieure.

Que savons-nous de plus par la seule raison ? Le monde présent est un lieu de souffrances, d'épreuves, de combats incessants, de progrès pénibles ; et cependant une paternelle clémence y a ouvert pour nous plus d'une source de joie. La vallée des larmes a ses jours lumineux, ses matinées souriantes et parfumées, ses spectacles ravissants. Des heures de paix y rafraîchissent les âmes endolories ; des moments de pure clarté y succèdent aux périodes de ténèbres ; des élans d'une grande puissance y enlèvent l'esprit jusqu'à la splendeur de l'éternelle vérité. Aux tressaillements qui l'agitent alors, aux palpitations de son cœur, l'homme croit, même ici-bas, qu'il a entrevu un rayon de Dieu, trempé sa lèvre brûlante aux ondes de la félicité. — Que sera-ce donc dans le monde des réparations et des récompenses décisives ? Ce monde existe ;

en douter, ce serait douter de Dieu. Affirmons cette vie future; pressentons-en le bonheur ; n'essayons pas de l'imaginer ou de le dépeindre avec une indiscrète précision.

Ayons pleine confiance dans la justice ineffablement parfaite. Dieu nous a créés en harmonie avec l'immortalité. Il nous a doués du pouvoir d'affermir et de développer en nous cette harmonie qui vise au delà de la vie présente et toutes les autres harmonies de notre nature. Il ne crée pas pour tuer; il ne forme pas pour détruire. Il n'anéantira injustement aucune des harmonies dont il est l'auteur. Il récompensera l'homme de les avoir agrandies en donnant à ses puissances leur terme suprême, en lui accordant l'objet si ardemment poursuivi de son intelligence et de son amour.

Cet objet excellent, c'est lui-même. Il se donnera donc lui-même à connaître sans voiles, à aimer sans erreur, sans défaillance, sans intermittence. Là sera la suprême récompense et le suprême bonheur.

Il nous réunira aux âmes humaines avec lesquelles l'harmonie n'était en ce monde qu'ébauchée. Cette harmonie sera désormais consommée. Elle s'accomplira par lui, en communication avec lui. Ceux qu'on avait perdus, on les retrouvera, et on ne les reperdra plus.

Les harmonies de l'univers physique et moral, scientifiquement étudiées, sans intervention aucune de l'imagination poétique, démontrent l'existence d'une Intelligence unique, supérieure à l'univers.

La notion du parfait qui est dans notre raison démontre que cette Intelligence est non-seulement supérieure à l'univers, mais encore parfaite, infiniment bonne, juste, puissante, prévoyante.

Cette Intelligence, c'est l'être créateur de tous les êtres, c'est Dieu. Il est l'auteur et le modèle de toutes les harmonies. Imitons selon nos forces ce que nous connaissons de ses perfections. Imitons-le surtout en développant au plus haut degré toutes les harmonies dont il nous a donné les principes. Comme l'univers physique, l'âme individuelle, la famille, la patrie, l'humanité, la société religieuse, sont des harmonies d'origine divine. Travailler à perfectionner ces harmonies, c'est suivre l'exemple de Celui qui ne veut que le bien ; c'est la voie véritable du progrès pour les hommes et pour les peuples.

On cherche un moyen de pacifier, de concilier, d'unir les hommes, de les empêcher de se haïr et de se détruire les uns les autres, de les faire s'entr'aimer. Quel moyen meilleur pour approcher du but que l'étude sérieuse des harmonies providentielles ?

FIN

TABLE DES MATIÈRES

DÉDICACE...

CHAPITRE PREMIER. — Harmonies astronomiques.......... 1

§ 1er. Premier aspect de l'ordre sidéral. Constellations...... 3
§ 2. Lois de la lumière astronomique............... 7
§ 3. Harmonies et similitudes des formes dans les corps célestes. 10
§ 4. Ressemblances dans la composition matérielle des astres.. 12
§ 5. Mouvements harmoniques des astres. Gravitation...... 14
§ 6. Les désordres célestes ne sont qu'apparents. L'ordre est réel................................ 17

CHAPITRE II. — Harmonies des corps terrestres inanimés... 25

§ 1er. Manque apparent de toute unité dans les corps terrestres inanimés.............................. 25
§ 2. Harmonies de l'attraction à distance. Attraction terrestre.. 31
§ 3. Échange harmonieux de chaleur et de lumière entre les corps terrestres........................ 33
§ 4. Harmonie par l'affinité moléculaire. Cohésion. Cristallisation des corps simples..................... 36
§ 5. Affinité chimique. Formation harmonieuse des corps composés. Cristallisation de ces corps.............. 40
§ 6. Changements progressifs et finalement harmoniques de notre globe............................. 43

CHAPITRE III. — Harmonies du règne végétal........... 49

§ 1er. Nutrition de la plante. Harmonie du végétal avec la terre et avec l'eau......................... 50
§ 2. Respiration de la plante. Harmonie du végétal avec l'air.. 54
§ 3. Équilibre établi par l'exhalation............... 57
§ 4. Circulation de la sève. Marche ascendante. Marche descendante............................. 58
§ 5. Harmonies de la floraison. Multiplications diverses de la plante.............................. 61

TABLE DES MATIÈRES.

§ 6. Formes extérieures de la plante en harmonie entre elles et avec le mouvement de la séve.	65
§ 7. Transformation de la feuille en organes floraux et, réciproquement, des organes floraux en feuilles.	68
§ 8. Lois harmonieuses de la chimie végétale.	70
§ 9. La plante se modifie pour se mettre en harmonie avec son milieu. Limite de ces modifications.	75
CHAPITRE IV. — Harmonies du règne animal.	79
§ 1er. Les organes du mouvement en harmonie avec le milieu, chez l'animal.	80
§ 2. Harmonies des organes des sens avec la locomotion et avec le milieu.	103
§ 3. Harmonies de l'alimentation.	109
§ 4. La famille; la société; les instincts.	113
§ 5. Harmonies de l'animal avec le milieu accidentel ou secondaire. Modifications des types. Limites de ces modifications.	123
CHAPITRE V. — Harmonies humaines.	129
§ 1er. La nutrition et la respiration chez l'homme.	131
§ 2. La sensibilité physique et la perception des choses corporelles chez l'homme.	146
§ 3. Le pied, la station, la marche.	173
§ 4. La voix.	177
CHAPITRE VI. — La Famille.	183
CHAPITRE VII. — La Patrie.	203
CHAPITRE VIII. — L'Humanité.	213
CHAPITRE IX. — Harmonies religieuses.	223
CHAPITRE X. — Difficultés.	245
Le mal, le désordre, la désharmonie dans l'univers et dans l'homme.	245
§ 1er. Le mal dans le monde l'emporte-t-il sur le bien?	247
§ 2. Le mal et le bien moral ont-ils pour fin le bien, le mieux, le progrès?	251
§ 3. Le bien et le mal physique sont-ils en vue du bien et du mieux?	274
CHAPITRE XI. — Harmonies futures.	283

18639. — Typographie Lahure, rue de Fleurus, 9, à Paris.

www.ingramcontent.com/pod-product-compliance
Lightning Source LLC
Chambersburg PA
CBHW071248160426
43196CB00009B/1205